高等师范院校学前教育专业核心课程教材

执行总主编◎吴　玲

YOU'ERYUAN

主编◎程志龙　程志宏

副主编◎王成刚　王雪飞　钱友莲　王永杰

北京师范大学出版集团
BEIJING NORMAL UNIVERSITY PUBLISHING GROUP
安徽大学出版社

图书在版编目(CIP)数据

幼儿园管理/程志龙，程志宏主编. —合肥：安徽大学出版社，2021.1（2022.8 重印）

ISBN 978-7-5664-2146-3

Ⅰ. ①幼… Ⅱ. ①程… ②程… Ⅲ. ①幼儿园—管理 Ⅳ. ①G617

中国版本图书馆 CIP 数据核字(2020)第 228527 号

本书为安徽省一流教材建设项目，项目编号为 2018yljc053。

幼儿园管理

程志龙　程志宏 主　编
王成刚　王雪飞　钱友莲　王永杰 副主编

出版发行：安 徽 大 学 出 版 社
（安徽省合肥市肥西路 3 号 邮编 230039）
www.ahupress.com.cn
印　　刷：安徽省人民印刷有限公司
经　　销：全国新华书店
开　　本：170mm×240mm
印　　张：21.5
字　　数：331 千字
版　　次：2021 年 1 月第 1 版
印　　次：2022 年 8 月第 4 次印刷
定　　价：49.80 元
ISBN 978-7-5664-2146-3

策划编辑：李海妹　　**装帧设计**：李　军
责任编辑：李海妹　王　晶　　**美术编辑**：李　军
责任校对：刘金凤　　**责任印制**：赵明炎

前　言

《中共中央　国务院关于学前教育深化改革与规范发展的若干意见》指出:党的十八大以来,我国学前教育事业快速发展,但教师队伍建设滞后,保教质量有待提高,存在“小学化”倾向。到2020年要基本形成以本科和专科为主体的幼儿园教师培养体系,建立幼儿园教师专业成长机制,整体提升幼儿园教师队伍综合素质和科学保教能力,高等学校要担负起时代赋予的历史使命,以改革创新的勇气和敢于担当的精神,按照学前教育专业国家认证标准,科学制定学前教育专业人才培养方案,优化课程体系,创新培养模式,提高学前教育专业人才培养的专业化水平。

幼儿园管理是学前教育专业非常重要的课程,学习这门课程有助于学前教育专业学生了解国家学前教育方面的方针政策,有助于学前教育专业学生未来参与学前教育改革,有助于学前教育专业学生探索学前教育规律、发展学前教育管理理论等。

一流的教育需要一流的教材。近年来,学前教育理论研究和实践探索不断深入,学前教育理论成果不断出现,极大地促进了学前教育事业发展。其中,幼儿园管理理论研究和实践探索者以极大的勇气和智慧促进了幼儿园管理理论的发展。随着社会的发展和学前教育领域新情况、新问题的出现，教材也需要不断完善。现有教材滞后于新时代的学前教育管理实践的需要。依据《幼儿园教育指导纲要（试行）》《3—6 岁儿童学习与发展指南》《幼儿园教师专业标准（试行）》等文件精神，为满足快速发展的学前教育对高素质教师的需要，课程教材建设迫在眉睫。为贯彻落实《关于加强和改进新形势下大中小学教材建设的意见》《普通高等学校教材管理办法》精神，本教材编写者以马克思列宁主义、毛泽东思想、邓小平理论、“三个代表”重要思想、科学发展观、习近平新时代中国特色社会主义思想为指导，全面贯彻党的教育方针，落实立德树人根本任务，在总结幼儿园管理理论研究成果和课程教学经验的基础上，以安徽大学出版社 2015 年出版的《学前教育管理学》为基础，凝结和体现学科建设与课程建设成果，创新教材呈现方式和话语体系，努力实现从理论体系向教材体系转化、从教材体系向教学体系转化、从知识体系向学生的价值体系转化，使教材更具科学性、前沿性，增强教材的针对性和实效性，构建适应高水平人才培养需要的高质量课程教材体系。

本书主要由十章构成：第一章幼儿园管理概述，第二章幼儿园管理原则和方法，第三章幼儿园管理体制与文化建设，第四章幼儿园保教管理与教科研工作管理，第五章幼儿园后勤管理，第六章幼儿园班级管理，第七章幼儿园人力资源管理与园长工作，第八章幼儿园公共关系与危机管理，第九章幼儿园工作评价，第十章幼儿园创建与发展战略。

本书有如下特点：

1. 科学性与思想性。作为学前教育专业的一门专业课教材，本书一方面力图准确反映本学科的基本概念、原则与方法，尽量使学习者对幼儿园管理的理论与实务有比较清晰又相对完整的认知；另一方面力图发挥教材的育人功能，全面而准确地体现学前教育方面的政策法规，贯彻党的教育方针，强调党对学前教育事业的全面领导。

2. 理论性与应用性。本书比较系统地介绍了幼儿园管理基本理论知识和幼儿园管理具体事务。同时为满足应用型专业建设和应用型人才培养的需要，在应用性方面进行了积极探索，每章增加导读、拓展阅读、课堂讨论、小结、文献链接、思考与实践等内容，力求做到以生为本、理论联系实际，注重基本理论知识对实践的指导，有利于培养学生的学习能力、实践能力和创新能力。

3.时代性与创新性。本书关注时代需要，体现时代特点，比较系统地研究了近20年来现代管理学、教育管理学的最新研究成果，力图汲取国内外前沿研究成果，体现了管理学科的时代特征。在研究传统幼儿园管理内容的基础上，考察了幼儿园管理的基本问题，关注幼儿园管理实务，根据当代幼儿园管理发展的新形势，增加了幼儿园危机管理、幼儿园文化建设、幼儿园创建和发展战略等反映幼儿园管理变革与研究的新动向和发展趋势方面的内容，丰富了幼儿园管理研究的内容，拓展了幼儿园管理的研究视域，在厘清幼儿园管理相关研究内容的前提下，尝试构建适应新形势下幼儿园管理需要的幼儿园管理课程体系。

《幼儿园管理》的主要读者对象为高等学校学前教育专业本科、专科学生。它也可作为在职幼儿园教师和园长培训的教材，还可供广大学前教育工作者和研究人员参考。

本书由程志龙教授起草编写框架，经集体讨论确定编写提纲。参加本教材编写与修订的人员有：蚌埠学院程志龙、蒋晟，安徽师范大学王成刚，淮北师范大学程志宏，安庆师范大学王颖莉，池州学院王雪飞，黄山学院王永杰，莱芜职业技术学院亓娟，阜阳幼儿高等师范专科学校钱友莲、张献英，淮北市凤凰国际幼儿园孙莉。全书由程志龙统稿。

在编写过程中，阅读了大量文献资料，引用了相关研究成果和图表；原版教材的编写者王芳、张相蓉、邵义仙、向小英、褚福斌、宗爱华等同志做了大量前期准备工作；在本书编写和出版过程中，还得到了北京师范大学出版集团安徽大学出版社李海妹编辑的支持与帮助，在此一并表示诚挚的感谢。

本书是高等学校省级质量工程“一流教材建设项目”《幼儿园管理》(2018yljc053)的研究成果,也是安徽省高等学校“学前教育专业综合改革试点”(2015zy069)和“学前教育专业卓越教师培养计划”(2016ZJJH040)的研究成果之一。

由于时间紧、任务重,加上参编者学识水平有限,教材中如有不足和不当之处,盼望读者在使用过程中不吝赐教。

编　者

2020 年 3 月

目 录

第一章
幼儿园管理概述

◇本章导读

不少人把"管理"和"领导"联系在一起，认为学习管理应该是领导的事。这种看法是十分片面的。其实，管理与我们的生活紧密相关，每个人都离不开管理，管理能力是影响人们工作效率及质量的重要因素之一。以往，一些幼儿园教师只重视专业知识的学习和技能技巧的掌握，而忽略了对管理知识的学习，致使不知道如何规划自己的工作，工作比较盲目。因此，幼儿园教师不仅要掌握专业知识和技能技巧，还应该学会管理，从而使自己的工作更有效。

第一节 管理与幼儿园管理

一、管理及其职能

(一)什么是管理

管理是一种非常普遍的社会现象。它伴随着人类活动的出现而产生,也随着人类社会的发展而发展,具有永恒性。

中国是历史悠久的文明古国之一,早在约5000年前出现的部落首领就是管理者,他们从事着管理活动。早在公元前17世纪的商周时代就建立了组织严密的奴隶制和封建制的国家组织,形成了从中央到地方,高度集权、等级森严的金字塔形的权力结构;为满足政治、军事活动的需要设立了驿站制度,形成了被称为世界上最早的信息管理系统的全国性的信息网络;在土地管理方面实行了著名的“井田制”。

美国的阿波罗登月计划是人类历史上一项庞大的计划,登月计划的每一个主要步骤都需要次级计划、第三级计划等多级计划的支持,相关人力、财力、物力等要周密地组织。为了顺利地完成设计、制造、发射、回收,人们要准确地进行控制,这一切工作需要一个机构进行有力领导。如果管理工作搞得不好,那就很难保证计划顺利实施。

【拓展阅读】

美国“阿波罗11号”载人登月时间是1969年7月16日,阿波罗登月计划动员了2万多家工厂、120所大学参加,这项计划的参与人数超过400万,使用生产零部件300多万个,耗资250亿美元。

日常生活中普遍存在着管理现象,幼儿园园长管理着幼儿园,学校校长管理着学校,交通部门工作人员管理着公共交通,各级政府机关工作人员管理着城市和农村,等等。尽管行业不同、职务有别,但管理是他们的共同特点。可见,管理是一种十分普遍的社会现象。马克思曾经说过:一个单独的提琴手是自己指挥自己,一个乐队就需要一个乐队指挥。就组织而言,管理的作用就像乐队指挥的作用一样。

对于管理这项复杂的工作,人们的理解是见仁见智的。简单地说,管理就是人们运用一定的科学原理和方法,合理组织和充分利用各种资源,提高工作效率,实现共同目标的活动。它有三个要点:

第一,确定工作目标。管理工作必须围绕一个明确的目标来展开。确定工作目标是管理的开始,管理者首先要思考把组织办成什么样——这是目标的确立,是管理的开始,然后要组织各方面力量为实现目标而努力——这是管理的过程,最后是实现预先确立的目标——这是管理的结果。目标是管理的核心。

第二,各种资源的有效利用。资源来自各个方面,有人力资源,也有物质资源;有有形资源,也有无形资源。管理就是运用科学的方法和手段,合理地利用这些资源,使其发挥最大的效能。

第三,提高效率。管理的最终目的是最大限度地提高工作效率,这是管理的实质。

(二)管理的职能

管理的职能是多方面的,基本职能有五个方面。

1. 计划决策

决策是领导的主要职能,决策贯穿整个管理过程。而计划是一切管理活动具体实施的前提,但它又是在决策后进行的。

2. 组织指导

组织工作是管理的基础性工作,是实现管理目标、完成计划的保证。指导是管理者在管理过程中指示教导下属按照工作目标完成工作任务。

3. 协调控制

协调指协商、调和,其本质在于调解各方面的矛盾,使整个组织和谐一致,使组织成员的工作目标同既定的组织目标一致。控制指对各级组织、人员工作中偏离计划、目标的活动加以制止或纠正。

4. 评价革新

评价即评定鉴别，它贯穿管理工作的始终，保证计划切合实际，使工作沿预期方向发展，它也是修订局部计划的依据。革新指在管理过程中不断变革，以期更好地为实现目标服务，保证管理过程科学合理。

5. 领导激励

领导激励即通过激励调动员工的工作积极性，它是管理工作，尤其是人员管理工作的重要内容之一，是衡量领导水平高低的一项重要指标。

二、管理理论的形成与发展

管理理论源于管理实践，在长达几千年的管理实践中，管理理论始终只体现为零散的经验和思想，不成体系。随着实践的不断深入，人们发现在管理现象之间存在着一些本质的联系和必然的趋势，即管理的规律，管理理论也因此得到发展和完善，并逐渐成为一门科学。管理学是专门研究管理活动及其规律的科学。一般认为，管理学的产生和发展经历了早期管理时期、科学管理时期、管理理论的成长时期和管理理论的大发展时期等四个阶段。

（一）早期管理时期

18 世纪中叶后，随着技术的革新，新的生产手段呼唤新的管理制度和管理思想。亚当·斯密研究了劳动分工对提高生产率的影响，他认为分工协作的优点主要是一个人专门从事某一项操作会比较容易掌握技能，熟练程度会更高，便于培养新人，这种思想成为劳动分工和传送带生产的重要指导思想。

查尔斯·巴贝奇发展了亚当·斯密的观点，提出了若干生产组织机构和经济学方面的启发性问题，他还重视人的作用，认为工人同老板之间存在共同利益，并竭力提倡实施利润分配制度。他重视对生产过程的研究和改进，鼓励工人提合理化建议。他还提出按生产效率不同来确定报酬的具有刺激作用的制度。

罗伯特·欧文在一系列试验的基础上，率先提出在生产中要重视人的因素。他建议缩短工人的工作时间，提高工人工资，改善工人的居住条件。事实证明，重视人的作用和尊重人，可以使企业获得更多的利润。因此，有人称他为人事管理思想的创始人。

早期的管理思想是管理理论的萌芽。在早期管理时期，资本的所有者就是管理者，资本家直接从事管理。管理工作的成败主要取决于管理者个人的经验、特点和作风。管理的重点是解决分工与协作问题。这个时期的管理思想是随着生产力的发展，为满足资本主义工厂制度发展的需要而产生的，尽管还不系统、不全面，没有形成专门的管理理论和学派，但对于促进生产及科学管理理论的产生，具有积极的影响。

(二)科学管理时期

管理理论比较系统地建立是在19世纪末20世纪初，该阶段形成的管理理论被称为"古典管理理论"或"科学管理理论"。这个时期出现了一批有影响的管理专家，其中著名的代表人物是泰罗、法约尔和韦伯。

1. 泰罗的管理思想

美国的泰罗系统地研究了劳动组织和生产管理问题，他提出了科学管理的理论和方法，被称为"科学管理之父"。

泰罗通过"动作研究"，系统分析工人的操作方法和劳动时间。1900年，他在伯利恒钢铁公司进行了著名的"搬铁块"试验。他的研究，一方面提高了劳动生产率，另一方面为确定合理的工作定额提供了科学的依据。

泰罗还提出了差别计件工资制，并提倡在企业建立职能制，即建立与各车间平行的各种科室，去执行各种管理职能。通过分工，每个管理者只承担特定的管理职能，以利于提高管理效率。

1910年，美国机械工程协会通过决议，正式使用"科学管理"这个名词。1911年，泰罗出版了管理学名著《科学管理原理》，他的研究成果开创了一个科学管理的新时代，对当时和后来的企业管理及管理理论的发展产生了很大影响。后人将他及其同期的福特、甘特、杰布雷斯等人的理论和实践统称为“泰罗制”，而以泰罗为代表的学者所形成的学派被称为“科学管理学派”。“泰罗制”注重于解决企业内部作业方面的问题，研究的是低层管理者经常碰到的生产管理问题，范围较小，内容较窄。

2. 法约尔的管理思想

法约尔对高层管理者经常遇到的组织经营问题进行了研究，他的研究奠定了古典组织理论的基础。

法约尔出生在法国的一个资产阶级家庭，1888 至 1918 年，担任法国一家公司的总经理，他还担任过法国军事大学管理学教授，详细地阐述了管理职能、管理原则及管理五要素，提出了经营的六个方面的职能，即技术、经营、财务、安全、会计、管理职能，形成了一般管理理论的框架。他被人们尊称为“现代经营管理之父”，1925 年发表了代表作《一般管理与工业管理》。他在管理范畴、组织理论、组织原则等方面的新观点，为后来管理理论的发展奠定了基础。

3. 韦伯的管理思想

德国社会学家韦伯对行政组织理论进行了较系统的研究，其代表作是《社会和经济组织理论》，他被后人称为“组织管理之父”。他认为，在现代社会的各种各样的组织中，最理想的组织就是“科层组织”。

第一次将管理作为科学来研究是科学管理时期的最大贡献，认为管理是一切组织必不可少的要素。泰罗、法约尔、韦伯三人从不同层面研究了管理学问题，为科学管理学的创立作出了杰出的贡献，为现代管理的研究指明了方向，为现代管理学的产生与发展奠定了基础。而许多管理的技术方法，如时间动作分析、奖励工资制、职能制等至今仍被广泛应用。

(三)管理理论的成长时期

二战前后，尤其是 20 世纪 50—70 年代，世界政治、经济情况的极大变化对企业管理提出了新的要求，传统的管理方式逐渐失效。20 世纪 20 年代末，科学管理从“动作与时间”的研究转向人际关系学的研究。人际关系学的研究从两个方面展开，一是研究如何通过改善组织成员间的关系来激励他们努力工作，其研究成果被称为“人际关系学说”；二是研究如何通过满足组织成员的个人需求来激励他们努力工作，其研究成果被称为“行为科学理论”。这两个方面的研究构成了行为科学学派的研究内容。

1949年，美国芝加哥大学组织召开了一个由哲学家、精神病学家、心理学家、生物学家、社会学家等参加的跨学科的科学会议，讨论了如何运用现代科学知识来研究人类行为的一般理论，并将这门综合性的学科命名为“行为科学”。1953年，芝加哥大学成立了行为科学研究所。行为科学是一门研究人类行为规律的科学，管理学家试图通过对行为进行科学研究，发现人们行为的规律，寻找对待职工的新方法和提高工效的新途径。

人际关系学派强调人的因素，盛行于20世纪40年代末和50年代初。行为科学学派从20世纪50年代开始发展，强调对组织中人的行为进行科学分析。行为科学在教育领域被普遍运用，它注重情感因素对教育管理的作用。

人际关系理论是行为科学发展的开始，由美国行为学家、哈佛大学工商管理学院教授梅奥提出。

【拓展阅读】

人际关系理论的基本假设：一是生产效率不仅受物理、生理因素的影响，而且受社会环境、社会心理的影响。人不仅是“经济人”，也是“社会人”。企业职工是“社会人”，满足工人的社会欲望、提高工人的士气是提高生产效率的关键。二是企业中存在着“非正式组织”。非正式组织是人们在共同劳动和相互交往中，出于某种需要而自然形成的群体，处于非正式组织中的人们之间有特殊的相互信任和隐密的共同行为准则。梅奥认为非正式组织的存在是十分必要的，组织者要充分重视非正式组织的作用，使正式组织与非正式组织互为补充。三是改“奖惩”领导模式为“提高职工满意度”领导模式。人际关系理论认为，调动工人积极性的因素，首先是工人对组织的满意度，其次是经济利益和工作条件。

人际关系理论主张建立民主的管理模式，主张职工参与管理。行为科学理论的最大贡献是提出了以人为中心来研究管理问题，这些观点补充并发展了古典管理学理论，明确提出了人在管理中的作用，改变了以往管理理论见物不见人的倾向，这是管理学理论发展中的一个重大演变，对现代管理理论有极其深远的影响。然而，行为科学理论对人的行为的解释带有推测的性质，与在实际生活中验证的结果也很不一致。对“经济人”假设的过分否定、对“非正式组织”的过分偏重、对感情逻辑的过分强调等反映了该理论的局限性。

另一个学派是管理科学学派，它是对泰罗制的继承和发展，主张运用现代最新的科学与技术成就解决生产和作业管理的问题，其研究的内容比泰罗的研究更加广泛。该学派强调经营决策，重视推广电子计算机等现代管理手段与工具，把运筹学、数学、统计学的原理与方法广泛运用在管理上，利用现代自然科学和技术科学的成就实现管理目标。但它不注重对生产中的人进行研究，所以适用范围受到了很大限制。

(四)管理理论的大发展时期

管理学发展到20世纪70年代后呈现出“学派迭起，百家争鸣”的局面，有人将当时的管理学发展状况比喻为“管理理论丛林”。比较有代表性的理论有系统管理理论、权变管理理论、Z理论、学习型组织理论等。

1. 系统管理理论

系统管理理论的基础是系统论，它认为组织是一个由许多相互关联的部分组成的系统，某一部分的活动一定会影响其他部分。组织还是一个开放的系统，它与周围的环境之间存在着动态的相互作用，并且具有内外信息反馈网络，能够不断地自我调节，以适应环境和自身的需要。

系统管理理论为管理者提供了一种思维方式，管理者要有较开阔的视野，把组织作为一个整体来对待，要从组织的全局和组织与外界的关系的角度来考虑各种管理问题，使组织中的各个部分更好地配合，实现组织的目标。

2.权变管理理论

权变就是具体问题具体分析、具体处理。不存在一成不变,适用于各种条件、各类组织的放之四海皆准的最好管理方法,因此,任何组织的管理都应该根据组织所处的内外条件而随机应变。权变管理是依据有关环境同相应的管理思想、管理技术之间的关系,来确定最有效的管理方式的。管理者必须能够用多种方法去完成计划、组织、指挥、控制的职能,找到最适应环境条件的有效的管理方法。

3.Z 理论

美国管理学教授 W. G. 大内提出了 Z 理论。这个理论的基本思想是:企业对职工的雇佣是长期的;企业的管理者采取下情上达的方式;基层管理者对上级命令不是机械地照办,可以发挥主观能动性;上下级关系比较融洽;企业管理当局使职工在工作中得到满足;对职工的考察长期而全面。Z 理论重视人的因素,强调管理上的民主和职工参与管理的重要性。

4.学习型组织理论

1972 年,联合国教科文组织提出了"向学习化社会前进"的目标。20 世纪 80 年代,美国、日本等发达国家提出了由学历社会向学习型社会过渡的策略,建立学习型政府等组织管理理念应运而生。这是对科学管理理论强调职能分工及金字塔形等级权力控制型组织结构的挑战。学习型组织是通过培养组织的学习气氛,充分发挥员工的创造思维能力而建立起来的一种有机、高度柔性、扁平化、符合人性、能持续发展的组织。这种组织具有持续学习的能力,具有高于个人绩效的综合绩效。这种学习型组织主要由五个部分构成:自我超越、改善心智模式、建立共同愿景、团队学习、系统思考。

【课堂讨论】

美国联合包裹运送服务公司雇佣了 15 万员工,平均每天将 900

万个包裹送到各地。为了实现公司的宗旨——在邮运业中办理最快捷的运送,美国联合包裹运送服务公司的管理当局系统地培训员工,使他们以尽可能高的效率从事工作。美国联合包裹运送服务公司的工业工程师们对每一位司机的行驶路线都进行了时间研究,并为运输、暂停和取货活动等确定了时间标准。这些工程师们记录了等红灯、通行、按门铃、穿过院子、上楼梯、中间休息喝咖啡,甚至上厕所的时间,将这些数据输入计算机中,从而给出每一位司机每天工作的详细时间标准。

为了完成每天的目标,司机们必须严格遵循工程师设计的程序。接近发送站时,他们松开安全带,按喇叭,关发动机,拉起紧急制动,把变速器推到1挡上,为送货完毕后的启动离开做好准备,这一系列动作严丝合缝。然后,司机从驾驶室出来,右臂夹着文件夹,左手拿着包裹,右手拿着车钥匙。他们看一眼包裹上的地址并把它记在脑子里,然后快步走到顾客家的门前,先敲一下门以免浪费时间找门铃。送货结束后,他们在回到卡车的路途中完成登记工作。

思考与分析

1. 案例主要体现了什么管理理论?是谁提出来的?

2. 这一管理理论的指导思想有哪些?这一管理理论主要有哪些内容?

3. 你如何评价这一管理理论?

三、幼儿园管理的形成与发展

在近现代意义上的公共幼儿教育出现之前,养护和教育幼儿是在家庭中进行的。17世纪至19世纪,资本主义制度的确立和发展推动了近代幼儿教育的发展,出现了公共幼儿教育机构。从世界上第一个幼儿教育机构诞生至今,幼儿园发展大致经历了萌芽期、发展期和普及期等几个阶段,与幼儿园发展相对应的幼儿教育的管理也日益规范化和科学化。

(一)萌芽期

18 世纪 60 年代后，工业革命打破了体力的限制，使妇女也成为劳动力。一些慈善家开办了一些幼儿学校、婴儿学校或苦难儿童保护所，以解除妇女的后顾之忧。

1802 年，欧文在苏格兰创办了世界上第一所幼儿学校，开创了近代史上对 6 岁以下儿童实施公共幼儿教育的先河。1837 年，福禄贝尔在德国勃兰根堡建立了一所幼儿教育机构，在主要的资本主义国家掀起了影响广泛的幼儿教育运动。随着西方资本主义国家经济的发展和初等义务教育的普及，社会对幼儿教育的需求日益增强，一些国家开始制定有关政策，支持幼儿教育的发展并对其进行管理。这时的幼儿教育主要以工人及其子女为服务对象，主要任务是看护和生活照料，保护工人和贫苦家庭儿童的生命安全，带有慈善和福利性质，管理也相对松散，规范较少。

(二)发展期

19 世纪后半期，英国、法国、美国等国都完成了第二次工业革命，生产力出现了质的飞跃，教育的经济价值日益突显，公共幼儿教育也随之进入“发展期”。

第二次世界大战后，幼儿教育成为一项国家制度和公共事业，一些资本主义国家的幼儿教育被纳入国民教育体系。幼儿教育机构的服务范围扩大到全体儿童，并设有专门或非专门的行政机构加以管理，又制定了一些制度，如 1944 年英国政府颁布了《巴特勒法案》。此后，幼儿教育处于国家和地方的双重管辖之下，实现快速发展。这一时期，新教育运动和儿童研究运动的蓬勃开展，促进了幼儿教育逐步迈向科学化，幼儿园管理也逐渐完善与规范。

(三)普及期

20 世纪 60 年代以来，世界各国经济繁荣，科学技术迅速发展并被运用，都越来越重视教育的作用，认识到教育必须从基础抓起，必须加强和改进幼儿教育。因此，世界上一些发达国家根据各自的社会、经济、文化等特点，在幼儿教育方面采取了一系列改革和发展措施。这个时期，社会公共幼儿教育的作用得到重视，幼儿园教育兼具保育和教育双重功能。

这一时期的幼儿园管理已经形成了系统的规范和要求，如1966年英国发布的《普洛登报告书》规定了保育集体的规模，主张三个保育集体组成一个保育中心，还规定了教师和保育助理的配备及资格，规定每周保育时间及安排。英国政府同意了这个报告并制订了实施计划。其他欧美国家也都采取了多种措施，使幼儿教育的管理进一步合理和规范。

幼儿教育机构的发展一方面体现在规模的扩大与发展速度的加快、类型的日益多样化；另一方面体现在教育管理的水平逐步提高。

我国古代幼儿教育的实践积累了幼儿保教的丰富经验，为正规幼儿教育的出现奠定了基础。第一次鸦片战争后，中国传统的封建社会教育发生了根本性变化，各种各样的教育机构应运而生。1903年，湖广总督张之洞在湖北创办了湖北幼稚园，这是中国第一所幼儿教育机构。1904年，清朝政府颁发了《奏定蒙养院章程及家庭教育法章程》，提出蒙养院的办学宗旨，规定教育对象、收托时间、教师资格、保育目标、课程设置以及有关房屋、图书、器具和管理人事务等方面的内容。① 这是一个完整、系统的幼儿园教育和管理章程。民国时期的幼儿教育发展极为缓慢。中华人民共和国成立之前，全国仅有一千多所幼儿教育机构，当时的幼儿教育机构主要是为官僚子女和富裕家庭的儿童服务。当时的幼儿教育带有明显的外国化、宗教化和小学化倾向。

中华人民共和国成立后，国家制定了一系列的政策和法规，建设了一批幼儿教育机构，形成了我国幼儿教育的完整体系，幼儿园的管理也日益规范化和科学化。② 中国的幼儿教育是基础教育的组成部分，幼儿教育的发展正在从城市走向农村。《国家中长期教育改革和发展规划纲要(2010—2020年)》指出："积极发展学前教育，到2020年，普及学前一年教育，基本

---

① 唐淑：《学前教育史》，第52—54页，北京：人民教育出版社，2009年。

② 张燕：《幼儿园管理》，第6页，北京：人民教育出版社，2008年。

普及学前两年教育，有条件的地区普及学前三年教育。重视0至3岁婴幼儿教育。”《中共中央 国务院关于学前教育深化改革规范发展的若干意见》指出：“到2020年，全国学前三年毛入园率达到85%，普惠性幼儿园覆盖率（公办园和普惠性民办园在园幼儿占比）达到80%。广覆盖、保基本、有质量的学前教育公共服务体系基本建成，学前教育管理体制、办园体制和政策保障体系基本完善。”“到2035年，全面普及学前三年教育，建成覆盖城乡、布局合理的学前教育公共服务体系，形成完善的学前教育管理体制、办园体制和政策保障体系，为幼儿提供更加充裕、更加普惠、更加优质的学前教育。”

随着时代的发展，教育领域的改革不断深化，幼儿教育管理理论也在逐渐完善，并成为一门独立学科，促进幼儿教育又好又快发展。

四、幼儿园管理的概念与学科性质

（一）什么是幼儿园管理

随着幼儿教育改革的不断深入和管理理论研究向纵深发展，管理理论逐渐渗透到幼儿园管理领域。人们越来越认识到，要想办好幼儿教育，仅凭经验是不行的，还必须进行科学管理，必须探讨幼儿园管理的规律。

幼儿园管理是幼儿园管理者遵循教育方针和保教规律，采用科学的工作方式和手段，将人、财、物等因素合理组织起来，调动各方面的积极性，优质、高效地实现国家所规定的培养目标。

（二）幼儿园管理的学科性质

管理学、学前教育学和幼儿管理思想对幼儿园管理影响深远，构成幼儿园管理的主要理论基础。

20世纪兴起的管理理论是幼儿园管理理论的思想根源。管理学为幼儿园管理提供了强大的理论基础和科学而系统的研究方法。在幼儿教育活动和幼儿园管理活动基础上产生的幼儿园管理，一开始就得到管理学的滋养，成为管理科学体系中一门独立的分支学科。学前教育学是幼儿教育理论的母体，幼儿园管理从学前教育学母体中脱胎而出，成为教育科学体系中的一门独立的分支学科。幼儿管理思想的形成与社会发展的要求、信息科技的进步和全球化的幼儿教育发展潮流有关。

幼儿园管理是教育管理学的分支学科，也是学前教育专业课程体系的重要组成部分。它也是介于教育科学与管理科学之间的一门边缘学科，基本上属于社会科学的范畴，同时幼儿园管理又是一门实践性很强的应用学科。幼儿园管理与管理科学和教育科学的关系如下图所示：

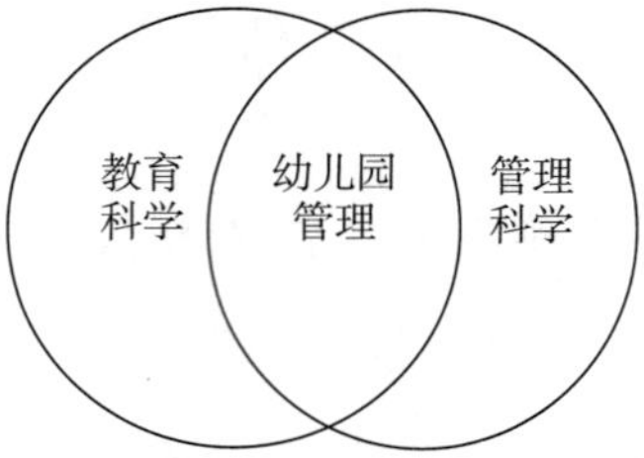

图 1-1　幼儿园管理与管理科学和教育科学的关系

（三）幼儿园管理的任务

幼儿园管理的任务是通过组织机构发挥组织、指挥、协调、控制等管理职能，合理地组织利用各种教育资源，实行保育与教育相结合的原则，对幼儿实施体、智、德、美、劳诸方面全面发展的教育，促进幼儿身心和谐发展，确保保教质量的提高，较好地实现教育培养目标和服务家长，既为幼儿服务，又为幼儿家长服务。

五、幼儿园管理的研究内容与研究方法

（一）幼儿园管理的研究内容

幼儿园管理是学前教育专业开设的一门重要课程。近十多年，有一批教材和译著陆续出版。与幼儿教育相关的杂志往往都开辟了管理研究专栏，发表的研究论文数量逐年上升。幼儿园管理研究队伍不断扩大，研究内容逐渐深入，研究方法更加多样化和科学化。

幼儿园管理的研究范围十分广泛，学科框架还没有完全定型。幼儿

园管理研究最多的内容是管理基本原理、管理原则与方法、管理目标与管理过程、组织文化和师资队伍建设、保教工作、卫生保健及安全工作、后勤工作、幼儿园公共关系、幼儿园的组织机构与规章制度建设及幼儿园工作评价等。

虽然幼儿园管理理论在横向上不断拓展、纵向上日益深入，但是幼儿园管理基本理论始终应当是幼儿园管理研究的主流。基于这种考虑，我们尝试建立一个以幼儿园管理理论为主、以幼儿园管理实践为辅，且两者有机结合的体系框架，包括幼儿园管理概述、幼儿园管理原则与方法、幼儿园管理体制与文化建设、幼儿园保教与教科研工作管理、幼儿园后勤管理、幼儿园人力资源管理与园长工作、幼儿园班级管理、幼儿园公共关系与危机管理、幼儿园工作评价、幼儿园创建与发展战略等。

（二）幼儿园管理活动的构成要素

幼儿园管理活动由管理者、管理手段和管理对象等要素构成。

1. 管理者

管理者是幼儿园管理基本要素中最活跃、最重要的因素，是管理的主体，决定着幼儿园管理的成败。

2. 管理手段

幼儿园管理手段主要包括幼儿园管理体制、组织机构和幼儿园规章制度。

幼儿园管理体制和组织机构是幼儿园管理的主要手段。幼儿园组织机构由决策机构、执行机构、监督机构、咨询机构等组成。组织机构是否合理，会直接影响幼儿园管理的效率。管理体制是幼儿园管理的根本制度，它规定了园长在幼儿园的地位和作用、党政关系等有关组织和管理的根本问题。

规章制度是幼儿园管理的“法”，它包括岗位责任制、会议制度、作息制度、课堂常规、财务制度、各部门职责等。

3. 管理对象

幼儿园管理对象是幼儿园管理的客体，包括人、财、物、事、空间、时间、信息等。

人既是管理的主体，又是管理的重要对象。财的管理，包括资金的筹集、使用和分配等。物指包括幼儿园校舍、设备、图书、仪器等生产资料、生活资料和装备在内的物质资料。事指人与人、人与财、人与物等在信息的作用下所形成的复杂活动。空间指管理系统中各要素之间、管理系统与周围事物之间的距离、方位、排列次序等空间关系。信息是反映事物在管理过程中的活动特征及其发展变化情况的多种消息和资料等的统称，它对于幼儿园管理工作起着越来越重要的作用。

（三）幼儿园管理的研究方法

不同性质的学科有不同的研究方法。幼儿园管理是一门综合性和实践性较强的应用学科，常用的研究方法有以下几种。

1. 经验总结法

经验总结法是研究幼儿园管理的根本方法。人类对自我实践的理性认识，其关键环节就是对实践经验的科学总结。这种方法对建设符合中国特色的幼儿园管理理论体系至关重要。

经验总结法可采用不同的形式进行，可以由个人进行，也可以由集体进行；可以研究自己的成功经验，也可以研究他人的先进经验；可以由幼儿园进行，也可以由教育行政部门、教育研究组织进行。经验总结法最有效的组织形式是领导、专家和群众相结合。

2. 调查法

调查法指对幼儿园管理中的某个课题或某项具体工作，通过谈话、问卷调查等方式获得第一手材料，并对这些材料进行整理、分析，获得某些规律性、结论性知识的方法。如果调查对象的数量较多，可根据调查目的进行抽样调查或典型调查。调查的结论正确与否往往取决于手段运用得是否科学。

3. 文献法

文献法是一种间接研究方法，指依据研究的目的、任务，通过查阅文献资料、整理分析，找出事物本质和规律的研究方法。文献法主要包括历史文献研究和横向比较文献研究。历史文献研究是通过对历史上的幼儿园管理的文献进行研究，发现幼儿园管理的规律。横向比较文献研究是通过对比研究不同地域（国家、地区）幼儿园管理的文献，找出影响幼儿园管理成败的因素，分析两者之间的共性和差异，从而得出结论。

4. 实验法

实验法是研究者按照研究目的，合理地控制或创设一定条件，或者人为地改变研究对象，以验证研究假设，探讨管理现象的因果关系，揭示管理规律的一种研究方法。

实验法的应用范围很广，如保教模式改革、课程与教材改革、管理体制改革等，都可以通过实验掌握数据和资料，认识规律，以使管理工作合乎客观规律。苏霍姆林斯基、陶行知等著名教育家都是用这种方法实践他们的教育思想，并取得了显著成就的。

5. 教育行动研究法

教育行动研究法指由一线保教人员与科研人员共同参与，从保教工作和管理工作的实际需要出发，寻找课题，在保教和管理工作中进行研究，共同解决实际问题的一种研究方法。近年来这种方法备受关注，为保教工作者“在行动中研究，在研究中提高”创造了条件，深受幼儿园管理者和教师欢迎。

6. 案例法

案例法指通过调查研究和资料收集等途径，将已经发生的、矛盾或典型的幼儿园管理事件，撰写成描述性的文字材料，供学习者进行讨论与分析，以培养研究者分析问题与解决问题能力的研究方法。这种方法是哈佛大学首创的，哈佛大学教育管理学院把它作为一种基本教学方法加以运用。

幼儿园管理的研究方法很多，如何科学、有效地选择恰当的研究方法非常重要。一般来说，要依据研究内容的性质和研究对象的特点选择相应的研究方法。

六、幼儿园管理目标与目标管理

(一)幼儿园管理层次

幼儿园管理工作包括班级管理与园务管理两个层次,班级管理和园务管理相辅相成。

班级管理是幼儿园的微观管理层次,它是园务管理的具体体现,是园务管理的基本内容,主要包括班级教师的配备与分工,班级计划的制订、执行与实施,班级的日常管理,对幼儿的管理等。班级管理是围绕幼儿园管理工作而展开的,其目的是实现幼儿园管理目标,班级管理是教师的主要职责。

园务管理是幼儿园的宏观管理层次,它是幼儿园管理的核心,决定了班级管理的性质、方向和条件,主要包括幼儿园组织机构的建立、幼儿园规章制度的制定、园风的形成、保教人员和管理人员素质的提高、幼儿园管理工作的开展、幼儿园公共关系等。园长的主要职责是园务管理。

(二)幼儿园管理目标

幼儿园的一切育人活动和管理活动都是为了实现预期目标,目标的明确程度对幼儿园工作的方向、教职工积极性的调动,以及管理绩效的提高和保教任务的完成情况有很大的影响。幼儿园管理者的首要职责就是正确地确定幼儿园的奋斗目标并有效地贯彻实施,这是实施幼儿园管理的关键,也是幼儿园管理的出发点。

1. 幼儿园管理目标的内涵

(1)目标的含义。目标指个体或组织的行动所要达到的预期目的,或预期结果的状态和标准。目标是一种期望,是人们对某种活动的主观愿望,是现实的超前反映。这是建立在客观现实基础上的,是人的主观意识对客观规律的认识和反映,如果确定的目标不合适,或者客观条件发生了变化,目标就不能实现。目标是管理的核心。管理的目的就是实现预期目标。管理从确定目标开始,到计划的制订、执行、检查与总结都离不开目标。目标既是管理的出发点,也是管理的归宿。

按照范围来分,目标可以分为组织目标和个人目标;按照时间来分,目标可以分为近期目标和远期目标;按照内容来分,目标可以分为主目标和次目标。

(2)教育目标与管理目标。幼儿园的教育目标是对培养什么样的人加以规定,幼儿园可根据实际情况来确定教育目标。

管理目标规定了幼儿园管理工作应达到的标准。管理目标确定的依据是教育目标,它要考虑为实现教育目标,管理工作应如何开展,具体包括哪些工作。幼儿园确定管理目标的目的在于实现教育目标。也就是说,教育目标是幼儿园全部工作的核心,是确定管理目标的依据;管理目标是实现教育目标的保证和前提。可见,幼儿园管理目标的确定离不开幼儿园的教育目标。

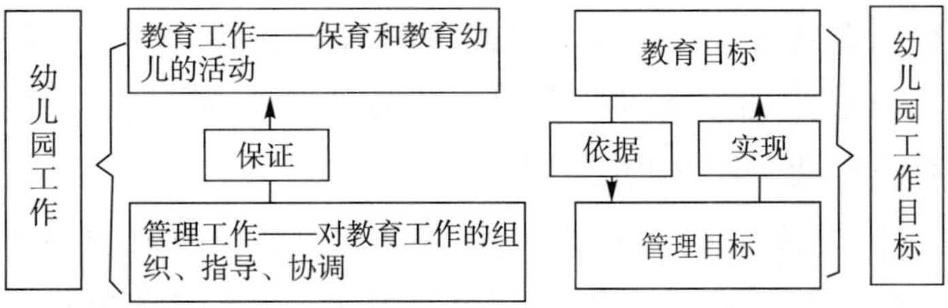

图 1-2 幼儿园工作及其目标构成图

2. 幼儿园管理目标的特点

幼儿园管理目标具有以下特点。

(1)方向性。目标是对未来的设计,对管理过程起控制、约束、调节等作用。幼儿教育的性质、任务决定着工作目标,工作目标制约着幼儿园的发展方向。目标明确程度与管理的有效性成正比。

(2)可行性。目标应该是可以实现的。幼儿园管理目标应该是具体的,同时也应该是可以接受的,它一定要符合幼儿园的实际。

(3)层次性。幼儿园管理目标是有层次的,总目标可分出分目标,长远目标可分成中期目标和短期目标,由此形成了一个由不同层次、不同类型目标构成的目标系统。总目标是一个大的方向,各层次、各类型目标是根据总目标并结合实际情况定出的分目标。

(4)可测性。目标是人们检验和衡量各项工作完成情况的标准,也是评价工作成效的标准。目标完成情况也是奖惩的依据。因此,目标应该是可测的。

(5)激励性。正确的目标能产生积极的导向作用,它能鼓舞人心,激发人们的工作热情和干劲,发挥创造精神,不断进取。可见,好的目标具有极强的激励作用。

3. 确定幼儿园管理目标的依据

幼儿园管理目标是依据一定的标准确定的。在确定幼儿园管理目标之前,要了解确定幼儿园管理目标的依据。

(1)党和国家的教育方针、政策和法规。教育方针、政策和法规规定了幼儿园的办园性质和办园方向,构成了幼儿园管理的宏观背景。我国的教育方针明确提出,教育就是促使受教育者在体、智、德、美、劳等方面全面发展。《幼儿园工作规程》也明确规定了幼儿园保教工作的目标,这些都是我们确定幼儿园管理目标的依据。

(2)幼儿园管理活动的规律。幼儿园管理活动有其自身的规律。确定管理目标是幼儿园管理工作的一个重要环节,其必须遵循管理活动的规律。幼儿园管理是受教育发展规律制约的,其目的在于实现幼儿园保教目标,完成幼儿园保教任务。因此,管理目标要根据幼儿园保教目标和保教任务来确定。

(3)幼儿园的实际。幼儿园的实际包括幼儿园的规模、地理位置、经费、硬件设备、管理体制、师资水平、园风等,这些都是确定幼儿园管理目标的重要依据。当然,确定幼儿园管理目标既要从幼儿园的实际出发,又要不断创新。

(三)幼儿园目标管理

幼儿园实施目标管理要重视三个方面的工作。

1. 构建完整、科学的幼儿园目标体系

幼儿园管理的首要任务是确定幼儿园的管理目标。幼儿园管理者首先要确定幼儿园总体目标，然后动员、组织各个部门和教职工确定部门目标和个人目标，由此构建幼儿园的目标体系。幼儿园管理目标的确定一般会经历以下几个阶段。

（1）明确期望。管理者将自己对工作的憧憬明确化、具体化。期望是目标的雏形，所以明确期望是确定目标的第一步。

（2）看清形势。既要了解政治、经济、文化背景，以及国家对幼儿教育发展的政策和相关的法规条例，又要了解幼儿教育发展的动态与趋势。

（3）分析自身的优势与劣势。幼儿园园舍、物资设备、经费与教职工素质等条件是确定幼儿园管理目标时必须考虑的重要因素，因此，确定幼儿园管理目标必须分析幼儿园自身的优势与劣势。

（4）确定目标。经过大量的分析、调查，发挥幼儿园的优势，最终确定管理目标。

目标的确定要充分发扬民主精神，让教职工全程参与，只有这样，幼儿园目标才能转化为教职工自觉的行为，才能实现。

幼儿园管理目标包括以下内容：管理队伍建设目标、教职工队伍建设目标、组织机构建设目标、制度建设目标、保教管理目标、后勤管理目标、安全管理目标、卫生保健管理目标、幼儿园公共关系管理目标等。

2. 建立管理系统，理顺各方面关系，实现目标

幼儿园的管理系统包括组织机构与规章制度。组织机构设置要根据幼儿园的规模及实际情况，做到精简、高效。制定的规章制度既要符合国家与主管部门的有关规定，又要有本园的特色。

幼儿园各岗位工作人员之间的关系错综复杂，因此，幼儿园管理者在组织机构建立后要花大力气理顺各种关系，主要有以下几个方面。

（1）建立岗位责任制，明确各岗位职责。每个岗位都要有明确的管理权限和责任，因为岗位分工是人为的，而且在客观现实中各岗位工作存在着千丝万缕的联系，所以很难将其分清。在这种情况下，管理者对那些具有交叉性质的岗位要特别注意，要不断地调整，及时发现没有理顺的岗位或人员关系，使各岗位职责分明。

（2）提高管理者的管理水平。实践证明，管理者的管理能力高低对幼儿园管理工作有很大影响。管理者的管理能力提高了,会更有利于教职工的配合、协调,避免出现矛盾和内耗。

(3)提高教职工成熟度。教职工的成熟度指教职工的政治觉悟、专业知识、业务能力等状况,它表现在教育素养、教育信念、爱岗敬业精神、主人翁态度、集体荣誉感、责任心、成就感、协作能力等方面。幼儿园教职工的成熟度高低与教职工对集体目标的认同度成正比。

幼儿园领导要研究教职工的成熟度,要采取恰当的目标管理方法和领导方式,可以通过让教职工参加业务进修、学术交流等形式,提高他们的综合素质,也可以通过树立榜样,帮助成熟度不高的教职工加速成熟,要鼓励教职工树立集体的成就与个人的发展成就完美结合的理念,为教职工提供成长的机会,尽可能满足教职工的政治进步、职位晋升、职称评定等方面的需求。①

(4)形成良好的工作秩序与园风。良好的工作秩序可以转化为无形的管理力量,可以确保组织机构的正常运行和各种规章制度的有效执行。要保持规章制度的严肃性,规章制度一经形成,就必须严格执行。园风是幼儿园办园指导思想和培养目标的集中反映,它会对教职工和幼儿产生潜移默化的影响,优良的园风利于幼儿园建设和幼儿培养,是一种特殊的教育力量。幼儿园要使教职工树立高尚的情操和正确的价值观念,将个人的需要与组织的需要紧密地结合起来,形成团结友爱、爱岗敬业、勇于奉献的良好风尚。这种工作风气可以减少冲突,使教职工将精力和关注点都放在工作上。

(5)控制目标。控制是幼儿园管理者为保证幼儿园实际工作与计划相一致而采取的管理活动。一般来说,控制是通过对计划执行情况进行监督、检查,及时发现目标偏差,找出原因,采取措施纠正偏差,最终实现幼儿园管理目标的过程。为有效控制目标,必须高度重视信息反馈,及时发现管理与变化着的客观实际之间的矛盾,以校正原定目标,修正和完善指令,使之更符合实际情况,取得更好的效果。

---

① 黄焯:《学校管理专题十三讲》,第83—84页,北京:中国轻工业出版社,2008年。

3. 评估目标达成度

管理周期结束后，应该根据总体目标、部门目标和个人目标，对目标执行的结果进行评估，以明确目标完成的程度。评估应该由下而上，层层落实。评估时，应该将实际成果与原定目标进行比较，看原定目标是否已经实现或实现的程度，以明确工作质量差异，肯定成绩，总结经验，找出差距，吸取教训。然后，根据评估的结果，明确下一周期需要解决的主要问题，作为确定下一阶段管理目标的依据。评估之后，还应该实施奖惩，奖惩实质上是对整个目标管理的有效反馈。评估结果应该记录下来，存入业务档案，以激励全体教职员工争取取得更好的成绩。评估能充分发挥目标管理的激励作用。

【实践活动】

到一所幼儿园见习，了解幼儿园管理目标的确定过程。

第二节 幼儿园管理过程

幼儿园管理过程指幼儿园管理主体为实现以保教为中心的幼儿园管理目标，遵循幼儿园管理原则，运用科学的管理方法对幼儿园管理客体进行组织与控制，使其产生放大效应的共同活动程序与步骤。幼儿园管理过程包括计划、实施、检查和总结等环节。这几个环节的有机结合构成了幼儿园管理的全过程。全部管理过程构成一个循环，也就是一个管理周期。在第一个管理周期结束时，第二个管理周期也就开始了。管理过程中的几个环节，顺序不能颠倒，它们不是孤立存在的，而是互相关联、互相促进、互相依存、互相交叉的。

一、计划

(一)计划概述

1.计划

计划是管理的第一步,在幼儿园管理活动的全过程中处于起始阶段,它是实施的基础,是检查的依据,是总结的方向和目标。计划比目标更具体,它有助于幼儿园管理工作有序开展,有助于提高工作效率,有助于调动教职工工作积极性。

2.计划的类型

根据不同的标准,计划可以分成不同的类型。

(1)根据时间划分,计划可以分为长期计划与短期计划。长期计划是对较长时期工作的安排,可以是几年,也可以是十几年。短期计划是对较短时间工作的安排,可以是一个学期、一个月、一周,也可以是一天。

(2)根据内容划分,计划可以分为全面计划与专题计划。全面计划是对工作的总体规划,专题计划是对专项工作的设计。

(3)根据范围划分,计划可以分为全园计划与部门计划。全园计划是对幼儿园总体工作的安排,它涉及幼儿园工作的各个方面。部门计划是针对不同部门工作的计划,如教研活动计划、年级组工作计划、保健卫生计划等。

(4)根据工作性质划分,计划可以分为常规性计划和临时性计划。

(二)制订计划的依据和方法

1.制订计划的依据

吃透两头和遵循规律,这是制订计划的依据,具体包括三个方面。

第一,计划要以科学理论为指导。马克思主义基本原理、管理科学理论、教育科学理论、幼儿教育改革和研究的动态及信息等都是制订计划的依据,这些科学理论能增强计划的前瞻性、科学性和专业性。

第二,计划要符合政策和法律法规。党和国家的有关方针政策,尤其是幼儿教育方针和幼儿教育方面的政策法规都具有全局性,能长期起指导作用,这是制订幼儿园计划的主要依据。同时,上级行政和业务领导部门对某一时期、某项工作任务的指示或要求等,也是制订计划的依据。

第三,计划要符合幼儿园工作目标和幼儿园实际。明确目标是制订管理计划的前提,计划是目标的延续,是实现目标的步骤。计划要围绕目标有侧重、有层次地制订。同时,计划还必须立足幼儿园实际。幼儿园实际主要指幼儿园主观和客观条件,包括幼儿园人力、财力、物力等资源情况,工作基础和生源,等等,也包括幼儿园教职工的素质和工作态度、工作氛围、幼儿园凝聚力等主观因素。

"吃透两头"的目的是为了使计划更加切合实际,特别是要认真分析当前的实际,如新的任务是什么,如何去完成,哪些是当前工作中的有利因素和不利因素,以及主观和客观条件,如管理力量、师资水平、园舍情况、设备情况、经费、生源等对完成任务的影响等。

一般情况下,这几个方面依据有一致性,即方针政策、法规和上级部门的具体指示在符合科学理论的同时又符合幼儿园实际情况。但是,这三者也可能会不一致。所以,在制订计划时,幼儿园管理者要认真、全面地分析研究,整体、综合地看待这三个方面的依据。

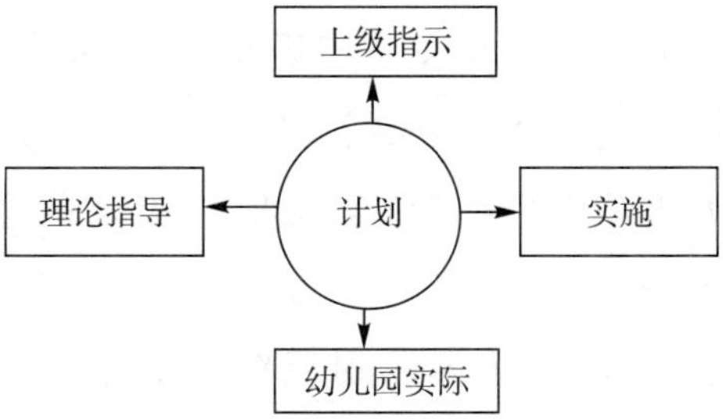

图 1-3　幼儿园制订计划的依据

2. 制订计划的方法

制订计划常见的方法主要有两种:一种是组织教职工讨论工作任务和完成任务应采取的措施,管理者事先不定任何框框,让大家畅所欲言。在教职工充分讨论的基础上,管理者起草计划初稿,然后拿出来讨论,最后修改定稿。另一种是管理者先拿出计划初稿，交教职工讨论，在讨论的基础上修改定稿。在时间比较紧的情况下，大多是采用第二种方法。无论采取哪种方法，都应该注意以下两点：

第一，上下结合。相对来说，学年计划、学期计划是时间比较长的全局性的计划。制订这样的计划时，必须上下结合，调动两个方面的积极性：一个是领导的积极性，幼儿园管理者要深入调查研究，深思熟虑，形成初稿；另一个是教职工的积极性，让教职工参与制订幼儿园工作计划，不仅是幼儿园民主管理的重要内容，也是为了使教职工认同计划并自觉执行。

第二，领导决策。幼儿园管理者要善于集中教职工的正确意见，在对初稿进行修改后，正式下达计划。

3. 制订计划的技巧

制订计划既要遵循规律，又要讲究技巧。制订计划时应该做好以下几个方面工作。

(1)收集各方面信息。信息是制订计划的依据，信息包括政策法规、理论观点、社会需要、幼教新动态和趋势等。要在对任务要求、已有基础、现存问题、主观条件、客观条件等进行全面分析后，提出计划目标。幼儿园应有专人负责收集信息，并将信息及时反馈给园长，为制订计划服务。

(2)初步制订计划方案。大家的知识结构、经验和思维方式不同，基于同样的信息和材料，不同的人会制订出不同的计划方案。集体的智慧是无穷的。遇到重大事项时，园长要发动集体的力量，先拿出几套不同的方案，供大家分析、比较，然后综合各个方案的优点，形成最佳方案。

(3)上下结合，分清职责。将计划反馈给教职工。一是为了明确任务，让大家知道要解决的重点问题；二是为了修订计划，修改不合理的地方；三是让大家将计划与自身挂钩，了解自己的角色和责任。

(4)确定计划方案。将征求的意见汇集起来，对计划草案进行修改完善，最后经园务会讨论确定。计划的制订与领导者的决策素质关系密切。管理者的决策素质至少包括科学素质、创新精神、民主作风和决断魄力。

(5)实施方案。正确地执行一个行动方案十分重要。因此，确定的方案必须得到正确的贯彻执行。如果条件允许，在全面贯彻执行方案之前可以先作一些试验，以取得经验，进行修改，使其完善，为全面推行打好基础。

管理者积极性的高低、努力的程度对计划的执行效果影响很大。因此，管理者不仅要善于制订方案，还要善于领导，要采取正确的方法激励他人有效地执行方案。

(6)评价与控制。评价与控制有两个任务。一是保证实际运行结果与预期目标相一致。控制主要是拿实际贯彻的情况与预期目标进行比较，如果发生偏差，就要将这一信息反馈给决策系统，从而使管理者能够根据预期目标和客观情况迅速采取纠正行动。二是对过去的决策作出评价，这不仅是着眼于当前的工作，看是否要修改预期目标，是否要采取一些计划外的行动，而且是为了给未来的决策提供一些有益的经验。

【课堂讨论】

某幼儿园的一位年轻教师要跳槽到另一家待遇更好的外地幼儿园。为了挽留她，该幼儿园业务副园长建议给她提高工资。但行政副园长认为，这位教师的工资水平已经比本地幼儿园教师平均水平高了，而且幼儿园现行的工资制度要求工资与职位、年龄和资历挂钩，目前这位教师的工资是符合幼儿园工资制度要求的，不应随意增加。幼儿园其他教职工也议论纷纷。有的说，尽管这位年轻教师的工资高于平均水平，但她非常优秀，可以给她加薪。有人质疑幼儿园工资制度难以适应幼儿园聘任和留住优秀人才的需要，认为幼儿园应当制定特殊条例来吸引优秀人才……这些议论引起了园长的注意，她责成行政副园长与保教园长牵头成立一个小组，就幼儿园工资制度进行调研，在征求广大教职工意见的基础上提出几套方案，供园务会讨论。

思考与分析

1. 你认为该行政副园长不同意加薪的做法是否妥当?

2. 如果你是这位副园长,你会如何决策?

(三)制订幼儿园计划的基本要求

幼儿园规划、幼儿园总计划和幼儿园分项计划之间相互联系、相互制约、相辅相成,构成幼儿园计划系统。幼儿园管理者要系统地组织制订幼儿园计划,使之成为完整的计划体系,以对幼儿园工作实行有效的计划管理,充分发挥计划的作用。幼儿园管理者在制订计划时应遵循以下基本要求。

1. 计划要与管理目标一致,目的明确,重点突出

幼儿园计划应符合办园方针和政策,要有明确的管理目标和任务。计划必须紧紧围绕管理目标。如果发现计划与管理目标有矛盾,就要加以调整。目标一旦确定下来,就应该坚持,否则难以保证目标的稳定性及严肃性。制订计划时不仅要明确行动目的和目标,还要学会取舍,将事情按照轻重缓急排序,抓主要矛盾,解决关键问题。

2. 计划既要超前,又要可行

计划要有超前性,学年计划或学期计划必须在开学前两周拿出初稿,开学前一周向教职工宣布,使所有人都知道要干哪些事情,要达到什么目的。

管理活动涉及的因素不仅数量多,而且复杂多变,人们难以精确地预测其发展趋势,也难以保证万无一失。为弥补工作中的不足,从容应付管理过程可能出现的各种新情况、新问题,求得各种因素和关系的综合平衡,制订的计划要有一定的弹性,具体可分为局部弹性和整体弹性。局部弹性是在确保实现总体目标的前提下,在某些单元、环节留有一定的余地;整体弹性是要求整个管理系统具有较强的适应能力。弹性表现为"留一手",即有意降低要求,留有余地。同时,弹性还表现为"多一手",要预先拟订处理不同问题的多种工作方案,以适应形势的变化。

可行性要求计划有切实可行的办法和步骤。计划对各项工作实施的时间、地点、人员、措施等各方面都有明确、具体的安排。

【拓展阅读】

6W2H

一般来说，计划应包括八个方面的内容：1. Why：为何做这件事；2. What：目的是什么；3. Where：计划实施地点（场所、地区、单位）是哪里；4. Who：由谁执行、与谁执行（负责人、协助者）；5. Which：哪一个计划（选择、挑选）；6. When：计划完成期限（期限、完成日期）；7. How：如何执行（方法、执行方案）；8. How Much：花费是多少（预算、价格）。

3. 计划要体现民主，做到连续性与创新性统一

计划是要靠幼儿园的全体人员来实现。确定计划目标和任务时要考虑教职工的感情、意志、期望和条件。因此，制订计划时要有教职工参与。

幼儿园计划要考虑幼儿园长期规划的要求，应继承前一阶段的工作成果，包括处理前一段管理周期中遗留的重大问题。同时，幼儿园计划不应是过去计划的翻版，要有所创新，不断提出新的目标和任务，体现特色，体现在原有基础上的进步。

4. 计划要有可检性

计划的执行情况和任务完成的情况，应该是可以检查的。在幼儿园计划中，要包括与主要目标成果有关的价值指标、工作进度、完成工作的时间及主持人等，可以作为检查的依据和评价的标准。在开始制订计划时，就要考虑计划的执行和检查。因此计划的内容既要具体，又要简明扼要。

二、实施

（一）实施概述

实施是把教职工组织起来落实计划。马克思说，一步实际行动比一打纲领更重要。实施是管理过程的中心环节，相对于计划而言，它是后继环节，目的是使设想变成现实；相对于检查和总结而言，它又是先导环节，是检查的对象，是总结的依据。

幼儿园管理者的主要任务就是带领教职工实施计划。在实施阶段，幼儿园管理者主要是做好组织力量、指挥与协调、教育与训练等三个方面的工作。

1. 组织力量

幼儿园管理者是统管全局的，如何统筹安排全园的人力、物力、财力，做到人尽其才、物尽其用，是管理者带领教职工执行计划的第一步。计划实施中的组织创造出新的生产力——集体力，它使幼儿园的人力、财力、物力形成合力，产生“1＋1＞2”的力量。

首先，建立合理而有效的组织机构，形成一个从园长到处室，以及各基层组织的，指挥渠道畅通，监督和执行指令保证无误，信息反馈灵敏、准确，具有较高效率的幼儿园管理系统。

其次，建立岗位责任制，合理配备人员。科学分解工作项目，规定职权与职责，合理配备人员，使幼儿园的一切工作都有人按时、按量、保质完成。

再次，建立和健全幼儿园的管理法规，使幼儿园管理工作制度化、规范化。

2. 指挥与协调

指挥即发令调度。为防止内耗，幼儿园管理者要及时、有效地协调幼儿园内的人际关系。幼儿园管理者要及时了解信息，调整关系，解决矛盾，使各部门、各方面都能相互配合，使人与人之间能够相互理解、友好协作。此外，幼儿园管理者还应协调家长、社会等多方面的关系，使之与幼儿园工作和谐、同向。

首先要搞好指导。指导包括指挥、引导。管理者要深入一线，发现问题，指明方向，端正下属态度，采取各种措施指导教职工的工作。管理者可以通过思想上的疏导、工作上的点拨、感情上的交流帮助教职工提高思想认识，明确计划，调整工作。管理者还可以与下属共同寻找解决工作重点、难点的具体方法，并在人员调配、经费使用、时间投入等方面给予支持帮助。

管理者要敢于指导，只要是管理者看准了的问题，就要坚决、果断，做到有令则行、有禁则止。指挥的内容应符合法规、政策，符合目标，符合职权范围，符合实际情况，符合下级的正当意愿，指挥还要明晰、准确，不能含糊不清。

其次要搞好协调。协调的目的是把各种关系处理好，使部门与部门之间彼此配合、人与人之间全力合作、事与事之间互相促进。幼儿园管理者一般应做好三项协调工作：当实际工作进程和上级要求与计划不一致时，应修正计划，调整工作要求；当实际工作中各部门或各项工作之间步伐不一致时，应适当调整进度，调配力量；当实际工作中人与人、部门与部门之间产生矛盾时，应进行思想教育，处理矛盾，乃至重新组合，尽可能地降低内耗。

3. 教育与训练

教育与训练的目的在于提高幼儿园教职员工的素质。要加强教职员工培训工作，对他们进行业务指导，提高他们的业务水平。同时，幼儿园管理者要加强对教职员工的政治教育，提高他们的思想觉悟，培养他们良好的职业道德，并激发他们的工作热情，鼓励他们积极向上。激励的方式有两种：一是精神鼓励，一是物质鼓励，应以精神鼓励为主。

在执行阶段，幼儿园管理者自始至终都要重视组织、指导、协调等管理活动。这些活动是互相联系、互相配合、交叉进行的，是不可分割的整体。

（二）实施的基本要求

1. 统一目标，统一指挥，统一行动

目标统一才能使全体教职工认识一致，心往一处想。统一指挥才能有令则行、有禁则止。统一行动是管理的成果，行动统一才能配合默契、步调一致，才能使组织管理卓有成效。

2. 组织机构要健全，职、权、责要对等，人各有责，人尽其才

健全职能机构，使各部门责任明确，管理层次清楚，充分发挥各个组织、部门的作用。要因事设岗，不要因人设岗。要实行岗位责任制，职、权、责要对等。聘任人员时不要徇私情，人员配备要能级对应，做到人人职责明确，事事有人管，提高管理效率。

3. 制定管理法规，运用先进的管理手段

管理者不仅要结合幼儿园实际，制定具体的规章制度，如课堂规则、游戏规则、考勤制度、值班制度等，使办事有章可循，优劣有奖惩，而且要采用先进的管理手段，运用现代科学技术手段进行管理。

4. 保持良好的人际关系，充分调动被管理者的积极性

管理者要营造良好的工作氛围，使大家在工作中能互相支持、互相配合，同时增强教职工的主人翁意识和责任意识，调动他们工作的主动性、积极性和创造性，挖掘其潜能。

三、检查

（一）检查概述

1. 检查的含义

检查是对管理对象的查考，含有督促、约束的意思。检查是幼儿园管理的调节、监督、控制阶段，它主要是对比计划实施的现状与预期目标，找出偏差，进行及时的控制和调节，把管理的偏差消灭在管理过程之中，以保证管理的质量。检查是实现幼儿园工作计划的保证，是推动幼儿园工作的重要措施；检查的结果是总结评价的依据；检查可以监督和考核工作人员的工作；检查可以检验幼儿园管理者的管理水平。

2. 检查的类型

按照时间来分，可以分为平时检查和阶段检查，又叫经常性检查和定期检查。只有平时检查，没有阶段检查，就不可能深入发现问题，而只有阶段检查，没有平时检查，也不能及时发现问题。不过，平时检查是基本的检查方法。如果平时检查能持之以恒,就能做到防患未然,对管理来说非常重要。

按照范围来分,可以分为全面检查和专题检查。全面检查包括保教、行政、后勤、卫生、安全等方面的检查。学期初、学期中和学期末的检查,实际上也是全面检查,只是侧重点和深度有所不同。全面检查的目的在于掌握全面情况,对计划执行的程度做到心中有数。但这种检查不易发现问题的本质。为了有针对性地发现和解决问题,还必须进行专题检查。专题检查又叫重点检查,其内容取决于检查的目的。例如为了深入了解某个问题发生的原因,为了总结某位优秀教师的经验,为了吸取某次重大事件的教训,为了从理论上研究某个问题等,都有必要进行专题检查。这种检查必须组织一部分力量,集中开展一段时间,才能有效。这种检查有利于提高管理水平。

按照方式来分,可以分为自上而下的检查、相互检查和个人自查。自上而下的检查是管理者对下属的检查,有监督、考核的作用。平时检查、阶段检查、全面检查和专题检查都属于这一类。这是最常见的一种检查方法。管理过程中的检查主要采取这种方法。但是只有这种检查是不够的,真正起调节作用的是相互检查和个人自查。相互检查是教职工之间互相进行检查的一种检查方法,如教师之间的相互听课、检查保教教案、班级之间相互检查清洁卫生、秩序情况等。这种检查比领导对下属的检查更为具体和深入,运用得好,有利于教职工相互学习、取长补短、相互鞭策。虽然互相检查是教职工之间的事,但是幼儿园管理者不能放任不管,而是要有意识地进行引导,使之经常化。个人自查是幼儿园成员的自我检查。这种检查又分为两种情况,一是按上面布置的任务进行检查,进行全面检查时,往往采取这种方法;二是幼儿园教职工自觉地自我检查,如撰写教后感或教学后记等。个人自查是有强烈责任感的表现,要建立在自觉的基础上才真实可靠。

3. 检查的方法

检查类型有很多种,开展不同类型的检查时采取的检查方法也应有所区别。一般说来,平时检查即经常性的检查,主要是为了了解情况,掌握第一手资料，这种方法运用得较多，如巡视观察、个别交谈、参加活动和随堂听课等。保教工作是幼儿园的中心工作，听课是幼儿园管理者的一项重要工作。听课的目的不同，方法也就不同。

（二）检查的基本要求

1. 要有明确的目的性和计划性

重要的检查要纳入幼儿园的工作计划之中，使幼儿园全体成员个个心中有数，目的明确，计划性强，力求避免无计划的随意性和盲目性。

2. 检查要有统一的标准

幼儿园的工作计划就是检查的依据和标准，幼儿园必须依据国家和上级教育行政部门下达的办园方针、政策、法规，幼儿园计划和园内规章制度开展检查工作，并以计划中规定的要求为检查标准。

3. 检查工作要客观、实事求是

检查工作要从实际出发，检查不应局限于查阅纸质资料，不能只听口头的许诺，要重视事实，看实际内容，防止只看表面问题，要准确地掌握各项工作开展的情况。

检查工作要客观，要了解检查对象的历史和现状，了解正在检查的工作与其他工作之间的联系，了解成绩和不足，掌握反映全面情况的资料。检查要有客观分析，管理者检查工作时，要有与人为善的态度、实事求是的作风，要客观地肯定成绩、如实地指出缺点，支持改革和创新。

4. 检查要把过程与结果结合起来

保教质量体现在保教工作的过程中。幼儿园计划的落实，也是在工作的过程中实现的。工作过程更能反映幼儿园教职工的实际工作状况。所以，要重视对工作全过程、各环节的检查，要重视经常的、系统的检查，而不应只看结果，或寄希望于突击性的大检查。

5. 检查工作要走群众路线

检查要依靠群众，相信群众。实施全员质量检查，是提高幼儿园保教质量、管理质量的重要环节。检查不仅是幼儿园领导的事，也是教职工自己的事，要真正发动全体教职工主动参与检查。教职工是管理的主体，参加检查能够调动教职工的积极性，增强他们的主人翁意识。幼儿园管理者也要接受群众的监督检查，对于工作中出现的问题，领导首先要从自身找原因，要勇于担当。

6. 检查结果要及时反馈

检查后要有交代，要以适当的方式向教职工公开检查的结果，及时反馈检查结果有利于肯定成绩、增强团结，也有利于提出问题、纠正偏差、改进工作、解决问题。如果只有检查，没有反馈，意见不沟通，信息不反馈，检查就失去了其应有的意义。

7. 检查后要有改进措施

检查是手段不是目的，检查的目的是实现目标。在检查结束后，要做出恰当而中肯的分析，给予检查对象指导、鼓励和帮助，并认真分析问题出现的原因，采取有针对性的纠正偏差的措施。

【课堂讨论】

从小环节看幼儿园形象

一天早上，园长巡班到中二班门口，正好遇到冬冬的爷爷送冬冬，只听他说："快进去吧，你看老师在吃早饭呢，你也要好好吃啊！"园长向班里看去，只见两个老师都坐在餐桌旁吃早餐，孩子们也在吃早餐，吃完的孩子漫无目的地自由活动。接着，园长巡视了其他班级，发现许多班都存在类似现象。

回到办公室，园长立刻着手分析原因。幼儿园位于市郊，很多老师上班的路程都很远，因为怕上班迟到，所以常把早饭带到幼儿园来吃。自己作为一园之长，没有及时注意到这一情况并采取相应的处理措施，是出现这种现象的根本原因。园长在教职工大会上首先作检讨，并宣布：今后，食堂每天七点准时为老师们开早饭，园里也将装修一个小餐厅，作为老师用餐场所。接着，园长对老师吃早饭时孩子散漫地待在教室里的情况予以批评，告诫全体老师在任何时候都必须认真负责地对待工作和孩子。

（案例作者：祁爱蓬）

思考与分析

1. 老师在幼儿园入园时间吃早饭是否合适？这种行为对幼儿园工作有何影响？

2. 从幼儿园管理过程分析该园长是如何对待计划执行的检查工作的？

四、总结

（一）总结概述

1. 总结的含义

总结指组织或个人对某一时期或某项工作进行回顾检查、分析评价，得到经验、教训和规律性认识的过程。总结是管理过程的最终环节，它既是对所有工作环节的总分析和总评价，又是下一个管理周期工作的基础。

总结在幼儿园工作的两个管理周期之间起着承上启下的作用，它可以推动工作开展，形成优良传统，可以提高士气，增强内聚力，还可以提高管理者的认识水平，有助于他们探索管理规律。

2. 总结的类型

按照时间划分，可以分为学年总结和学期总结；按照性质划分，可以分为全园性总结、部门总结和个人总结；按照内容划分，可以分为全面总结和专题总结。

（二）总结的基本要求

1. 总结要以检查为基础，以计划为依据，做到客观、全面又重点突出

幼儿园工作总结时是将幼儿园计划作为评价工作质量和绩效的依据的，因此，幼儿园工作总结要从幼儿园工作的实际出发，通过调查研究，获取各种可靠的信息，对掌握的信息进行综合分析研究，全面真实地反映幼

儿园工作的实际状态和结果，做到言之有人、言之有事、言之有成绩、言之有问题。总结时一定要辩证地看问题，坚持两点论，既要看到成绩和进步，又要看到问题和不足，实事求是，既不夸大，也不缩小。同时，总结要抓住主要矛盾，分清主流和支流、现象和本质，不要面面俱到。

2. 总结既要立足现实，又要着眼未来，发挥激励作用

总结虽然是对过去工作的回顾与评价，但也要着眼于未来。总结要相对比较，实施发展性评价。总结既要肯定成绩、表扬进步、表彰先进，增强全园工作人员的目标价值观念，又要提出存在的问题，给教职工提出新的要求。在总结阶段，幼儿园管理者在成绩面前不要居功自傲，相反，要适时提出更高的要求。而在失败或挫折面前，幼儿园管理者也不要悲观气馁，要深入研究失败的原因和教训，及时提出新的目标和实现目标的有效措施，激励并带领教职工向目标迈进。

3. 总结要探索幼儿园工作规律，要及时

对于幼儿园管理者来说，总结是创造性的活动。幼儿园管理者要遵循保教规律和管理规律，带领教职工，不仅为了实现管理目标而工作，而且要在实际保教和管理工作中探索规律，实现由保教实践、管理实践上升到保教和管理理论的提升，使意识更具自觉性，工作更加科学。总结忌“拖”，要在工作结束时就进行，这样做，一是记得清楚，二是能及时总结经验，吸取教训，以便更好地开展下一步工作。

【实践活动】

到某个幼儿园见习，观察了解该幼儿园的一个管理周期，了解其管理过程的计划、实施、检查、总结等环节的程序及运行情况。

◇本章小结

管理是一种普遍的社会现象，具有永恒性。管理学的产生和发展经历了早期管理时期、科学管理时期、成长时期和大发展时期四个时期。幼儿园自诞生至今大致经历了萌芽期、发展期和普及期等几个阶段，幼儿园管理日益规范化和科学化。幼儿园管理是介于教育科学与管理科学之间的一门边缘学科,是一门实践性很强的应用学科。幼儿园管理活动是由管理者、管理手段和管理对象诸要素构成的。幼儿园管理常用的研究方法主要有经验总结法、调查法、文献法、实验法、教育行动研究法、案例法等几种。

幼儿园管理包括班级管理与园务管理两个层次。幼儿园管理目标是依据教育目标而确定的,其目的是实现教育目标。幼儿园管理目标具有方向性、可行性、层次性、可测性、激励性等特点。幼儿园管理过程包括计划、实施、检查、总结等环节。

▶文献链接◀

1. 陈国钧、陆军:《管理学》,南京:南京师范大学出版社,1997 年。

该书第一章介绍了管理的概念、要素、职能和性质,介绍了管理学的研究对象、内容,以及管理理论的特点、管理学科体系,探讨了管理现代化和管理者等相关内容。第二章介绍了管理科学孕育的漫长历史、现代管理理论和当代管理理论,对于深入了解管理科学的发展有极大的帮助。

2. 张燕、邢利娅:《幼儿园组织与管理》,北京:北京师范大学出版社,2002 年。

该书第五章介绍了幼儿园管理过程的概念、管理过程各个环节之间的关系,阐述了幼儿园工作计划的含义、计划的分类和幼儿园工作计划制订的程序,论述了幼儿园计划执行阶段的管理、对计划执行的检查和计划执行情况的总结,探讨了目标与目标管理的含义,幼儿园实施目标管理的意义和作用,幼儿园的目标及目标确立等内容,阐述了幼儿园目标管理的过程。

▶思考与实践◀

1. 管理和幼儿园管理的概念是什么?

2. 列举三位管理学产生与发展时期的代表人物,并简述他们的主要思想。

3. 简述行为科学理论、权变管理理论和学习型组织理论的主要内容。

4. 幼儿园管理常用的研究方法有哪些?

5. 幼儿园管理目标确定的依据有哪些? 幼儿园应如何实施目标管理?

6. 幼儿园管理过程包括哪些环节?

7. 幼儿园管理活动由哪些基本要素构成?

8. 与 2—3 所幼儿园园长座谈,重点从幼儿园管理工作的关键和幼儿园管理工作的难点等方面,请园长们谈谈体会。

9. 走访一两所幼儿园,了解幼儿园管理目标的确定过程。

第二章
幼儿园管理原则和方法

◇本章导读

某幼儿园分管教学的副园长主抓教育工作，主管保健、后勤的副园长分管保育。园长在检查工作中发现教师和保育员在班级工作中分工过细、各自为政，还出现相互推诿、扯皮等现象。于是，园长决定由分管教学的副园长同时分管教育和保育，经过一个学期的实践，效果很好。教师和保育员在班级保教目标指引下，相互配合，工作效率和保教质量明显提高。分管保育和教育的副园长布置保教工作全园一盘棋，统一指挥，实施园务会确定的工作计划，并开展检查和评比，使保育和教育得以真正结合。请结合本章介绍的幼儿园管理的基本原则和常用的管理方法内容，思考幼儿园管理者应该如何实现有效管理。

第一节 幼儿园管理原则

一、幼儿园管理原则制定的依据

幼儿园管理原则是幼儿园管理者开展幼儿园管理工作时的指导思想和行动准则，是对幼儿园管理工作的基本要求，是幼儿园管理的依据，它是管理者管人、理财、用物、治事的根本准则。幼儿园管理原则是人们通过实践总结出来的，而不是根据主观意愿随意杜撰的。幼儿园管理原则的确立是有客观依据的。

（一）学前教育的性质、目的和任务

学前教育的性质、目的和任务反映了中国特色社会主义学前教育特质，是管理幼儿园的基本遵循。因此，幼儿园管理原则的确立必须与我国的教育方针、政策、法律和法规的基本精神一致。

幼儿园管理者要全面准确地把握相关的政策与法规。我国的教育方针、政策、法律和法规，是确定幼儿园管理原则的政策法律依据，具有方向上的指导和行为上的规范意义，能够保证幼儿园管理的合法性。只有按照国家的有关政策、法规管理学前教育，才能使其得到顺利发展。目前幼儿园管理可依据的法律法规主要有《幼儿园管理条例》《幼儿园工作规程》《国家中长期教育改革和发展规划纲要（2010－2020 年）》《国务院关于当前发展学前教育的若干意见》《中共中央　国务院关于学前教育深化改革规范发展的若干意见》等。这些法规从不同方面规范了幼儿园管理的目标、方式、方法等一系列问题，为幼儿园管理提供了法律、法规依据。

幼儿园管理者一方面要依法进行管理，将幼儿园管理纳入法制化轨道，另一方面要学会利用法律保护自己的合法权益。这既是新形势的要求，也是幼儿园管理发展的趋势。

（二）幼儿园管理规律

幼儿园管理规律是幼儿园管理诸因素之间内在的、必然的联系的反

映。幼儿园管理者对幼儿园管理规律的认识越深刻,其管理就越有效。正确的幼儿园管理原则应该建立在对幼儿园管理客观规律的深刻认识基础之上。

(三)管理原理和幼儿教育理念

管理原理是人们在长期的管理实践中总结出来,并且被管理实践证明行之有效的,是对管理客观规律的理性概括。管理原理是制定幼儿园管理原则的理论依据,具有普遍的指导意义,幼儿园管理原则的确定应该借鉴和参考管理科学基本原理,并与幼儿园管理实践相结合。

幼儿教育理念包括儿童观、教学观和评价观。儿童观指对儿童的认识、看法和与此有关的一系列观念的总和。在不同的儿童观影响下会形成不同的教学观和评价观。儿童观是不断变化和发展的。现代儿童观决定了现代教育观,即视幼儿具有与成人一样独立的人格,我们要尊重幼儿的独立人格,遵循幼儿身心发展规律,我们要正确认识幼儿身心发展的特点,了解幼儿的独特性和差异性,并将此作为教育和管理的依据。

(四)幼儿园管理的实践经验

幼儿园管理原则是对幼儿园管理实践经验的概括和总结。幼儿园管理的实践经验是确定幼儿园管理原则的现实基础。因此,在确定幼儿园管理的原则时,要研究、借鉴国内外幼儿园管理工作的经验。

二、幼儿园管理的基本原则

幼儿园管理的基本原则主要有方向性原则、保教为主的整体性原则、民主性原则、管理育人原则、社会协调性原则、效益原则、安全至上原则等。

(一)方向性原则

1. 方向性原则的含义

管理的性质决定了教育的性质。管理具有两重性,即管理的自然属性和社会属性。正确理解管理的两重性,对于构建和发展社会主义幼儿园管理体系,吸取国外先进的管理思想和管理方法,具有十分重要的意义。

【拓展阅读】

管理的自然属性反映人与自然的关系,它与生产力相联系,受到生产力和科学技术的制约,它是一系列科学方法的总结。它与生产关系无关,具有共同性和永恒性。从这个意义上讲,管理的自然属性只有现代管理与传统管理、先进管理与落后管理之分,而没有阶级性之分。因此,各种先进的管理方式和方法,是人类的共同财富,可以相互借鉴。管理的社会属性反映了人与人的关系,是一定生产关系的体现。管理受社会制度、社会生产关系的制约,它反映了统治阶级的要求和利益。在阶级社会里,当然表现出一定的阶级性。

方向性原则指幼儿园管理必须坚持幼儿教育为社会主义现代化建设服务这个方向,要坚定不移地贯彻党和国家的幼儿教育方针和政策。幼儿教育要坚持社会主义方向,为社会服务,为幼儿和家长服务,这是幼儿园管理要遵循的首要原则。

2. 方向性原则的贯彻要求

(1)坚持党对幼儿园各项工作的领导。幼儿园管理的社会主义方向是党对幼儿教育工作的基本要求,要坚持马克思主义指导地位,贯彻习近平新时代中国特色社会主义思想,坚持社会主义办园方向,落实立德树人的根本任务,坚持教育为人民服务、为中国共产党治国理政服务、为巩固和发展中国特色社会主义制度服务、为改革开放和社会主义现代化建设服务。坚持党的领导,是幼儿教育工作坚持社会主义方向的根本保证。党对幼儿教育工作的领导,主要是在幼儿教育工作中的落实党的路线、方针、政策,确保幼儿教育的社会主义性质。要将方向性原则渗透到整个幼儿园管理之中,要让方向性原则贯穿幼儿园管理的全过程。

【拓展阅读】

坚持党的领导。加强党对学前教育工作的领导，确保党的教育方针在学前教育领域深入贯彻，确保立德树人根本任务落实到位，确保学前教育始终沿着正确方向发展……充分发挥幼儿园党组织作用，保障正确办园方向，认真做好教职工思想政治工作，厚植立德树人基础。

（摘自《中共中央　国务院关于学前教育深化改革规范发展的若干意见》）

（2）要遵循幼儿教育规律和管理规律，树立现代幼儿教育和管理观念。“一年树谷，十年树木，百年树人”，幼儿园管理者要有国际视野，具有开放、竞争意识；要面向未来，敢于开拓、创新，与时俱进；要面向现代化，树立现代教育和管理理念，实施素质教育，及时纠正保教和管理中的错误。

“一切为了孩子，为了一切孩子，为了孩子的一切”，这是办园的重要指导思想。“一切为了孩子”，就管理而言包含三层意思：一是要尊重幼儿，遵循幼儿身心发展规律；二是要对幼儿实施体、智、德、美、劳诸方面全面发展的教育，重视对幼儿综合素质的培养；三是突出教育与服务，要为幼儿和家长服务，这是管理的出发点和归宿。幼儿园管理要把社会效益放在首位。

（3）遵循人才成长的基本规律，牢记立德树人这一根本任务，牢固树立“三全育人”意识，做到“全员育人”“全程育人”“全方位育人”。

（二）保教为主的整体性原则

1. 保教为主的整体性原则的含义

幼儿园的任务就是坚持保育和教育相结合的原则，对幼儿实施体、智、德、美、劳诸方面全面发展的教育，促进幼儿身心和谐发展。幼儿园是一个系统，是由相互作用、相互依赖的各个部分结合而成的具有特定功能的有机整体。保教工作处于整个系统的中心，管理上要从实现组织目标出发，全面规划，统一指挥，合理组织幼儿园各个方面的力量，充分发挥整体效能，以获得最佳的管理效果。

保教结合是我国幼儿教育的一大特色，保教结合原则是根据幼儿的特点提出的，体现了幼儿阶段教育的特点和规律。保教为主的整体性原则是办园的指导思想，也是开展幼儿园管理活动的核心内容和要求，它是导幼儿教育工作的根本原则。

2. 贯彻要求

(1)树立全局观念，以保教为中心工作。幼儿园是一个相对独立的系统，有自己的目标和利益，幼儿园各部门、各项工作都要服从和服务于幼儿园总目标。幼儿园一切工作要从大局出发，明确总体目标，强化整体意识，要正确处理整体利益与局部利益、主要矛盾与次要矛盾、保教工作与其他工作的关系。而在幼儿园各项工作中，保教工作是中心工作，是完成育人任务的基本途径。

第一，幼儿园管理者要深入保教工作一线。深入保教工作一线有利于幼儿园管理者掌握第一手资料，有利于他们有针对性地做好管理工作。

【拓展阅读】

幼儿园管理者如何深入保教工作一线?

1. 了解保教。幼儿园管理者要通过多种方式了解幼儿园的保教设备及其使用效率、教师的思想道德水平和保教能力、幼儿的身心发展水平等。其中，听课是幼儿园管理者了解保教工作的一种最基本的手段。

2. 参加保教。管理者亲自参与保教工作，尤其是亲自上课最能深入了解保教工作情况。参加保教既可以摸索保教工作规律，为他人提供指导，还能体验教师的工作和生活，减少工作中的主观性，密切上下级关系。

3. 指导保教。幼儿园管理者在了解和参加保教的基础上，通过研究保教工作中的问题，提高保教质量。

第二，建立保教工作指挥系统，组织保教活动。在幼儿园保教工作指挥系统中，园长是总指挥，保教主任或园长助理是园长的参谋和助手，年级组长、班长和老师是执行者。这就构成了从上到下的幼儿园保教工作指挥系统。

幼儿园园长要了解幼儿园一日活动情况，具体落实工作计划，同时要关注倾向性问题，及时发现薄弱环节，总结经验。这就是人们常说的“经常抓”。此外，幼儿园园长还要利用开学、期中、期末等重要时机，做好制订幼儿园工作计划、保教检查、总结、评比和表彰等工作，这就是“集中抓”。幼儿园要将“经常抓”和“集中抓”结合起来，以重点带一般。

(2)树立保教结合的管理理念。苏霍姆林斯基认为，学校管理主要是对教育思想的管理。管理者的理念和管理水平直接决定幼儿园保教结合工作的质量。幼儿园管理者要引导教师了解保教结合的内涵，并且把保教结合的原则作为指导保教工作的根本原则。幼儿园管理工作的好坏最终要看保教结合原则落实得如何。

首先，要将保教结合理念渗透到全园的工作计划中，在制订全园工作计划时要充分体现保教结合原则，同时要引导教师在制订班级工作计划时，将保育工作与教育工作紧密结合起来，确定具体的措施方案，狠抓幼儿园一日活动，进而实现幼儿园的保教目标。

其次，在具体工作安排、人员配备上要做到教中有保、保中有教，使二者紧密结合、相互渗透。幼儿园各班都配有保育员和教养员，保教结合的实施离不开班级的教养员和保育员。教养员和保育员面对的教育对象是一致的，因此两者的工作应该是统一、密切配合的。保育员和教养员工作的区别只是分工不同，各有不同的侧重点，并不是截然分开的，因为他们的共同目标是一致的。保教人员必须坚持保教结合、保教并重的原则，做到既有分工，又有合作，真正将保教结合理念落实到日常工作中。

再次，要强化培训，提高幼儿园保教人员的综合素质，建设一支高素质的保教队伍。幼儿园管理者既可以在园内以教研的方式对教职工进行培训，也可以请相关院校、培训机构或妇幼保健医院的专家来幼儿园对教职工进行培训，也可以组织教职工到相关院校、培训机构或妇幼保健医院进行学习或实践，通过这些请进来、走出去的灵活多样的方式，可以使教职工的素质和保教质量得到提高。

最后，建立保教人员工作评价机制。对保教人员的评价要以《幼儿园教育指导纲要(试行)》中的"教育评价"内容为指导，应以促进幼儿身心健康发展和保教人员专业成长为目的，通过评价让保教人员真正感受到自己的价值和不足，从而调动她们工作的主动性、积极性和创造性。每年都要对照保教工作目标进行自评和他评，并及时对目标规划进行调整，使之更符合幼儿园的园情和发展方向。

(3)家园共育，巩固保教结合工作效果。幼儿园保教人员要及时与家长沟通，促进家园共育。保教人员要积极做好家访工作、家长座谈工作等，及时反馈幼儿在园生活情况，争取家长配合，与家长达成共识。保教人员还可以为家长开展专题讲座，指导家长做好幼儿生理和心理卫生保健工作，使幼儿园与家庭的教育目标保持一致，教师、保育员与家长形成合力，取得良好的教育效果。

(4)全面安排和协调幼儿园各项工作。幼儿园管理者既要抓教师的保教工作，又要研究幼儿的学习情况；既要抓园内工作，又要抓园外工作等。同时又要防止"保教唯一"的倾向。幼儿园管理者不但要抓好保教工作，还要抓好思想政治工作、后勤工作等，要处理好各个方面的关系。保教工作是和幼儿园其他工作联系在一起的，没有其他工作的配合，保教工作是搞不好的。幼儿园管理者要从幼儿园的全局考虑，以保教工作为主，带动全局。

(三)民主性原则

1. 什么是民主性原则

幼儿园的民主管理主要指教职工充分行使民主权利并直接参加幼儿园的管理活动。幼儿园管理者要充分发扬民主，调动全园教职工的积极性和创造性，组织大家参与幼儿园管理，依靠群众，尤其是教师。民主管理体现了民主性原则的要求。

2. 贯彻要求

(1)幼儿园管理者要有强烈的民主管理意识。幼儿园管理者要随时随地虚心听取教职工的意见,接受教职工的监督,不搞一言堂。幼儿园管理者民主管理的途径有很多,比如会议形式,研究日常行政工作,要开好行政会议,研究保教工作,要开好教研组长会议,讨论幼儿园的重大问题,要开好教职工代表大会和园务会等。

幼儿园管理者要创造条件,让有特长的教师充分发挥聪明才智。可以成立各种委员会,如课外活动指导委员会、教改实验委员会、伙食管理委员会、生活福利委员会等,调动教职工的积极性,让他们承担某些管理工作。

幼儿园管理者要采取各种形式,为教职工提供发表意见和提建议的机会,通过多种渠道让教职工参与管理。幼儿园管理是一项整体性的工作,管理不仅是管理者的事,也是被管理者的事。任何层次的管理者都是群众的一员,离开了群众的帮助就寸步难行。管理者和被管理者的区别只是分工、职能有不同。现代管理理论认为,管理者的作用在于调动全体员工的积极性,谁的管理水平高,谁就能最大限度地调动下属的积极性,最有效地开发和利用人力资源。管理者应该将管理看成全体员工的事情,要充分发扬民主,让大家献计献策。俗话说:众人拾柴火焰高。有的幼儿园设"合理化建议登记簿",用来登记教师提的建议。如果教师所提的建议被采纳了,就应该受到表彰和奖励。

幼儿园管理者还要充分发挥教职工代表大会的作用。教职工代表大会制度是幼儿园教职工参与幼儿园管理的基本制度,幼儿园的重大事务必须经过教职工代表大会通过。召开教职工代表大会是实施民主管理的一个有效做法,它为教职工提供了发表意见的机会,使教职工能够切实参与幼儿园重大事务的决策。幼儿园管理者要在日常管理中积极创造条件、制定规范,引导教职员工参与管理。

(2)充分调动教职工的积极性,重视教师,关心教师,依靠教师。正确认识并承认老师的地位。教师在幼儿园保教活动中传递文化、立德树人,是育人的主力军。管理者要深入研究、切实掌握并尊重教师劳动的特点,根据教师劳动的复杂性、创造性、示范性、个体性、协作性、间接性和周期性长等特点做好管理工作，还要逐步改善教师工作、学习和生活的条件，主动关心教师，解决教师的实际困难。

幼儿园管理者还要注意发挥后勤人员“服务育人”的作用，要支持、理解、尊重后勤人员的工作和劳动，还要教育幼儿尊重他们和他们的劳动。

（四）管理育人原则

1. 管理育人原则的含义

管理育人原则指幼儿园管理的各类人员、各项工作、各种设施等都要具有教育性，对管理对象起教育作用，使整个幼儿园管理过程成为教育教职工和幼儿的过程。

2. 贯彻要求

（1）幼儿园管理的一切政策措施和方法都要具有教育性。适应幼儿身心发展的特点，促进幼儿体、智、德、美、劳诸方面全面和谐发展是幼儿教育的基本任务，为此，幼儿园管理的一切政策措施、方法和活动，都要有利于育人目标的实现。要坚决反对和取缔一切不利于育人和损害幼儿身心健康的政策和行为。

（2）贯彻以人为中心的原则。人是管理系统中最积极、最活跃、最富有弹性的因素。幼儿园的所有工作都离不开人，做好人的工作是管理的中心和根本。而人的能力有大小之分，人的职位有高低之别，人的需要复杂、多样。因此，管理者要研究人，并调动人的积极性，做到人尽其才，才尽其用。

（3）言传身教是幼儿园管理教育性的基本要求。幼儿园管理的教育效果是通过幼儿园管理者的言传身教来实现的。幼儿园管理者要以自身良好的品德修养、优良的工作作风、文明的行为举止和恰当得体的衣着打扮为教职工和幼儿做出表率。幼儿园教职工对幼儿的影响是长期和潜移默化的。所以，幼儿园教职工要时时刻刻注意自己的言行，为幼儿树立示范形象。

【课堂讨论】

某幼儿园要求教师要准时开始上课，要求在上课前3分钟预备铃响时，所有当堂教师都必须在教室门前等待。有位年轻教师认为这是小事，不以为然，往往是打了上课铃之后才匆匆赶到。恰巧园长负责隔壁班级教学。年轻教师每次匆匆赶来时，总是看到园长笔直地站在自己的班级教室门前。几次之后，年轻教师便主动调整自己的时间，提前准备好。如今，在这所幼儿园里，只要预备铃一响，每个教室门前必有一位教师站着等待进入教室上课。

思考与分析

请结合本章内容谈谈该幼儿园园长是依据什么原则进行管理的，并说说该原则是如何发挥作用的。

(4)高度重视幼儿园文化建设。幼儿园文化是幼儿园全体教职员工和幼儿在学习、工作或生活的过程中共同形成的价值观、信仰、工作作风、工作或学习态度、行为准则等。幼儿园文化主要是通过幼儿园的历史、幼儿园的形象标志、幼儿园建筑、办园思想、管理理念、管理制度、教职工的工作态度、教职工的行为方式、幼儿园的活动仪式、师生关系、幼儿园绿化等体现出来的。幼儿园文化建设要重视幼儿园物质文化、行为文化、制度文化和精神文化建设几个方面。

(五)社会协调性原则

1. 社会协调性原则的含义

幼儿园是社会的一个子系统，与其他社会子系统有着各种联系。幼儿园的管理不仅仅包括内部事务的管理，还包括同外部联系沟通，即如何管理外部事务。幼儿园外部事务的管理，实际上就是幼儿园的公共关系管理。这种公共关系错综复杂，各种因素纵横交织在一起。纵向上，它要同上级教育主管部门、行政领导部门联系，横向上，它要同所在社区、单位、家长联系等。传统的幼儿园管理比较重视内部管理，而现代幼儿园管理更加强调同外部联系沟通的重要性。

社会协调性原则指幼儿园要重视内外协调，正确处理幼儿园与外部环境的关系，利用社会资源，构建幼儿园、家庭、社会协作网络，提高保教质量。

2. 贯彻要求

(1)正确认识幼儿园与周围环境的关系，树立面向社会办园思想。现代管理学把管理置于一定环境和社会文化背景之中，考察相互间的联系与影响，强调组织的效率取决于组织与环境的适应性。幼儿园要分析园所内外的问题和矛盾，主动适应环境的变化。

幼儿园要调动和协调社会各方面力量，开放办园。管理者要分析研究幼儿园所在社区政治、经济、文化的发展和社区居民教育需求的变化情况，并结合幼儿园实际，确定办园思路。

(2)增强联系，搞好协调，实现双向互动。幼儿园要充分认识并处理好幼儿园内部与外部的各种关系。对内要处理好各部门、各类职工及各项工作之间的关系，使各项工作有秩序地开展，搞好育人工作，不断提高保教质量；对外要主动对外协调，处理好幼儿园与其他社会组织的关系，以协调促发展。

一是要利用各种机会向社会宣传和展示幼儿园的特色，树立幼儿园良好形象，获得社会和家长的认同。

二是要主动向上级汇报工作，反映问题，争取支持与帮助。

三是要加强与家长和社区的联系，为家长提供帮助指导，更好地发挥家长的作用，实现教育的同向、同步。同时要主动接受社会的监督，变封闭式管理为开放式管理，使幼儿园的工作得到家长、社区各方面的理解和支持，创造一个良好的外部环境。

四是要与同行多交流、研讨，共同提高。

五是要利用所在社区自然地理环境、文化经济条件、社会风俗等优势资源，形成自己的品牌与特色。

(3)立足本职工作，自觉参加社会服务活动，回报社会。幼儿园外部管理和内部管理是辩证统一的过程。内部管理是基础，是幼儿园管理工作的重点;外部管理是办好幼儿园的重要条件。因此,幼儿园要在重视依靠社会力量办园的同时发挥自身优势,自觉参加社会服务活动,发挥服务社会的功能,扩大社会影响,实现双赢。

(六)效益原则

1. 效益原则的含义

管理要追求效益。效益是衡量管理水平的重要标准之一。当然,提高管理效益要讲究管理道德,要通过提高管理水平来促进效益的提高。

幼儿园管理的效益原则就是要求幼儿园管理者合理而有效地利用人、财、物等资源,以最小的消耗,高质量、高效率地完成保教任务。效益包括社会效益和经济效益。

2. 贯彻要求

(1)坚持社会效益优先原则。幼儿园管理的效益情况应该重点从社会效益考察,主要看幼儿培养的质量。幼儿园管理要把经济效益和育人质量统一起来,把社会效益放在优先位置。

(2)合理配置资源。管理的艺术就在于合理配置人、财、物、时间等各种资源,达到“1+1>2”的效果。如果资源配置不当,就会造成资源浪费。只有将处在无序状态的资源进行合理配置,才能使这些资源相互补充,发挥更大的效能。

【拓展阅读】

合理配置资源需要遵循的原则:一要遵循资源要素优势互补和合理利用的原则;二要遵循投入产出的市场经济原则,最大程度地体现其价值;三要遵循适度原则,配置资源要从实际出发,量力而行;四要遵循动态管理的原则。

第一,人力的合理使用。彼得·杜拉克认为,管理者用人重在发挥人的长处。所以,管理者要发挥主观能动性,知人善用,做到人尽其才,才尽其用。同时要为下属创造进步的条件,做到在用人中培养人。

第二，财力和物力的合理使用。管理者要树立为保教服务意识，经费使用要优先满足保教工作的需要。同时要加强物资管理，提高设备的利用率，做到物尽其用，并做好保护、维修工作，防止物品被损坏或丢失。

第三，时间的合理使用。管理者要增强工作的计划性，提高单位时间的效率。

【拓展阅读】

杜拉克在《有效的管理者》一书中提出了管理者有效性的五要素之一就是认识自己的时间。时间是特殊的、稀有的资源。管理者要珍惜时间、管好时间，要善于利用时间。同时，要考虑有效的工作次序，考虑轻重缓急。有效的管理者做事时必须“先其所当先”，而且要“专一不二”。

(3)勤俭办园，开源节流。勤俭办园是我们一贯倡导的办园指导思想。幼儿园管理者要勤俭办园，做好节流工作。节流就是把钱花在刀刃上，保证保教这一中心任务的完成。开源就是通过合乎政策规定的途径，增加幼儿园保教经费，改善办园条件，改善教职工待遇，稳定幼儿园师资队伍，提高保教质量。

(4)贯彻效益原则时还要注意以下几点。

第一，经过周密研究，确实看准了的事情，要雷厉风行地去执行。

第二，自己不懂或者没有看准的事情，要善于发扬民主，集思广益。

第三，在贯彻执行政策中遇到新情况、新问题时，要及时研究，提出解决办法。

第四，事关全局的重大措施的实施，要及时向上级请示。

第五，实行分级管理，领导者要检查督促下级的工作，但不要随便干预下级的工作。

(七)安全至上原则

安全至上原则指树立安全第一的观念，把幼儿的安全作为重中之重，确保幼儿在幼儿园的安全。因为幼儿年龄小，缺乏安全方面的知识经验，自我保护、自我管理和自我约束能力很差，再加上社会上和幼儿园里的不安全因素和隐患增多，所以，幼儿园管理要重点强调安全问题，要做好安全防范和教育，主要要做好以下几个方面工作。

1. 努力消除安全隐患，经常检查并及时维修幼儿园设施

购买物品和食品时不能仅从经济角度考虑，而是要将安全、卫生等问题放在首位。如有的幼儿园购买了劣质玩具，导致幼儿受伤，有的幼儿园安全意识不强，楼房的楼梯、地面、墙面的设计都没有考虑幼儿的特点，还有的幼儿园为了谋利，购买过期食品，导致幼儿食物中毒。

2. 加强安全教育，提高幼儿的自我保护意识和能力

防范包括消极防范和积极防范。消极防范只重视保护幼儿人身安全，而忽视对幼儿进行安全教育。积极防范是在保障幼儿人身安全的前提下，开展安全教育，用幼儿能理解的语言告诉幼儿什么事情能做，什么事情不能做，为什么不能做，如果做了会产生什么后果。目前，幼儿园更多的是注意保护幼儿的人身安全，很少对幼儿进行安全教育。为此，幼儿园要通过安全教育，提高幼儿的安全意识，增强幼儿积极防范危险的能力，教会幼儿保护自己的方法，提高他们主动适应社会的能力。

3. 关注幼儿心理安全，增强幼儿安全感

幼儿的人身安全固然重要，心理安全更加重要。幼儿刚入园时经常会因为对幼儿园新环境不熟悉，对老师感到陌生或对幼儿园生活和学习不适应等，出现不稳定情绪，甚至是大哭大闹，有的幼儿虽然入园很长时间了，但是仍然不愿意去幼儿园，出现“幼儿园恐惧症”。这些都反映出幼儿在幼儿园没有或者缺少安全感。所以要加强师德教育，使教师能自觉地关爱所有幼儿，在保教过程中充满爱心和耐心，特别要关注个别适应不良的幼儿，因材施教，加强心理疏导，稳定其情绪，使他们尽快融入集体生活和学习。

【拓展阅读】

幼儿园必须把保护幼儿生命安全和健康放在首位，落实园长安全主体责任，健全各项安全管理制度和安全责任制，强化法治教育和安全教育，提高家长安全防范意识和能力，并通过符合幼儿身心特点的方式提高幼儿感知、体悟、躲避危险和伤害的能力。

（摘自《中共中央 国务院关于学前教育深化改革与规范发展的若干意见》）

这些管理原则相互之间是紧密联系、相互制约的，共同作用于幼儿园管理过程。幼儿园管理者要加深对这些原则的理解，并综合运用，才能取得良好的效果。

第二节 幼儿园管理方法

一、幼儿园管理方法概述

幼儿园管理方法是幼儿园管理者为实现管理目标，保证管理活动顺利进行所采取的工作方式。

幼儿园管理方法是幼儿园管理规律、管理原则的自然延伸和具体化，是幼儿园管理者在幼儿园管理规律和管理原则指导下开展幼儿园管理活动的方法，是实现幼儿园管理目标的途径、手段，它的作用是幼儿园管理规律、管理原则无法替代的。

要实现幼儿园目标，就要采用一定的方法。毛泽东在《关心群众生活，注意工作方法》中指出："我们不但要提出任务，而且要解决完成任务的方法问题。我们的任务是过河，但是没有桥或没有船就不能过，不解决桥或船的问题，过河就是一句空话。不解决方法问题，任务也是瞎说一顿。"可见，方法对于解决问题至关重要。

二、幼儿园管理的基本方法

幼儿园管理的基本方法主要有行政方法、经济方法、教育方法和法律方法。

管理方法的效果取决于管理者的选择和运用。没有任何一种方法是万能的,我们绝对不能指望依靠一种管理方法就把幼儿园管理好。所以,幼儿园管理方法的选择,没有固定的模式。管理者必须综合考虑管理目的、任务,管理对象的年龄特征、个性特点,幼儿园的实际情况及管理者的影响力等诸多因素。每一种管理方法都既有优点,也有其自身无法避免的不足。因此,管理者要了解幼儿园管理方法的多样性和灵活性,精心选择,综合使用多种方法,形成一个动态的最优化的幼儿园管理方法体系。此外,幼儿园管理者不仅要学好和用好前人已经发现的方法,还要解放思想,勇于探索,大胆实践和创造,在工作中总结出符合幼儿园管理规律的科学方法,使幼儿园管理方法不断推陈出新,与时俱进,满足不断变化的幼儿园管理实践需要。所以说,管理有法,但管无定法。

(一)行政方法

1.行政方法的含义

行政方法是管理者依靠组织机构和自身的权力,运用命令、规定、指示等行政手段,按照行政方式直接对管理对象产生影响的,实现行政管理目标的管理方法。这是常用的管理方法,也是管理幼儿园不可缺少的一种方法。它能统一行动,提高管理效率,它强调职责、职权和职位。幼儿园通过建立组织机构和职能部门来实施管理,各职能部门之间有明确的职责和权限,上级指挥下级,下级服从上级。

【拓展阅读】

行政方法的优点和缺点

行政方法有优点，一是集中统一。行政方法依靠组织的权力进行强有力的组织、指挥和协调，通过行政手段进行强力控制，发挥管理职能，对全园工作进行集中、统一的指挥，使决策和计划得到落实，从而提高工作效率。二是针对性强。行政方法通过发布有针对性的行政命令，能够灵活、有效、及时地解决幼儿园管理中出现的具体问题。

行政方法也有缺点，一是不利于发挥管理对象的创造性。管理对象处于被动接受上级命令的地位，工作缺乏主动性，创造性难以发挥。二是工作效果取决于管理者的个人素质。管理者的水平会直接影响行政方法运用的效果，管理者的个性特点也使得管理具有随意性。三是容易将复杂问题简单化，造成失误。

2. 正确运用行政方法

行政方法和其他管理方法一样，既有利于幼儿园管理活动的开展，也有其局限性。如果运用不当，效果会比较差，甚至会起到反作用。因此，我们不仅要认识到它的特点、作用，还要注意正确使用。

(1)提高管理者的素质。幼儿园管理者的权威是有效地发挥其管理职能的重要条件，提高管理者的权威，是运用行政方法的前提，也是提高行政方法的有效性的基础。权威的影响力来自两个方面：一方面是权力性影响力，另一方面是非权力性影响力。管理者单纯地依靠职位和上级的授权，能够使教职工产生畏惧性服从。管理者因个人的专业特长、能力或品格而产生的非权力性影响力，能够使管理对象产生敬重性服从。幼儿园管理者不仅要依靠权力性影响力，还要依靠非权力性影响力进行管理。非权力性影响力越大，方法的效用就会越显著。所以，幼儿园管理者要不断提升素质，扩大非权力性影响力，增强管理效果。

做到以下四点，能够增强管理者权威，一是公正廉明；二是信任爱护，平等待人，诚恳待人；三是原则性强，坚持真理，修正错误，礼贤下士；四是宽容达观，严于律己，宽以待人。

【拓展阅读】

管理者权威的主要标志：很强的号召力；吸引力强，被管理者愿意主动接近、亲近、信任，能愉快地工作；影响力大；向心力强，能成为核心，团结下属形成一个强大的集体。

（2）健全幼儿园组织系统。幼儿园内部上下层之间有明确的制约关系；幼儿园各部门和各岗位人员有明确的分工、授权和责任。幼儿园管理者首先将工作合理分解为若干部分，然后分给相应的工作人员，做到事事有人管。但是分工不分家，分工的同时必须协作。管理者的任务是在分工的基础上组织有效的协作。幼儿园管理运用行政方法，是按照幼儿园组织系统的管理隶属关系，实施纵向的自上而下的管理，保证有令则行，有禁则止。

（3）了解下情，发扬民主。

首先，管理者要遵照党和国家的方针、政策、法律的有关规定，深入一线，了解幼儿园实际情况，听取和尊重教职工的合理意见，实行民主管理，不能以个人的意志为依据，要避免出现主观主义的毛病和片面、武断的作风。幼儿园管理者要正确认识、合理使用被赋予的权力，利用它为幼儿园管理服务。

其次，要健全幼儿园组织体系和完善幼儿园的规章制度，约束师生员工和幼儿园管理者，使管理工作有章可循。

再次，要发挥党组织和被管理者的监督作用。鼓励全体员工参与幼儿园管理，突破行政方法的局限性。

（二）经济方法

1. 经济方法的含义

经济方法指管理者按照物质利益原则，通过物质刺激的方式，对管理对象施加影响的方法。经济方法的实质是贯彻物质利益原则，多劳多得，少劳少得，不劳不得，运用工资、津贴、奖金及其他物质性奖励、优惠待遇、罚款等经济手段，处理单位和个人之间的经济关系，最大限度地调动教职工的积极性、主动性和创造性，促进幼儿园发展。

【拓展阅读】

经济方法的优点和缺点

经济方法有优点，一是将个人利益和集体利益有机结合起来，鼓励先进、激励后进，提高教职工工作积极性，从而提高工作效率；二是容易操作，效果明显。

经济方法也有缺点，一是经济方法的作用难以持久，它只能满足人们一时的物质需要，不能满足人们的精神和社会需要，使得人们动力有限；二是容易导致人们一味追求物质利益而忽视奉献和追求，追求个人或小集团利益而忽视甚至损害集体和社会利益。

2. 正确运用经济方法

(1)反对平均主义倾向，坚持按劳分配。干和不干一个样，干多干少一个样，干好干坏一个样，这种“吃大锅饭”现象会抑制教职工的积极性。经济方法要在普遍提高教职工工资的同时，改变过去“一刀切”的做法，要根据教职工的工作数量和质量，分配收入。不过在管理中，要注意教职工的心理承受力，既要拉开差距，又要掌握分寸。

物质利益分配的差距不是人为划分的，科学的标准是“劳”，差距就是“劳”的多少和优劣，坚持做到“多劳多得、少劳少得、不劳不得”。为此，要建立和完善各种工作责任制，确定一套测定教职工工作状况的公平合理、切实可行的考核办法。在明确职责以后，要确定各项工作的规范要求。这些要求，既有定性的，也有定量的。例如园长、保教主任、总务主任每周应听课多少节；带班教师每学期应走访多少个家庭等。工作责任制度和考核办法要从幼儿园实际出发，在教职工的积极参与下制定，要公开、透明，要有群众基础。在此基础上，要认真考核，正确评价。在考核方法上要做到领导与群众相结合，个人与集体相结合，平时考评与定期考评相结合，力求用数据说明问题。考核结果应载入业务档案，作为评定职称与晋级的依据。

(2)幼儿园要具有和正确使用办园自主权。经济方法运用的前提是幼儿园享有办园自主权，尤其是人事权和财权。如果幼儿园管理者在职权范围内合理分配教职工的物质利益，管理的实际效果就会增强。

幼儿园管理者要正确地行使办园自主权，要有公正无私的态度，谨慎行事，绝对不能出现亲疏之分或其他各种不按劳动、成绩决定分配额的现象，以免挫伤教职工积极性。

(3)将经济方法和教育方法有机结合。因为人不仅有物质需求，还有精神需要。如果单纯地运用经济方法，会出现“一切向钱看”、只讲报酬不愿奉献的不良倾向，还容易助长本位主义、个人主义思想。所以，幼儿园管理者在运用经济方法时要加强对教职工的思想政治教育，提倡奉献精神和互助合作精神，将思想政治教育和经济方法有机结合，增强管理方法的实效。

【实践活动】

到一所幼儿园见习，了解该幼儿园是如何运用经济方法的。

(三)教育方法

1. 教育方法的含义

教育方法是幼儿园管理者运用精神观念的宣传方式，对教职工的思想认识、情感和行动产生影响的管理手段。这种管理方法有着悠久的历史，是一种行之有效的管理手段。

【拓展阅读】

教育方法的优点和缺点

教育方法有优点，一是作用持久，一旦取得效果就会产生长期效应；二是适用性强，教育方法不受时间和空间的制约，具有广泛性、随时性。

教育方法也有缺点，一是见效比较慢，需要做长期的工作才能产生效果；二是工作效果取决于管理者的个人素质，特别是与人交往、沟通的能力。

2. 正确运用教育方法

幼儿园管理的教育方法是一种符合幼儿园特点的有效的管理手段，但它不是万能的。教育方法本身，无论是它的目标，还是它的内容、方式，都有提高科学性的必要。所以，幼儿园管理者要在了解和研究教职工思想和行为的基础上，选用有效的教育方法，并创造性地运用教育方法。

(1)教育方法要贯穿整个管理过程。教育方法是多种多样的，如榜样示范法、实践锻炼法、情感陶冶法、评比表扬法、品德评价法等。这些教育方法各有独特的作用。这些教育方法要渗透在各项业务活动和管理活动之中，贯穿各种活动始终。

管理者要坚持正面教育，要坚持以理服人，要尊重管理对象的人格，要健全"疏导"系统。为了创建民主、和谐的幼儿园环境，管理者要尊重人、理解人，以理服人，避免盛气凌人地训导和说教。即使有人犯了严重错误，也不能侮辱其人格。

(2)管理者要言传身教。管理者要言行一致，以身作则，以强化思想教育的效果。身教重于言教，榜样的力量是巨大的，所以管理者要力争成为榜样。管理者要有强烈的事业心和责任感，要怀着满腔热情，踏实苦干。幼儿园管理者要起表率作用，他们的积极性不仅体现在自己的管理工作中，还体现在能够营造一种积极的氛围，形成一种无形的影响力，推动教职工奋发向上，顽强进取，合作把幼儿园办好。

(3)将教育方法与行政方法、经济方法有机结合。人的需要是多方面、多层次的,既有物质需要,又有精神需要。因此,管理者要调动教职工的积极性,就必须正确认识他们需要的多样性,既合理满足教职工的物质需要,又合理满足其精神需要;既可以通过物质奖励来满足教职工的物质需求,如教职工的福利待遇、奖金、超工作量补贴等,也可以运用教育方法进行精神鼓励,满足教职工精神需求,如口头与书面表扬、授予荣誉称号等。此外,通过思想动员、个别谈心引导教职工树立远大理想和增强事业心等,也能使他们产生精神动力。

教育方法的核心是对教职工的教育,它可以通过各种说服方式进行。然而,只有说服教育,而不辅以行政措施,工作也难做好。说服教育和行政措施不是对立的,而是相互统一、相互补充、相辅相成的,应该合理地结合起来使用,以增强管理方法的整体效果。

实践证明,在幼儿园管理工作中,把教育方法、经济方法和行政方法结合起来使用,效果是很好的。在具体的管理过程中,行政命令、措施应以说服教育为基础,在执行命令时还要继续进行思想教育,对那些行政措施解决不了的问题,不应该采用粗暴强制的行政干预手段。

(四)法律方法

1. 法律方法的含义

法律方法指依照国家有关教育的法律、法规等来管理幼儿园的方法。它给师生员工规定了具有约束力的行为规范,明确规定什么事情是该做的,什么事情是不该做的。

法律方法有双重含义:一是依法办园,幼儿园管理者要严格执行法律、法规,全面贯彻党的教育方针。二是幼儿园管理者可以依照法律来维护幼儿园的合法权益。对于第一点大家都比较熟悉,而对于第二点,不少人会忽视,或没有认识到。

【拓展阅读】

法律方法的优点和缺点

法律方法有利于规范管理和统一领导，适宜处理具有共性的问题，而且它的约束力强，管理效果比较好。但是法律方法不利于处理特殊问题和管理中出现的个别问题，而且它解决问题有特定的程序，灵活性差。

2. 正确运用法律方法

在幼儿园管理中，有效地运用法律手段进行管理越来越重要了。运用法律手段进行管理时要注意以下几个方面。

(1)健全和完善幼儿园规章制度，加强宣传教育，提高依法治园的自觉性。幼儿园要结合实际健全和完善幼儿园规章制度，做好制度的废、改、立工作，提高制度的质量，不断创新制度。此外，幼儿园管理者要认真学习、宣传和幼儿园保教工作有关的法律条文，并认真贯彻执行，使全体教职工认识到自己的权利，学会运用法律手段保障自己的合法权益。

(2)管理者要率先示范，严格管理，将原则性和灵活性统一起来。幼儿园管理者应是制度的模范执行者，要以身作则，率先示范，真正做到法律面前人人平等，实现依法行政、依法治教、依法治园。幼儿园管理一定要做到有法必依，执法必严，违法必究。凡属已有明文规定的，必须严格遵守，认真执行。当然，也不能使法律方法简单化、僵化，要遵守法律程序，符合法律规定，具体分析实际情况，慎重处理。

(3)要综合运用法律方法与其他方法。要遵循客观事物的发展规律，对于不同的管理对象，选择不同的法律方法，同时还要注意法律方法和其他幼儿园管理方法的综合使用。因为幼儿园管理除了会涉及法律关系，还会涉及经济关系、社会关系等其他关系，所以将法律方法与其他方法结合使用，才能更有效地实现管理目标。

以上四种方法是常用的行之有效的管理方法，它们各有不同的特点。行政方法、法律方法和经济方法都具有强制性，明确要求人们应该做到的事情;教育方法则强调精神力量的作用,强调自觉性。任何一种方法都不是万能的,要综合运用各种方法,以便收到良好的效果。

【课堂讨论】

到底该如何听课?

某幼儿园生源不好,教师素质不高,社会和家长对该幼儿园保教质量一直不满意。为了加强管理,上级领导调王园长到该幼儿园任园长。

王园长上任后就通过召开座谈会和实际观察等方法进行调研。她发现,该幼儿园不重视教学管理,少数教师混课、旷课,保教秩序混乱。一周后,王园长主持召开了幼儿园领导班子会议,她谈了自己提高保教质量的初步设想,决定从检查课堂教学情况入手,加强对保教工作各个环节进行检查,以促进保教管理常态化、系统化。她要求从第二天起,所有园领导,事先不打招呼随堂听课,以促使教师认真备课、上课,提高保教水平。第二天,在结束了一天的听课活动后,园长召开了领导班子会议。有的领导认为这种突击听课能发现问题,效果很好,应该继续进行,有的领导认为这样的听课对教师不够尊重,方式不妥当,担心会引起教师反感。第三天听课的情况出乎园长的意料,出现了新的问题。有的教师让幼儿看碟片,有的教师让幼儿自由活动。很明显,教师们开始消极抵抗。随堂听课失去了意义。王园长只好宣布停止随堂听课,并思考对策。

思考与分析

王园长的随堂听课方法为什么无法继续下去?幼儿园管理者听课的目的是什么?方式有哪些?

◇本章小结

幼儿园管理应遵循方向性原则、保教为主的整体性原则、民主性原则、管理育人原则、社会协调性原则、效益原则、安全至上原则。幼儿园管理的基本方法主要有行政方法、经济方法、教育方法、法律方法等四种。

▶文献链接◀

1. 张燕:《幼儿园管理》,北京:北京师范大学出版社,1997年。

该书第二章介绍了幼儿园管理及其任务、幼儿园管理的要素和内容、幼儿园管理原则等内容。

2. 周三多:《管理学——原理与方法(第二版)》,上海:复旦大学出版社,1999年。

该书第四章介绍了管理方法的重要性、管理哲学的内涵及构成内容、管理方法的分类;阐述了管理的法律方法、行政方法、经济方法、教育方法等管理基本方法的内容、实质、特点与作用,以及如何有效地运用管理的法律方法、行政方法、经济方法和教育方法。

▶思考与实践◀

1. 谈谈幼儿园管理原则制定的主要依据。

2. 简述幼儿园管理的基本原则。

3. 幼儿园管理的基本方法有哪些?

4. 举例分析说明各种幼儿园管理原则,谈谈如何结合幼儿园管理实践贯彻这些原则。

6. 简要分析如何有效运用幼儿园管理的基本方法。

第三章
幼儿园管理体制与文化建设

◇本章导读

某局直属幼儿园有350多名幼儿，30名教师。近年来，不少青年教师走上管理岗位，而6位园级领导即将退休，基本处于脱产状态，其中包括书记1名、园长1名、副园长1名、后勤主任1名、科研主任1名、保育主任1名。请结合本章内容思考该幼儿园的人员配置是否合理。

第一节　幼儿园管理体制

一、幼儿园管理体制概述

幼儿园管理体制又称“幼儿园领导体制”，指幼儿园领导之间的权力划分，以及采取的组织形式和组织制度。它主要包含四个方面的内容：一是幼儿园领导体制的结构——幼儿园领导体制内部的相互关系；二是幼儿园领导的幅度——幼儿园领导者所管辖的下属机构的层次与部门的数量；三是幼儿园领导者的职责与权限的划分——幼儿园领导者具体应做的事和管辖的部门；四是幼儿园领导者的管理制度——幼儿园领导者的选择、培养、任用和职务任期的规定、行为准则与条例等。

幼儿园管理体制一方面反映了幼儿园内部的领导结构方式和园长的地位、权限，另一方面反映了幼儿园的上属领导关系。幼儿园管理体制是保证育人任务完成的重要前提，是幼儿园内外协调配合工作的手段，也是提高幼儿园管理水平的首要条件。

1989 年国家教育委员会颁布的《幼儿园管理条例》第二十三条规定："幼儿园园长负责幼儿园的工作。"2016 年正式施行的《幼儿园工作规程》明确提出："幼儿园实行园长负责制。"

二、园长负责制与幼儿园管理体制改革

（一）园长负责制

园长负责制是幼儿园园长在创办者和教育行政部门的领导下，在党支部的监督、教职工的民主参与管理下，全面负责幼儿园管理工作，实现幼儿园工作目标的一种基本管理制度。园长负责制是党组织监督、教职工民主参与管理、园长全面负责相结合的"三位一体"的领导体制。

1. 园长全面负责

园长全面负责指园长对外代表幼儿园，对内领导和负责全园的工作。园长负责制明确了园长拥有最高行政权，在幼儿园组织机构中处于领导地位，具体表现为决策指挥权、人事管理权、财务管理权与奖惩权等。

2016 年施行的《幼儿园工作规程》第四十条规定：幼儿园园长负责幼儿园的全面工作，主要职责如下：贯彻执行国家的有关法律、法规、方针、政策和地方的相关规定，负责建立并组织执行幼儿园的各项规章制度；负责保育教育、卫生保健、安全保卫工作；负责按照有关规定聘任、调配教职工，指导、检查和评估教师，以及其他工作人员的工作，并给予奖惩；负责教职工的思想工作，组织业务学习，并为他们的学习、进修、教育研究创造必要的条件；关心教职工的身心健康，维护他们的合法权益，改善他们的工作条件；组织管理园舍、设备和经费；组织和指导家长工作；负责与社区

的联系和合作。

增强幼儿园的办园自主权，使幼儿园成为独立的办园实体是实行园长负责制的主要目的。

2. 党组织的政治核心作用和战斗堡垒作用

实行园长负责制，能够做到党政分明、职责两清，有利于加强党的领导，发挥党组织的政治核心作用和战斗堡垒作用。

幼儿园的基层组织即党支部的领导作用是政治领导、思想领导和组织领导三者的有机结合，具体表现在三个方面：一是监督作用的发挥，参与决策和审核幼儿园发展规划及干部与教职工任免等问题，监督园长与行政部门认真贯彻执行党的路线、方针、政策；二是支持园长与行政部门行使职权和履行职责，协助行政领导听取各方面意见，与园长一起共同保证幼儿园各项任务的完成；三是教育和激励教职工，做好思想动员工作，调动教职工的积极性，加强党的思想建设与组织建设，充分发挥党组织的先锋模范作用。

3. 教职工民主参与管理

园长应重视民主管理并主动接受监督。《幼儿园工作规程》指出：幼儿园应当建立教职工大会制度或者教职工代表大会制度，依法加强民主管理和监督。广大教职工对幼儿园工作进行民主管理和民主监督的组织形式是教职工代表大会和园务委员会，这些组织形式确立了教职工的主人翁地位，这既是社会主义制度的体现，也是现代管理所倡导的全员参与管理、集思广益、群策群力的要求。

【课堂讨论】

这是园长的规定

一年一度的“六一”儿童节即将到来，所有的幼儿园都在为孩子们能过一个快乐而有意义的节日而忙碌着。但是，第五幼儿园的节日准备工作却遇到了麻烦……

该园庆“六一”的传统节目是舞蹈演出活动，每年的这个时候，教师们都要为演出作准备,今年园长说要进行评比,教师们更是不敢懈怠,除了上课,其他时间都尽量用来排练。结果,参加演出的孩子天天练,没有演出任务的孩子天天放羊,家长们颇有怨言。

今年,园长开会讨论"六一"活动问题,一些教师想给园长提建议。刘老师首先开口了,说:"园长,我们'六一'总排节目,没什么新意,而且没有节目孩子的家长还有意见,不如改为游园什么的。"张老师随声附和,说:"是啊,是啊,××幼儿园搞的就是游园,可受家长们欢迎了,孩子们也都很开心。"园长说:"'六一'舞蹈汇演是我们的老传统了,既有特色,又能展示我们园的舞蹈教学水平。而且这是园务计划定好了的,不能改。至于家长的意见,你们可以让每个孩子都参加嘛。"李老师说:"可是您说要评比,大家怎么跳呀?"园长说:"你们想想办法嘛!"刘老师说:"很多刊物上都说'六一'演出弊多利少,很多幼儿园都取消了……"园长坚持说:"别人是别人,我们是我们!""为什么一定要搞演出呢?"园长脸一沉,说:"因为这是我的规定!"顿时,办公室里鸦雀无声。

教师们虽然按计划排练了节目,但私下里达成了一种"默契":"再也别提什么建议了,反正她一个人说了算!"

(摘编自张燕、邢利娅《幼儿园管理案例及评析》)

思考与分析

1. 园长的规定是否存在问题?为什么?
2. 你认为什么样的规定比较合理?

(二)幼儿园管理体制改革

1. 转变管理观念,树立现代管理意识,提高管理人员素质

转变观念、提高认识,这是幼儿园管理体制改革的前提条件,也是当下教育行政部门领导和幼儿园管理者面临的重要任务。正如苏霍姆林斯基所说,要以创造性的设想和主张作为契机把全体教师组织起来。

园长负责制要求园长对幼儿园工作全面负责,园长的任务很多、很

重。因此,园长的任职条件比较高,对园长的素质要求较高。然而,实行园长负责制不是园长一个人单打独斗,而是要依靠幼儿园领导班子集体的共同努力。因此,要努力建设一支高素质的幼儿园管理队伍,有针对性、有计划地组织培训便是提高管理人员素质的重要措施之一。

2. 理顺领导关系,强化管理职能

(1)确立园长的中心地位,确保园长的办园自主权。园长承担幼儿园管理的责任,对幼儿园的保教及其他各项工作实行统一领导,全面负责。如果没有自主权,园长就不可能做到这一点。园长负责制赋予园长的管理权主要有以下几个方面:在国家有关法律、法规、政策允许的范围内,对幼儿园的保教和行政工作进行决策的权利;统一指挥全园行政工作的权利;按国家有关政策和规定,合理支配、使用幼儿园经费、保教设施设备和幼儿园其他财产的权利;在认真听取教职工意见的基础上,提名或任免副园长和其他行政干部,对园内教师的工作进行调整,招聘新教师及对教职工进行考核、奖惩等人事权利。

(2)理顺党政关系。党政关系指的是幼儿园党组织与行政组织的关系,书记和园长分别是党组织和行政组织的一把手。党政之间实质上是分工与合作的关系、支持与尊重的关系、监督与被监督的关系。要强调分工,即分工明确,各司其职,这是理顺党政关系的前提。党组织在幼儿园中要发挥政治核心作用和战斗堡垒作用,无论园长是否是党员,在思想、政治、作风、品德、纪律、执行方针和政策等方面,都应主动接受党组织的监督。园长应充分行使自己的职权,发挥自己的聪明才智,对幼儿园工作进行大胆领导,但同时,园长应该注意主动、自觉地争取党组织的支持和监督,在决策重大问题时要主动请党组织参与,要与党组织配合做好教职工的思想政治工作,并协助党组织做好工会的工作。

3. 实行民主管理

实行民主管理时需要处理好以下三种关系。

(1)处理好领导与群众的关系。园长负责制与教职工参与民主管理是相互依存的两个方面。教职工要服从园长的领导,园长要虚心听取群众的意见，接受群众的监督。教职工不仅是管理的对象，也是管理的主体，他们有权利，也有责任参加幼儿园管理。园长要尊重教职工的民主权利，发挥他们的主动性、积极性、创造精神，增强他们的责任感。正确处理园长和群众的关系，就是正确执行民主集中制原则，在民主的基础上集中，在集中的指导下民主。

(2)处理好集权与分权的关系。集权与分权的关系指幼儿园主要领导与其他领导的关系。园长对幼儿园工作全面负责，但要管理好一个幼儿园，仅仅依靠园长一个人是不行的，还必须依靠领导班子集体的力量。园长既要集中使用权力，又要善于分配权力。领导班子成员之间，要合理分工，使每个领导都能有职、有权、有责，并在工作中互相信任，互相支持。

(3)发挥教职工代表大会的作用，强化民主管理体系。建立园务委员会、教职工代表大会制度，完善民主管理的组织形式。

4. 加强组织机构的制度化建设

(1)岗位责任制。岗位责任制明确规定了每一个工作岗位的职责和要求，要将它落实到具体的人，实现责、权、利统一。岗位责任制明确了每个岗位、每个工作人员的职责，使幼儿园教职工能够各司其职。

(2)教职工聘任制和结构工资制。随着用人制度的改革，幼儿园教职工实行聘任制，由园长和教师进行双向选择，既有效地发挥了园长的人事管理权，又促进了教师队伍的建设。结构工资制是将构成工资标准的诸多因素按其作用的差别划分为几个部分，并分别规定工资数额，构成员工的全部工资。这种多劳多得、优劳多得、责重多得的工资制度，能增强教职工的主人翁意识，调动教职工的积极性和主动性。教职工聘任制和结构工资制结合使用，能有效地促进幼儿园组织的制度建设。

(3)工作质量检查考核制。幼儿园对教职工实行全面工作质量检查考核，考核办法是从教职工日工作考核、月工作考核及学年度考核三方面入手，从德、能、勤、绩、廉等五个方面进行综合评价，根据考评结果确定等级，进而开展分配、奖惩、任用和职务晋升等工作。

5. 协调幼儿园与外界的关系

(1)幼儿园要与上级党组织和上级教育行政机关密切联系，争取更多支持。园长与上级的关系包括与上级党组织和上级教育行政机关的关系，都是被领导与领导的关系。无论园长是上级任命的，还是群众选举的，或是招聘的，都必须接受上级机关的领导，执行上级的指示。对于园长来说，在执行上级指示时要既领会精神，又结合本园实际。而对于上级领导机关来说，要注意简政放权，不能统得太死，要尊重园长的办园自主权。

(2)上级领导部门要转变职能，为幼儿园的发展创造良好的外部条件。幼儿园组织系统是一个开放的系统，幼儿园管理体制改革不是一个孤立的问题。园长负责是既要向幼儿、家长、幼儿园教职工负责，也要向上级领导部门负责。园长同上级部门是被领导和领导的关系，上级如何领导幼儿园，关系着园长负责制能否顺利实行。因此，在管理体制方面，上级部门和幼儿园要同步进行改革，主要要做好以下几方面工作：放权，赋予园长办园自主权，上级不干预；从以微观管理为主转向以宏观管理为主，从单纯的治理或管理转向服务式管理，改变领导管理方式；推行简政措施，任务“归口”下达。克服多头领导，政出多门，要精简会议，一要少开会，二要按职能分工召开会议，园长无需每会必到。从观念上来说，上级部门要承认幼儿园是相对独立的实体，而不是上级部门的附属机构。

(3)有法可依、有规可循，为幼儿园发展提供法律保障。教育领域的法制是不断健全的。在园长负责制实施过程中，会遇到一系列需要解决的具体问题。国家或政府部门应针对一些具体问题作出具体规定，让实施者有所遵循，有的可以以教育立法的方式颁布实行。这是园长负责制得以正确、有效实施的基本保证。

第二节 幼儿园组织机构

组织机构是体现管理职能和实现管理目标最重要的工具和手段。幼儿园是一种教育组织，构建合理的组织机构对于保教和管理工作的有效开展至关重要。

一、幼儿园组织机构概述

幼儿园组织机构是为实现幼儿园教育目标和管理目标，将职务、岗位、人员组合起来，形成层次恰当、结构严密的管理体系。美国当代著名管理学家德鲁克曾说："没有机构就没有管理，没有管理就没有机构。"为此，幼儿园必须构建健全、合理的组织机构，以促进教职工最有效地发挥能力，使他们之间的工作相互配合、互相衔接，实现幼儿园保教目标。良好的幼儿园组织机构可以使管理职能从两个方面得以发挥：一方面是制定协调成员行为的组织规范来形成共同意志，实现统一目标；另一方面是通过协调和信息的沟通，使组织的活动更符合规律，发挥叠加作用，从而形成合力。

二、幼儿园组织机构的类型

幼儿园的组织机构分为两大类型，一是行政组织，这是以园长为核心的行政机构，园长负责全园的行政工作。根据幼儿园的工作性质，可将其分为三部分，即保健工作、教育工作、后勤工作。按照幼儿园的规模，可以设副园长或园长助理分管幼儿园的保教工作与后勤工作，下设年级组、教研组等。班级是幼儿园的基层行政单位，承担保教责任。二是非行政组织，它对幼儿园管理工作起配合、监督和制约等作用，是有效管理活动中不可缺少的一部分。这两部分相辅相成，缺一不可。

(一)幼儿园的行政性组织机构

1. 园务委员会

《幼儿园工作规程》指出："幼儿园应当建立园务委员会。园务委员会由园长、副园长、党组织负责人和保教、卫生保健、财会等方面工作人员的代表以及幼儿家长代表组成。园长任园务委员会主任。园长定期召开园务委员会会议，遇重大问题可临时召集，对规章制度的建立、修改、废除，全园工作计划，工作总结，人员奖惩，财务预算和决算方案，以及其他涉及全园工作的重要问题进行审议。"园务委员会是园长决策的咨询审议机构，其职责是审议幼儿园的重大决策，但它不是决策机构，也不是行政事务管理机构。建立园务委员会是提高决策科学性、避免失误的重要组织措施。

2. 行政会议

行政会议亦称“园长办公会议”。它是以园长为首的幼儿园行政负责人的日常工作会议，是一种体现集体领导的组织形式。会议由园长主持，主任以上幼儿园干部参加，必要时请党组织书记、工会主席、团支部书记及有关人员出席。主要职责是讨论决定日常行政工作中的重大问题，布置、安排、协调和检查工作。

3. 幼儿园的业务性组织机构

(1)保教辅助机构。图书馆、阅览室、资料室和卫生室等都是幼儿园保教工作的辅助机构。图书馆负责图书的采购、编目、保管和流通，阅览室负责报刊的订购、保管和流通，资料室负责收集各种资料，进行加工、整理、编目等，为保教和管理工作提供服务，卫生室要积极组织师生进行定期的体格检查，做好近视眼等常见病的防治工作，要经常进行卫生宣传和对饮食卫生等进行指导和监督。

(2)教研组。教研组一般由同学科教师组成。小的幼儿园可由相近学科教师组成；农村幼儿园可以中心幼儿园为核心建立联合教研组。

教研组是各科教师的教学研究组织，其主要任务是：组织教师学习教育方针政策，端正他们的教育思想；研究本学科的教学大纲、教材和教学方法，结合教学钻研教育理论和专业学科知识；组织备课，在个人钻研的基础上进行集体备课，提高备课的质量；总结和交流教学经验，不断提高教学水平。

幼儿园要选择优秀的教师当教研组组长，组长应具有较高的保教能力，品行要端正，并具有一定的组织管理能力，在组内享有较高的威信。

(3)班组。班组是对幼儿进行保教的基层组织，是幼儿学习和生活的集体组织。班长是班组的组织者和领导者。幼儿园要重视班组建设，安排业务棒、责任心强并有一定组织能力的人担任班长。

（二）幼儿园的非行政性组织机构

1. 幼儿园的政治性组织机构

（1）中国共产党的基层组织。中国共产党在幼儿园的基层组织是幼儿园的政治性组织，幼儿园应当加强党组织建设，充分发挥党组织的政治核心和战斗堡垒作用。

（2）民主党派组织。民主党派在幼儿园的基层组织除了要接受其上级领导，还要在幼儿园党组织领导下，积极参与幼儿园管理。要对幼儿园的重大决策提出合理化建议，对幼儿园干部和各方面工作进行监督。各民主党派要教育自己的成员，做好本职工作，争取成为幼儿园的骨干力量。

2. 幼儿园的群众性组织机构

幼儿园的群众性组织很广泛，幼儿园中的各类人员都可以成为不同群众组织的成员。各类群众性组织各自联系着一部分群众，能够反映来自各方面的意见和要求，能够从各自的特点出发，围绕幼儿园工作目标开展多种形式的活动。群众性组织是幼儿园党政组织联系群众的纽带。充分发挥群众性组织的作用，有利于开展幼儿园各方面的工作。

（1）共青团组织。共青团是党领导的先进青年群众组织。幼儿园共青团组织接受上级团组织和幼儿园党组织的领导，也接受以园长为首的行政组织的指导。团组织是幼儿园党组织和行政组织的有力助手，要发挥它团结教育幼儿园广大青年的作用。

（2）教育工会和教职工代表大会组织。教育工会是广大教职工的群众组织。教育工会接受上级工会的领导，同时直接地在幼儿园党组织的领导和行政组织的指导下开展活动。它的任务主要是协助党组织和行政组织做好教职工的政治、文化、业务学习工作，做好团结工作和生活福利工作，在民主管理中发挥积极的参与作用。教职工代表大会是幼儿园实行民主管理和民主监督的基本组织形式，规模小的幼儿园可以以全体教职工大会代替。在现行的幼儿园管理体制中，教职工代表大会是教职工行使民主权利的机构，根据不同性质的工作赋予职工相应的民主权利。教职工代表大会代表应以教师为主，要通过民主选举产生。

三、幼儿园组织机构的设置

（一）幼儿园组织机构的层次

幼儿园的组织机构分为三个层次。

1. 决策层

处于这一层次的是幼儿园的最高行政管理者——园长，决策是园长的重要职能之一。

2. 执行层

执行层主要由保教主任、总务主任构成，他们的职责是布置和执行决策，将决策转化为可操作的行动。他们是园长与基层人员的联系纽带，一方面要接受园长的领导，另一方面又要负责管理本部门教职工，善于将任务布置给教职工，并具有调动教职工积极性的能力。

3. 操作层

操作层主要由班级和班组的工作人员构成。他们负责具体工作，是幼儿园的主体层，占组织的绝大部分。任何好的决策都离不开具体操作，没有操作行为，决策就只能停留在纸面上，不能转化为现实。

幼儿园组织的三个层次都十分重要，缺一不可，各层次之间既有分工，又有配合。只有组织安排合理，才能做到管理层次分明，责权明确，各司其职，各负其责，配合协调。

（二）幼儿园组织机构设置的依据和原则

1. 设置幼儿园组织机构的依据

(1)上级有关规定。国家和地方教育行政部门有关文件要求是设置幼儿园组织机构时必须参照的标准。幼儿园要自觉执行国家法律和教育行政法规。另外，主办单位及上级行政部门的要求也是幼儿园设置组织机构时要参照的重要标准。

(2)幼儿园的实际情况。幼儿园自身实际也是设置幼儿园组织机构时必须要考虑的因素,例如幼儿园规模、幼儿园性质、幼儿园服务的内容、幼儿园所处的地理位置等。

2. 设置幼儿园组织机构的原则

为了使幼儿园组织机构发挥更大的作用,在设置组织机构时必须遵循下列原则:

(1)组织结构要合理、科学。组织结构包括组织的层次、各层次的跨度、各层次与整体之间的关系、结构的稳定性及灵活性等。组织结构是发挥组织职能的重要因素。结构应该是科学、合理、强有力的,只有这样才能发挥整体协作的作用。

(2)管理跨度要适宜。管理跨度是组织的横向结构,指的是一名管理者直接管理的下级人员的多少。幼儿园的组织跨度要合适,既不能太大,也不能太小。幼儿园是育人机构,而教育是一个有计划、有目的、系统的过程,故其组织层次不易分得过细,以免影响教育的统一性和整体性。

(3)统一领导。领导只能是一个人,或一个集体,不能多头领导。由于历史原因,目前我国幼儿园的领导比较分散,来自多头,有幼儿园主管部门、教育行政部门、卫生部门、街道等,这给幼儿园的管理带来了困难。

【拓展阅读】

猴子与手表的故事

森林里生活着一群猴子,它们每天太阳升起的时候外出觅食,太阳落山的时候回去休息,日子过得平淡而幸福。

一名游客穿过森林,把手表落在了岩石上。猴子猛可拾到了它。聪明的猛可很快就搞清楚手表的用途,于是,猛可成了整个猴群的明星,每只猴子都向猛可请教确切的时间,整个猴群的作息时间也由猛可来规划。猛可逐渐建立起威望，当上了猴王。做了猴王的猛可认为手表给自己带来了好运，于是它每天在森林里寻找，希望能够拾到更多的手表。功夫不负有心人，猛可拥有了第二块、第三块表。

但出乎猛可的意料，得到了三块手表的猛可有了新的麻烦，三块手表的时间显示各不相同，猛可不能确定哪块手表上显示的时间是准确的。其他猴子发现，每当有猴子问时间时，猛可总是支支吾吾地，回答不上来。猛可的威望大降，整个猴群的作息时间也变得没有规律。过了一段时间，猴子们起来造反，把猛可推下了猴王的宝座，猛可的手表也被新任猴王据为己有。但很快，新任猴王遇到了与猛可同样的困惑。

这就是著名的"手表定律"：只有一块手表，可以知道时间；拥有两块或两块以上的手表并不能告诉一个人更准确的时间，反而会让看表的人失去对准确时间的信心。

(4)经济高效。组织结构的层次不是越多、越细越好。组织结构层次的设置是为管理工作服务的，并不一定是越多越好，有时过多反而会降低管理效率，增加工作成本。所以，组织层次设置要以满足工作需要为前提，不同机构、不同组织要因地制宜，不能搞一刀切。

3. 幼儿园组织机构设置易出现的问题

组织机构的设置要按照管理任务来确定，但是有些幼儿园在设置组织机构时，并不是完全基于管理任务考虑，甚至把人的安置作为组织机构设置的依据，这就会出现以下问题。

(1)因人设岗。组织机构是由不同的岗位构成的。设置什么岗位是根据工作任务而定的。但有的幼儿园出现了因人设岗的现象。究其原因，一是受传统的人情关系的影响，不考虑工作需要，而是将亲情摆在第一位，导致因私废公；二是受计划经济的影响，缺乏竞争意识，不注意效益和效率。

(2)有岗无人。有的幼儿园设了某些岗位，却没有安排工作人员，存在有岗无人现象。究其原因，可能有两个，一是岗位设置不合理，设了不该设的岗位，这些岗位是多余的；二是未及时安排人员。这两种情况都会造成管理的混乱。

(3)人浮于事。有的幼儿园机构庞大，管理者数量多。由于人越多管理程序往往也会越多，而且人越多统一意见的难度就越大，会出现人浮于事的状况。

(三)幼儿园组织机构的模式

根据幼儿园的规模、性质差异，幼儿园组织机构的模式主要包括以下几种类型。

1. 大型幼儿园组织机构

这里的大型幼儿园指有 12 个及 12 个以上班级的幼儿园。其组织机构如图 3-1 和图 3-2 所示。

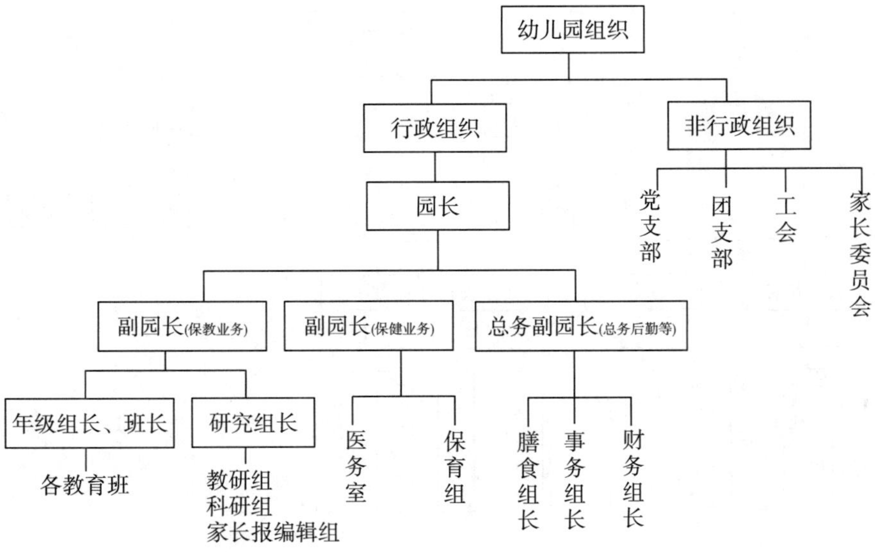

图 3-1 大型公立幼儿园组织系统图

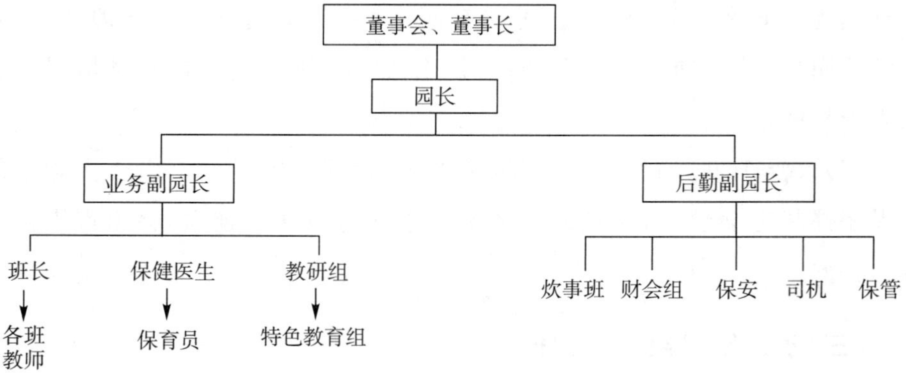

图 3-2　大型私立幼儿园组织系统图

2. 中型幼儿园组织机构

中型幼儿园指有 6—11 个班级的幼儿园。幼儿园组织机构如图3-3和图 3-4 所示。

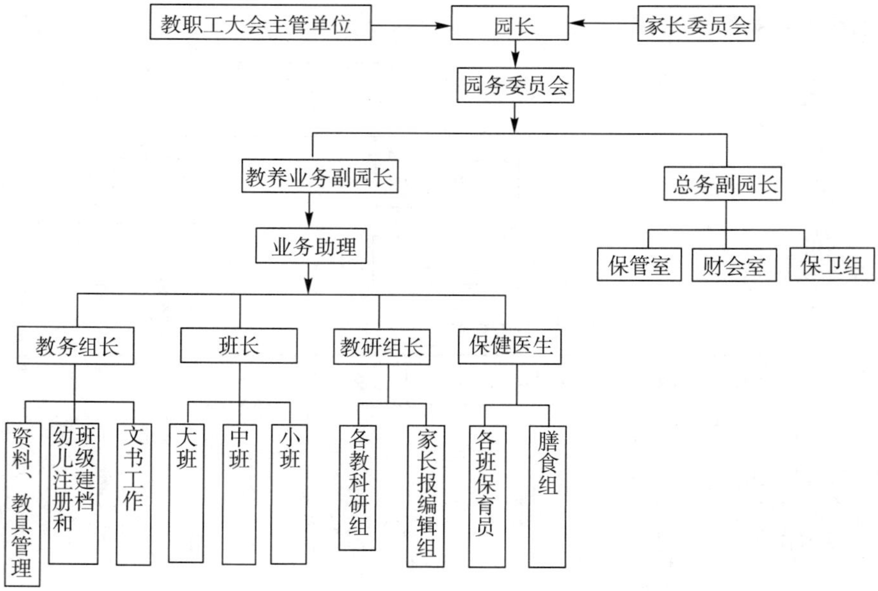

图 3-3　中型公立幼儿园组织系统图

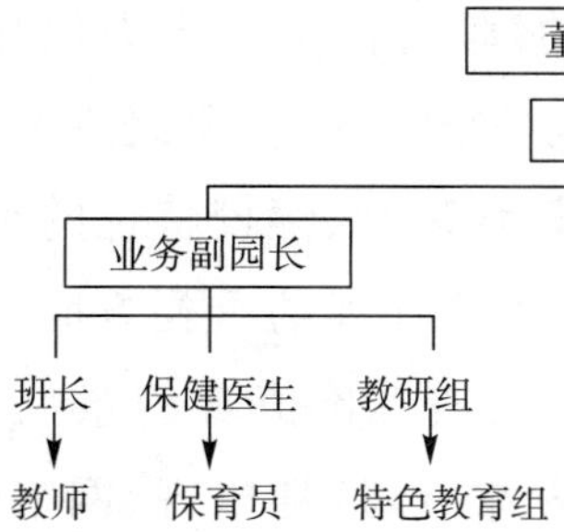

图 3-4　中型私立幼儿园组织系统图

3. 小型幼儿园组织机构

小型幼儿园指有 3 个或 3 个以下班级的幼儿园。其组织机构如图 3-5 所示。

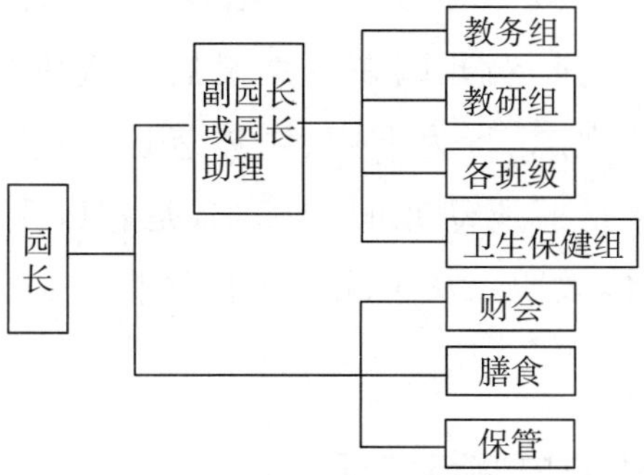

图 3-5　小型公立幼儿园组织系统图

第三节　幼儿园文化建设

一、幼儿园文化概述

（一）幼儿园文化的概念

文化是人类适应和改造自然环境，进行共同社会生活的经验，在人类生存和发展中起重要作用。1994 年发布的《国务院关于〈中国教育改革和发展纲要〉的实施意见》中指出，“要加强德育的实践环节，大力推进校园文化建设”。教育部在2006年专门下发的《教育部关于大力加强中小学校园文化建设的通知》指出:“校园文化是学校教育的重要组成部分,是全面育人不可或缺的重要环节,是展现校长教育理念、学校特色的重要平台,是规范办学的重要体现,也是德育体系中亟待加强的重要方面。”2013年《中共中央办公厅关于培育和践行社会主义核心价值观的意见》中指出:“注重发挥校园文化和熏陶作用,加强学校报刊、广播电视、网络建设,完善校园文化活动设施,重视校园人文环境培育和周边环境整治,建设体现社会主义特点、时代特征、学校特色的校园文化。”幼儿园作为基础教育的重要组成部分,应将幼儿园文化建设作为幼儿园的灵魂和推动幼儿园发展的不竭动力。

幼儿园文化不同于规章制度、组织结构等“硬性”因素,它是幼儿园“软性”的精神支柱。它是幼儿园在长期发展过程中形成的,为全体员工所认同并遵循的价值观念、行为准则、团体意识、工作态度和思维模式等的总和。幼儿园文化是一所幼儿园的标志,是它区别于其他幼儿园的特色,是凝聚和激励全体教职工从事保教工作的精神力量,是幼儿园得以持续发展的动力。

(二)幼儿园文化的内容与特征

幼儿园文化包括物质文化(物质环境)、行为文化(行为表现)、精神文化(价值观念和风俗习惯)和制度文化(园规园纪)。其中物质文化是表层结构,行为文化是浅层结构,制度文化是中层结构,精神文化是深层结构。

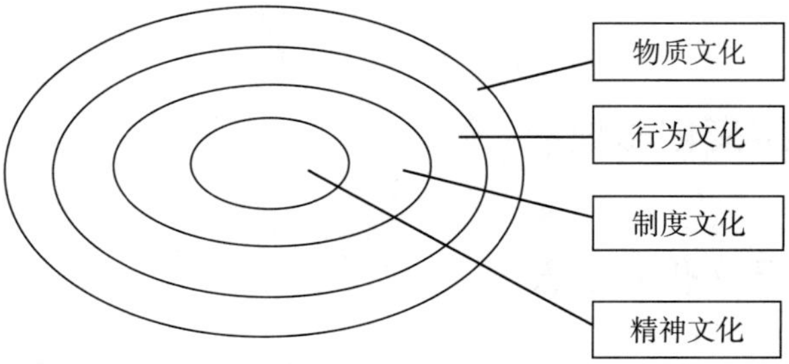

1. 物质文化

幼儿园物质文化是表露于外的一种文化形态,如幼儿园的办园条件、园所布局、社区环境、教学设施设备、园风园貌、员工形象等，是幼儿园文化中最具体可见的部分，也是最容易进行设计和更改的部分，是形成精神文化和制度文化的前提条件。

物质文化的重要组成部分包括幼儿园环境和园容园貌。如沿海城市幼儿园常常借助海洋生物彰显办园特色，聚焦“海文化”。园容园貌是幼儿园文化的表征，园舍、园名称、园所设施、室内装饰、宣传橱窗等都是幼儿园物质文化内涵的折射。

2. 行为文化

幼儿园行为文化指幼儿园成员在管理、工作、人际交往、分配等活动中表现出来的社会行为和行为规范程度，是一种以动态形式存在的文化。它是一种受个体因素、组织因素和社会因素交互作用影响的个人状态，而不是个人属性。具体表现为两个方面：

（1）组织活动方面。包括晨检、升旗、游戏等幼儿方面的活动；教学观摩、教学研讨、技能竞赛、培训学习等教职工方面的活动和家长开放日、家长学校、家长进课堂等家长方面的活动。

（2）社会行为方面。管理者在管理行为中要为教职工创造行为实践的机会，搭建自我展示的平台；在分配方面要合理分配人员和工作量，并提供合理的薪酬、福利待遇和适当的激励机制；在工作行为中应为家长和社区提供便捷的服务；在交往行为方面要引导教职工相互学习、彼此分享，营造互帮互助、和谐共进的集体氛围。

3. 制度文化

制度文化是渗透于幼儿园组织机构和规章制度中的价值观念与行为方式。幼儿园的制度以及由此形成的组织形态和员工行为模式构成的外显文化就是幼儿园的制度文化，既包括国家颁布的教育方针、政策、法律、规章等，也包括政府主管部门制定的各类章程、规则、要求等，还包括幼儿园结合自身实际制定的有关管理、保教、科研方面的规章制度。

4. 精神文化

精神文化是幼儿园文化的核心，是幼儿园在一定社会文化影响下形成的组织意识和文化观念，是幼儿园发展的推动力。它包括幼儿园团队精神、幼儿园价值观、幼儿园风貌等内容，是幼儿园物质文化、行为文化的升华。

总体来说，物质文化和行为文化是幼儿园的“外表”，制度文化是幼儿园的“骨架”，精神文化则是幼儿园的“灵魂”。幼儿园精神文化支撑着物质文化和制度文化。幼儿园不仅要关注物质层、制度层等显性的内容，还要深入精神层面来创建幼儿园文化，特别是教职工价值观的塑造。

(三)幼儿园文化的作用

1. 导向作用

导向作用指的是幼儿园文化对幼儿园领导和教职工的引导作用。一是目标的指引。幼儿园文化通过对管理者进行价值观念引领，使其从幼儿园发展实际出发，以正确的态度制定幼儿园发展目标。二是对教职工价值观念的引导。在幼儿园文化的感染下，教职工会认识到工作的价值和意义，把幼儿园组织的期望和个人意志统一起来，促进幼儿园更快、更好、更稳定地发展。

2. 凝聚作用

幼儿园文化是一种黏合剂，会产生强大的凝聚力和向心力。通过塑造“与幼儿园共存”“个人一份努力，就是幼儿园集体发展的希望”等幼儿园文化，可以使教职工和幼儿园融为一体，提升幼儿园的核心竞争力。

3. 激励作用

激励即激发内在精神状态或力量。幼儿园文化能够提高教职工的自主管理能力，激发教职工的集体荣誉感，充分调动他们的积极性，促使他们更加积极、努力地为实现组织目标而奋斗，从而增强幼儿园教职工的整体执行力。

4. 约束作用

“不以规矩，无以成方圆”，幼儿园要不断完善管理制度和道德规范，并发挥它们的约束作用。制度具有强制性的特点，而道德规范是从伦理关系的角度来制约教职工的行为。通过制度的外因和内在道德引导相互作用，可以促进幼儿园教职工将外在的约束转化为自觉的行为。

5. 对社会和其他幼儿园有辐射作用

幼儿园文化除了会对幼儿园自身发展和教职工的行为起导向、凝聚、激励和约束作用，还可以通过媒体传播、公共关系等方式对社会和其他幼儿园产生影响。

二、幼儿园文化建设的原则、途径和方法

幼儿园文化是在一定环境背景下，由园长等少数人提倡，逐步完善、定型和深化而形成的，是幼儿园的品牌，它的形成过程遵循一定的原则。

(一)幼儿园文化建设的原则

1. 安全性原则

幼儿园物质文化建设要突出安全性。幼儿园物质文化主要包括幼儿园活动室、寝室、走廊、门厅、办公室、户外活动场地、教育教学设备和幼儿园园徽、园旗等的设计。物质文化建设要以保证幼儿安全和健康为前提，要以安全为本，要创设适合幼儿、充满童趣的文化氛围，以陶冶幼儿的情操、激发幼儿的灵感、启迪幼儿的智慧，促进幼儿整体素养的提升。

2. 教育性原则

幼儿园是对3—6岁幼儿实施保教的机构，不仅仅是看护孩子，而是强调在保育的基础上对幼儿进行一定的教育和引导。所以幼儿园文化创建要做到以促进幼儿发展为根本目的，要做到促进幼儿身心和谐发展。

3. 发展性原则

发展性原则强调要使得幼儿的发展水平在原有发展水平基础上有所提升，因此，幼儿园文化建设要做到以幼儿发展为核心，以提升幼儿能力为目标。

4. 整体性原则

幼儿园文化建设要从全局出发，做好顶层设计。幼儿园文化建设要

取决于园长的思想和价值观念，要注重教师群体精神状态，关注每一位教职工的需求，营造温馨和谐的氛围。同时还要引导教师们提高科研意识，提升科研能力，形成自觉的研究行为，促使每一个人都追求不断超越。最后还要结合园内外的资源，引进外来文化，形成特色，创建品牌。

5. 参与性原则

作为幼儿园两大主体的教职工和幼儿是幼儿园发展的巨大能动力量。幼儿园文化建设中应关注教职工和幼儿的需求，支持和鼓励教职工专业化发展，创造一种积极进取、安全、温馨、自由、融洽的环境。同时还要关注幼儿家长的需求，让幼儿、教师、家长都参与校园文化建设。

(二)幼儿园文化建设的途径与方法

幼儿园文化建设要经历三个阶段。

1. 幼儿园文化的构建和提炼

幼儿园文化的构建和提炼要从幼儿园的历史入手。幼儿园文化的提炼源于园长的办园思想和理念，主要表现为办园思想、培养目标和教育理念等。这些思想和理念一般隐藏在一些生活事件中，文化的创建就是找出隐藏在这些事件中的理念，进行提炼整理。

第一步，选出10位见证幼儿园创建和发展过程的教职工，请每个人说出三件事：说出一件对幼儿园发展最重要的事；说出自己最难忘的一件事；说出让自己最感动的一件事。再请他们说出对幼儿园贡献最大的人是谁，这个人最宝贵的精神是什么，从他身上得到的最大启发是什么。记录每个人的讲述，并进行整理。

第二步，整理事件中重复率比较高的内容，形成完整的事件内容。

第三步，再选出10位新入职的教职工，把完整的事件内容讲述给她们听，然后提出问题：听过这件事情吗？听后的感受是什么？最感动、最难忘的情节是哪个？事件体现了什么精神？要求这10位教职工用具体的词来回答这些问题。相关工作人员做好记录。

第四步，请专家和幼儿园领导一起对记录内容进行整理研究，从中提炼出代表事件精神的词，即使用频率最高的词。然后对这些词进行加工、提炼，形成幼儿园的理念和精神。

第五步，为了帮助人们理解幼儿园精神文化内涵，可以根据提炼的核心词进行事件改编，形成属于幼儿园自己的“故事”，用一个故事来诠释一个精神文化核心词，便于人们加深对幼儿园文化的理解。

2. 幼儿园文化的推广与传播

每个教职工都有自己的价值观、教育观、态度和期望，如何将幼儿园文化传递给每位教职工，促使教职工认同幼儿园文化？这就需要进行幼儿园文化宣传和推广。

(1)加强培训。首先培训讲述故事者，将凝结了幼儿园理念和精神的故事讲述给每一个教职工听，让每一个教职工都记住和理解，通过故事传承幼儿园的理念和精神。

(2)塑造榜样和模范。在幼儿园理念和精神形成和传播过程中，部分人能够认同和接受，并以此指导工作。幼儿园要把这些人树立为榜样，发挥他们的示范作用，使幼儿园文化得以形象化，便于更多的教职工认识和理解幼儿园文化。

3. 幼儿园文化的形成和普遍化

在幼儿园教职工对幼儿园文化有了初步的认同后，幼儿园领导要通过制度管理、在职培训、集体活动、表彰、奖励等方法，鼓励教职工融入幼儿园，使他们从内心深处接纳幼儿园文化，并调整自己的价值观，形成与幼儿园一致的价值观，并内化为日常工作和学习行为，这就进入了幼儿园文化的成熟期和稳定期。

幼儿园文化建设是一个持久的过程，房子易建，标语易提，外形易塑，制度好定，但人的思想、观念和行为难以转变，因此，幼儿园文化建设不能操之过急。

第四节　幼儿园规章制度建设

俗话说:“不以规矩,无以成方圆。”幼儿园的管理制度就是“规矩”。幼儿园规章制度建设能协调并有效发挥幼儿园管理各要素的作用,是实现幼儿园管理目标的重要保证。幼儿园规章制度既是科学管理幼儿园的必要条件,也是一种强有力的教育手段。

一、幼儿园规章制度及其作用

幼儿园规章制度是幼儿园的“法”,是幼儿园为了实现发展目标而制定的办事规程或行为准则。规章制度是管理的手段,有利于教职工更有序、更规范地工作。

(一)导向作用

幼儿园规章制度以条文形式呈现,是幼儿园工作人员行为的准则。规章制度使教职工的行为有了依据,能够起到导向作用,使教职工有意识地按照规章制度调整自己的行为。

(二)保障作用

幼儿园规章制度能调控师生员工的行为,只有教职工遵守这些规章制度,幼儿园的保教活动才能正常进行。如果幼儿园没有规章制度,或者规章制度不健全,或者是有章不循,会造成幼儿园管理混乱、纪律涣散,最终导致保教工作陷于无序状态,保教质量下降。良好的规章制度可将幼儿园的各项工作纳入有序的轨道,维持幼儿园正常秩序。

(三)制约作用

随着社会主义市场经济的不断发展,幼儿园的管理体制和管理模式都面临新的挑战。这既给幼儿园的发展带来了机遇,也给幼儿园提出了新的任务。幼儿园要更好地生存和发展,就需要全体成员齐心协力,共同努力。规章制度是约束组织成员行为的手段,只有大家共同遵守这些制度,才能充分发挥集体的优势。

【拓展阅读】

规范制度,杜绝“赶鸭子”现象

某幼儿园规定教师应该在18:00下班。在实际工作中,园长体谅教师工作辛苦,灵活调整为孩子全部离班、卫生收尾工作完成即可下班。久而久之,在绝大部分家长17:30把孩子接走后,班组人员即可下班。偶尔有家长来得稍晚,就会匆匆忙忙,带着歉意,教师则勉强面带微笑。园长对此现象作如下分析:第一,园长的同情心不可取,易导致管理不严谨,节奏的加快势必影响其他正常活动。第二,为使教职工出满勤、干满活,需要对工作进行合理安排,所以完善有关规定制度十分必要。园长深思熟虑后决定采取以下措施:增加下班前的工作量,要求教师把准备第二天的教具、活动区的材料等工作合理地安排好,这样做,一方面是保证了第二天的工作不仓促,能够提高保教质量,另一方面做到不到点不下班,教师心里也就踏实了,晚饭、离园环节不再“赶鸭子”,教师们能够做到耐心地等待家长,服务质量得以提高。

(摘编自张燕、邢利娅《幼儿园管理案例及评析》)

(四)协调作用

幼儿园规章制度能保证幼儿园内外各项工作的协调统一。幼儿园保教活动日趋复杂,幼儿园与社会,以及社区的关系日益密切,客观上需要有一些规章制度来调节幼儿园内外关系。例如,建立园内领导分工责任制度、会议制度和汇报制度、教代会制度,等等。

(五)调控作用

工作中常常会出现因管理不当而导致的失调、失控现象,原因之一就是执行者没能遵守岗位职责、不按章办事。科学的规章制度往往是根据客观规律和可能出现的不良行为而建立的，可以防患未然，能够起到调节、控制人们的认识和行为的作用。

二、幼儿园规章制度的制定

当前，我国幼儿园规章制度主要存在以下几个问题：一是人们对规章制度重要性的认识不足，忽视幼儿园规章制度建设，相当多的幼儿园存在重"人治"、轻"法治"现象，办园过程中存在很大的随意性；二是不少幼儿园的规章制度都存在不同程度的与法律、法规相矛盾、相抵触的情况；三是不少幼儿园的各类规章制度之间缺乏必要的统一性，如各类规章制度在内容上互相矛盾，同一规章制度的前后规定不能连贯一致，有些规章制度只有内容的规定，而无保障措施的规定等，致使各类规章制度没有形成有机整体，不能相互配套、相互照应。

每个幼儿园的情况不同，制定的规章制度应体现各幼儿园的特点。幼儿园管理者应该科学制定幼儿园规章制度。

（一）幼儿园规章制度制定的原则

1. 可行性原则

只有可行的规章制度才能真正发挥作用，否则它就会成为摆设。可行性表现为：第一，规章制度要符合国家有关法律、法规及上级行政部门的有关规定，它是国家和地方政府相关法规、政策在幼儿园管理制度方面的具体化。第二，规章制度要符合幼儿园的实际情况，包括环境、地理位置、人员、物质条件、经费状况、传统、园风、发展水平等。幼儿园的现实情况是规章制度制定的出发点。第三，规章制度要有前瞻性。规章制度不仅要符合幼儿园实际，还要有前瞻性，对员工要有相对较高的要求，以充分挖掘教职工的潜力。第四，稳定性和灵活性的统一。规章制度要相对稳定，不能朝令夕改。在执行过程中，也需要根据实际情况灵活调整、修改规章制度。

2. 可操作性原则

规章制度是对行为的引导和约束,要细化,便于操作。对制度内容的表述要准确,也可用图表的方式表达,使其更加直观、形象。此外,规章制度要简明扼要、通俗易懂,切忌繁杂,要既便于掌握,也利于执行和检查。

3. 系统性原则

幼儿园规章制度涉及幼儿园各方面,它包括全园性规章制度、部门规章制度、人员岗位责任制度、工资分配制度和考核奖励制度等。幼儿园管理者要建立合理、完善的规章制度体系,处理好各项规章制度之间的关系,使它们互相补充,各有侧重。

4. 民主性原则

民主性原则是幼儿园制定规章制度时必须坚持的基本原则,要贯穿幼儿园规章制度制定的全过程。幼儿园规章制度是教职工和幼儿的行为准则和规范,对幼儿园全体成员有约束作用,为使各项规章制度落实"到群众中去",就应在制定的源头上做到"从群众中来",要广泛征求师生员工和职能部门的意见、建议,集思广益。参与制定制度的过程就是教育学习的过程,能增强教职工遵守规章制度的自觉性和主动性。

(二)幼儿园规章制度的种类及内容

幼儿园规章制度从不同角度或按不同标准可以有不同的划分。

1. 就制发主体和适用范围来分

(1)国家和政府对幼儿园的管理制度。这是国家立法机构即全国人民代表大会和各级政府及教育行政部门等制定的教育法规和制度。这些教育法律、法规和规章构成了国家和政府对幼儿园保教及其相关配套活动的基本管理制度,同时也为幼儿园内部管理制度的建立提供了法律和政策依据,主要有以下几类:①国家教育法律、法规及相关文件。如《中华人民共和国教育法》《中华人民共和国义务教育法》《中华人民共和国教师法》《中国教育改革与发展纲要》《中华人民共和国母婴保健法》《中华人民共和国未成年人保护法》《国家中长期教育改革和发展规划纲要(2010—

2020年)》《中共中央　国务院关于当前发展学前教育的若干意见》等。②国家教育行政法规和其他行政法规。如《幼儿园工作规程》《幼儿园管理条例》《教师资格条例》《社会力量办学条例》《全国幼儿园园长任职条件和岗位要求》(试行)等。③地方性教育法规。如各省市制定的《幼儿园教育质量综合评价试行意见》《托儿所、幼儿园分级分类验收标准及细则》等。这些法律、法规和规章是适用于全国或相关地区的,具有普遍的约束力和强制性。

(2)幼儿园内部管理制度。这是幼儿园依据国家法律和教育行政机关制定的法规,结合本园实际制定的规章制度。主要有:①全园性规章制度,包括考勤制度、交接班制度、值班制度、学习制度、办公制度、上班制度、开会制度、教职工职业行为规范、收托儿童制度、安全制度、与家长联系制度等。②部门性规章制度,包括卫生保健制度(生活作息制度、健康检查制度、体格锻炼制度、卫生防疫制度、伙食营养卫生制度等)、保教制度(计划和记录制度、备课制度、教研活动制度、常规工作检查制度、保教质量全面检查制度等)、总务制度(财务财产管理制度、伙食管理制度、门卫制度、庭院管理制度、档案资料管理制度等)。③岗位责任制,包括园长职责、保教主任职责、教师职责、保育员职责、炊事员职责、财会人员职责、门卫职责等。④考核与奖励制度,包括考核评价制度、奖惩制度(出勤奖、工作态度奖、工作质量奖等)。

以上这些制度的区分是相对的,它们彼此之间是交叉重复的,如有关教师管理的制度,既有教师工作制度,也有岗位责任制度或行为规则制度。

2. 就工作方面来分

有行政管理制度、保教业务制度、思想政治教育制度、人事工作制度和财务工作制度等。

3. 就内容性质来分

有常规管理制度、会议制度、科研制度、目标管理制度、财产设备管理制度等。

幼儿园规章制度的种类划分有助于管理者更自觉地以规章制度来规范管理行为，更好地健全和完善幼儿园规章制度，实现幼儿园管理的制度化、规范化，以及制度本身的系统化。

(三)幼儿园规章制度制定的程序

幼儿园规章制度的制定应遵循以下程序：

其一，幼儿园管理者要将国家有关的法律和法规的规定要求、上级行政机关的指示精神和政策规定，以及幼儿园发展的目标与规划等，准确地传达给教职工，并向教职工介绍其他幼儿园在制度改革方面的成效，使教职工与管理者在“治园”方面取得共识，增强教职工的主人翁意识。

其二，调动教职工的主动性、积极性和创造性，为建立健全幼儿园的各项规章制度献计献策，拟订草案，交给幼儿园管理层讨论。

其三，幼儿园管理层通过广泛征求意见和建议，对照和比较其他幼儿园的制度并根据本园原有制度的特点，进行认真研究，提出修改补充意见，将形成的制度草案交给教职工讨论。

其四，各部门组织教职工结合自身实际工作的性质、任务和特点，认真研究下发的草案，实事求是地提出修改、补充和完善的意见与建议，再次上交幼儿园管理层。

其五，幼儿园管理层认真推敲、斟酌收集的意见与建议，对制度草案进行修改，再将规章制度的修改稿交由幼儿园教职工代表大会或幼儿园行政会议审议通过，由园长颁布实施。

三、幼儿园规章制度的执行与完善

(一)广泛宣传

规章制度的宣传是执行的前提。宣传有讨论、竞赛、交流等多种方式。规章制度的宣传分为集中宣传和随时宣传，要将集中宣传和随时宣传结合起来。为了让教职工更好地掌握规章制度，可以用简短的语言对规章制度进行概括，也可以将规章制度编成诗歌，方便记忆。幼儿园还可以将制度张贴在墙上，正如苏霍姆林斯基所说：让每一面墙壁都说话。广泛宣传会形成舆论，增强教职工维护规章制度的意识。规章制度的宣传和教育是一个长期的过程，应该持之以恒。

【课堂讨论】

从穿高跟鞋上班看幼儿园制度管理

又是做操时间，园长巡班时发现中一班的明老师还是穿着高跟鞋带操，不免有些气恼：已经说过她三次了！园长欲上前勒令她换鞋，转念一想，还是等她出现闪失或活动不方便时再指出其错误，针对性会更强。然而整个带操过程，明老师做得极自然、顺畅，穿着高跟鞋的她跑、跳、转的动作也做得很到位，仿佛脚下只是一双平底鞋。但幼儿园已有制度明确规定：教职工带班时间不准穿高跟鞋。为了保持制度的严肃性，园长决定当面与她说明其行为已违反幼儿园规章制度，要按规定给予她处罚。不料明老师嘴巴一撇："罚就罚呗，我懒得换鞋。"

事后，园务委员会负责人找明老师做思想工作，她还振振有词地说："我穿高跟鞋带班已相当习惯，从来没有发生过踩小孩或自己扭脚等事，况且从树立幼儿园教师美丽形象方面考虑，我这么矮，穿起高跟鞋才能显出气质和风度……"明老师私下还与其他同事说："我就是不想听她们领导的话，她们上班时可以穿高跟鞋，我们穿却要挨罚，这不明摆着是领导整职工吗？"一时间，园里议论纷纷。

（摘编自张燕、邢利娅《幼儿园管理案例及评析》）

思考与分析

谈谈你对这件事情的看法，并提出相关建议或对策。

（二）有法必依，公平公正

1. 维护规章制度的严肃性

规章制度就是幼儿园的"法"。规章制度的最大特点是它的严肃性，一旦确定，就要严格执行。园长也不能擅自改变规章制度，如果规章制度存在不合适的地方，要暂时记录下来，待时机成熟统一修改并公开。

2. 坚持规章制度的客观标准

规章制度是约束人们行为的标准体系，具有极强的客观性，谁不遵守规章制度，就应受到相应的惩罚。园长要带头执行规章制度，做表率。幼儿园管理者要奉行公正、公平、公心的原则，坚持标准。若处事不公，不仅会破坏规章制度标准的客观性，使它失去权威性、约束力和制约性，还会打击教职工的积极性，甚至会使教职工放松对自己的要求，将制度视为摆设。

(三)建立监督机制

规章制度的执行离不开监督。如果没有监督机制，规章制度的严肃性及客观性都很难得到保证。监督机制包括监督程序、监督人员、监督方法等。监督程序根据不同类别，可分为出勤方面的、奖惩方面的、职业道德方面的、纪律方面的，管理者应根据制度的不同性质与特点，设计监督程序。监督可分为自我监督、互相监督、家长监督、领导监督，一般而言，以上几个方面的监督可交叉进行。监督有检查、登记、书面汇报等多种方式。

(四)做好制度的废、改、立工作

规章制度不是固定不变的，随着主客观条件的变化，原有的规章制度可能不再适应新的形势，这就要及时对规章制度进行废、改、立，即废除不再能满足需要的制度，对原有制度中不合适的内容进行修改，适时增加新的制度等。当然，应该尽量避免频繁修改，有些问题可以先记下来，等时机成熟时再加以修改。同时，幼儿园管理者在执行规章制度时，要及时发现问题，并妥当应对。

【课堂讨论】

是迟到还是请假

某日上午8时12分,门口值班领导正在值班室内核对教师考勤情况,发现一名老教师匆匆地走进园内,没有打卡便直接往班级的方向走去。此时已过上班时间12分钟。值班领导马上就追出去喊住了这名老教师,提醒她没有打卡,而且她已经迟到了。正当值班领导填写迟到人员记录表时,这名老教师说她已经请假了,然后往园外走去。为什么这位教师会有如此反应呢?按照幼儿园奖惩制度规定,教师迟到5分钟以内扣工资5元,迟到5—10分钟扣工资10元,迟到10—30分钟扣工资20元。而教师请假一天扣工资40元、半天扣工资20元。也就是说,教师迟到10—30分钟的扣工资金额与请假半天的扣工资金额是相同的。这时,值班领导马上和主管领导沟通情况,并把该教师迟到的事实向主管领导作了汇报。

(摘编自张春炬《规矩成方圆——园长流程管理能力的提升》)

思考与分析

1. 主管领导应该怎么处理这事件?
2. 该幼儿园管理制度是否存在缺陷?应该怎样调整?

◇本章小结

幼儿园实行园长负责制。幼儿园组织机构包括行政性组织和非行政性组织两大类,有决策层、执行层和操作层三个层次。幼儿园组织机构的设置要遵循其基本原则,避免出现因人设岗、有岗无人和人浮于事等情况。

幼儿园文化包含物质文化、行为文化、制度文化和精神文化四个方面的内容,具有导向作用、凝聚作用、激励作用、约束作用,对社会和其他幼儿园有辐射作用。幼儿园文化建设应遵循科学原则,一般会经历构建和提炼、推广与传播、形成和普遍化等三个阶段。

幼儿园规章制度是幼儿园的“法”,对幼儿园管理起重要作用。制定规章制度必须遵循其原则，并重视执行工作。

▶文献链接◀

1. 张燕、邢利娅：《幼儿园管理案例及评析》，北京：北京师范大学出版社，2002 年。

该书从幼儿园管理的宏观和微观两个方面入手，对 154 个案例进行了科学分析和点评。

2. 线亚威：《幼儿园文化建设指导策略》，北京：高等教育出版社，2011 年。

该书以案例的形式，将抽象的文化建设理念物化为一个个直观形象、生动具体的事例，通过大量典型案例，将幼儿园精神文化、物质文化、制度文化建设的方法与经验进行全面展示与介绍。

▶思考与实践◀

1. 简述幼儿园管理体制、园长负责制、幼儿园组织机构、幼儿园文化的含义。

2. 幼儿园组织机构的类型有哪些？

3. 分析小、中、大不同规模幼儿园的组织机构模式的差异及其设置的理由。

4. 建立幼儿园组织机构的依据是什么？

5. 幼儿园文化包括哪些内容，有什么特点？

6. 如何构建幼儿园文化？幼儿园文化与规章制度之间有什么关系？

7. 调查 2—3 所幼儿园的规章制度，了解其内容及制定过程。

8. 执行幼儿园规章制度时应注意哪些问题？

第四章
幼儿园保教与教科研工作管理

◇本章导读

某幼儿园新进12名新教师，为了增强青年教师的岗位责任意识和保教意识，幼儿园开展了"新教师做一天保育员"的"换岗体验"活动。

换岗当天，新教师们穿戴整齐，承担起保育员工作，自己班的保育员在身边指点。刚开始时，新教师们干得热火朝天，但是很快就跟不上节奏了。户外活动前应跟随班级出现在场地上观察幼儿活动情况的她们，却还在盥洗室内刷杯子；幼儿上课时，她们进进出出忙得不着边际。一天保育工作干下来，新教师们深深地体会到，看似简单的保育工作，远不是花些力气、不怕脏、不怕累就能干好的。

教师和保育员是幼儿园保教工作的主力军，她们的相互理解和配合情况会直接影响幼儿园的园风园貌。参加完"新教师做一天保育员"的"换岗体验"活动，大家纷纷表示无论是新教师还是保育员，彼此都要端正工作态度，专心于自己的本职工作，认真钻研业务，不断提高工作效率，共同做好保教工作。

请结合本章内容思考该幼儿园园长为什么要在新教师中开展"换岗

体验”活动？该方法能发挥什么作用？

第一节 幼儿园保教工作概述

幼儿园保教工作是幼儿园管理工作的核心内容，它的最大特点是保教结合。保教工作是幼儿园的中心工作。

一、幼儿园保教工作的含义

幼儿园承担着双重任务——教育幼儿和为家长服务。《幼儿园工作规程》规定了幼儿园的任务，即“贯彻国家的教育方针，按照保育和教育相结合的原则，遵循幼儿身心发展特点和规律，实施德、智、体、美等方面全面发展的教育，促进幼儿身心和谐发展”。幼儿的年龄特点决定了幼儿园教育的独特性，决定了幼儿园保教工作的特殊地位。

幼儿园的保教工作是幼儿园保育和教育工作的简称，指按照幼儿发展的规律和特点，对幼儿园保育和教育工作进行计划、组织、指导和控制等的活动。

“保”就是保护幼儿的身心健康。健康的内涵十分广泛，有身体方面的，有心理方面的，还有社会方面的。身体方面包括预防疾病，加强营养和锻炼，使幼儿有健康的体魄；心理方面指培养幼儿良好的情绪，注重其健康、积极的情感培养；社会方面指培养幼儿探索环境、适应社会的能力，同时还要培养幼儿良好的交往能力，使幼儿不仅有与他人交往的勇气，而且掌握与他人交往的技巧。

“教”即幼儿园的教育教学，即有目的、有计划地对幼儿进行全面发展的教育。如合理安排幼儿的饮食、睡眠，帮助他们养成良好的生活习惯；传授知识，发展幼儿智力、语言能力及社会适应能力；培养积极的情感和良好的个性品质。幼儿园教育具有不同于其他阶段教育的特殊性，要根据幼儿的年龄特征进行安排。

二、幼儿园保教工作的地位

(一)保教工作是幼儿园的中心工作

第一,幼儿园是教育机构,教育幼儿是其最主要的任务,其他工作都是为保教工作服务的;第二,幼儿园的目标是培养人,为了实现这一目标,必须将保教工作放在中心位置;第三,幼儿园保教工作目标对其他工作目标具有很强的导向作用。保教工作在幼儿园整体工作中的地位决定了保教管理工作是幼儿园管理的核心和关键。

(二)保教工作是实现幼儿园双重任务的主要途径

幼儿园主要是对3周岁以上学龄前儿童实施保育和教育的机构。幼儿园教育是基础教育的重要组成部分,是学校教育和终身教育的奠基阶段。从幼儿园的性质可见,幼儿教育不同于其他阶段的教育,具有教育性、社会福利性和公益性等特点。因此,幼儿园的双重任务是相辅相成的,不可偏废。做好幼儿保教工作是创设幼儿园的根本目的。保教人员应遵循幼儿发展规律,对幼儿实施保育和教育,通过做好保教工作实现为家长服务的目的。

三、如何贯彻保教结合原则

保教结合原则指的是在保育和教育的同时对幼儿发展产生影响。保中有教,教中有保,保与教相互结合,紧密交织,不可分割。坚持保教结合原则,并将其渗透到幼儿园教育的各个环节是保教工作管理的基本任务。

(一)树立保教结合的管理理念

教育思想的管理是管理工作的关键。为了做好保教工作管理,必须了解保教结合的意义,树立保教结合的管理理念。

1. 保教结合,促进幼儿整体发展

保教结合是一个整体概念,“保”和“教”是教育整体的不同方面,保教结合有利于促进幼儿全面发展。

幼儿园保教工作是结合幼儿的年龄特点，专门设计的促进幼儿的身体、认知、情感、社会性等方面发展的有目的的活动，既保证幼儿的身心健康发展，又为幼小衔接做好准备。

2. 保教有机结合、相互渗透，构成有机整体

保育和教育既有区别，又有联系。它们之间有机结合，相互渗透，即人们常说的“教中有保，保中有教”。

保中有教，意味着保育中含有教育的因素。从保育的目标看，保育不仅要保护幼儿不受伤害，促进幼儿身体健康成长，还要对幼儿进行健康教育，让幼儿认识到健康的重要性，掌握必要的健康知识和保护身体的简单方法，形成积极的生活态度，养成良好的行为习惯。

教中有保，意味着教育中渗透保育的内容。幼儿教育常常是从保育开始的，因为幼儿年龄小，许多良好的生活习惯尚未养成，教师总是先教幼儿最基本的生活常识，如怎么吃饭、穿衣、大小便，这既是保育，也是教育。通过学习基本的生活常识，幼儿不但能够掌握相关健康知识，也能够学会生活技能。

保育与教育是在同一个过程中实现的，而不是孤立进行的。保育工作与教育工作都很重要，切忌顾此失彼，否则会影响幼儿健康成长。

(二)发挥管理的导向作用，确保保教结合原则的落实

为了将保教结合原则落实到具体工作中，可从以下几个方面入手。

1. 将保教结合工作纳入全园的工作计划中

在制订全园工作计划时要充分体现保教结合原则，考虑怎样通过保育达到教育的目的，如何在教育活动中树立幼儿保健意识、增强幼儿自我保健能力等。

2. 在具体工作安排上要体现保教结合原则，将教育因素渗透到保育工作中

在保教过程中，教师要注重营造宽松的教育氛围，创设良好的、令人

愉悦的心理环境。同时,还要在工作安排上尽量做到保中有教,强调保护和增进幼儿的健康,提高幼儿生活自理能力和自我保护能力,增强幼儿安全意识,充分发挥保育的教育作用。

3. 在人员的分工上要注意保教工作的结合

一方面,每个班都要配备教师和保育员;另一方面,教师和保育员之间既要有分工,又要有合作,真正将保教结合落实到实际工作中。

总之,就幼儿园管理工作而言,保教工作管理是重中之重,是确保幼儿园实施全面发展教育的保证,是提高幼儿园保教质量的保证。

第二节　幼儿园保教工作实施

一、幼儿园保教工作的组织结构

保教工作的组织结构在不同规模或不同教育模式的幼儿园有所不同。一般来说,拥有 6 个以上班级规模的幼儿园,需要配备专职业务园长或保教主任,在园长领导下,主管保教工作,负责指导各个班级保教工作的实施。

目前,幼儿园在班级人员配备上普遍采用的形式主要有如下几种:每个班两名教师、一名保育员;每个班两名教师;每个班两名教师,两三个班共用一名保育员或卫生人员;每个班一名教师、一名保育员等。

二、幼儿园班级保教工作的特点与内容

班级是幼儿园的基层组织,是落实幼儿园保教任务、实现教育目标的基本单位。班级是由幼儿和保教人员共同组成的集体。对幼儿而言,班级是最具体的生活和学习环境,班级保教工作的成效直接影响幼儿的成长。因此,承担全班幼儿全面发展教育责任的保教人员要协调配合,共同确定班级工作的目标与计划,全面安排幼儿的保育与教育工作,积极创设适宜于幼儿发展的环境,保教合一,促进幼儿健康、快乐成长。

(一)班级保教工作的特点分析

班级保教工作不仅承担着教育任务,而且承担着保育任务。班级保教工作具有以下几个方面的特点。

1.保教目标明确,体现教育性

保教工作是幼儿园工作的中心,班级是最直接的教育单位,班级的保教工作更加具有针对性,各班要从本班幼儿实际出发,合理确定教育目标。

班级的一切工作、一切教育与管理手段都会对幼儿产生直接的教育影响作用,教师要做好一日生活的安排和落实、各项教育活动的安排、室内外环境的创设与利用,并要注意自己的言行举止。

2.保和教结合,体现整体性

保教是一个整体概念,保和教是幼儿园教育整体的不同方面,同时对幼儿的全面发展产生影响。幼儿身心稚嫩,缺乏独立行为能力,因此,班级保教人员不仅要给予他们细心的养护,还应教育好他们,提高其对外界环境的适应能力和自我保护能力。

保教人员应树立整体的教育理念,在教育过程中注意途径和手段的全面性,注意内容和方法的整体性,将培养全面发展的幼儿的教育理念贯彻在各种活动中,发挥教育的整体效能。同时,保教人员应面向全体,既要考虑到全班整体水平,提出基本要求,又要兼顾个别差异,有针对性地加以引导,处理好一般与个别、统一与多样的关系,使全班幼儿都能得到发展。

3.保教人员配合,体现主导性

班级保教人员在保教过程中起主导作用。教师要确定目标、选择内容、设计方法、安排活动时间和步骤,使保教过程科学、合理、有序推进,不断接近教育总目标;教师要积极组织创设和利用有利条件,注意消除不利因素,如创设适宜的班级环境,主动指导家庭教育等,使幼儿得到发展。在具体的教育活动中,在教师与幼儿的互动中,教师要激发幼儿的能动性，引导幼儿健康发展。

幼儿处于迅速成长过程中，其身心发展不成熟，教师的主导作用显得尤为重要。教师要在认真观察、充分了解幼儿的基础上，选择适宜的教育内容与方法，为幼儿提供参与活动、操作实践的机会，激发他们的活动兴趣，通过各种引导方式，调动他们的活动积极性，促进幼儿主动发展。

4. 发挥集体作用，体现协作性

班集体是实施保教工作最重要的场所。教师要特别注意创设良好的氛围，充分发挥幼儿集体的教育功能，使幼儿通过集体学习掌握必需的生活知识和技能，形成正确对待自己、他人和集体的态度和行为，实现社会化。

班级保教人员是一个工作集体，他们之间协调统一才能对幼儿的发展起到整体教育作用。班级保教工作的协作性要求保教人员根据幼儿园总的教育目标，共同制订班级教育计划，在工作中密切配合，保持教育的一致性和一贯性，注重教育和保育的有机结合，共同实现保教任务，促使幼儿健康成长。

5. 保教形式多样，体现创造性

幼儿身心发展的特点决定了幼儿园教育活动多是在一日生活和游戏中进行的，保教形式多样，如教学、一日生活、游戏、劳动等。幼儿年龄小，可塑性强，发展空间很大，同时，幼儿存在个体差异，统一的教育模式难以取得良好的教育效果。因此，一方面，教师要注意研究分析并发掘一日生活中各种活动的多方面教育功能，合理组织，发挥整体效益；另一方面，教师要深入研究本班幼儿的特点，注重在活动中创造性地处理各种问题，抓住教育契机，因势利导，把教育工作的计划性与灵活性很好地结合起来，力争做到班班有特色、班班有创新，逐步提高保教质量。

6. 家园合作，体现开放性

《幼儿园教育指导纲要（试行）》明确要求，“幼儿园应与家庭、社区密切合作，与小学相互衔接，综合利用各种教育资源，共同为幼儿的发展创造良好的条件”。教师应主动与家长联系，沟通情况，交换意见，相互学习交流，对幼儿进行配合一致的教育，提高保教质量。同时，幼儿园教师要加强与社区的联系，取得更广泛的支持与协助，充分利用社会资源，开展班级保教工作。

（二）班级保教工作的内容

班级是实施幼儿园保教工作的基本单位。对幼儿园保教工作的管理一定要抓住制订计划、组织实施、检查指导和总结提高几个环节，将保教工作纳入科学运行轨道，有序推进。

班级保教工作涉及幼儿的一切教育活动及对活动的组织管理。主要包括以下几个方面的内容：确定适宜的教育目标和计划；保教结合，全面安排幼儿的生活和活动；创设适宜的幼儿发展环境；做好班级卫生安全工作；与家庭、社区密切合作，综合利用各种教育资源共同促进幼儿发展。

三、班级保教工作计划

保教工作计划是园务计划的重要组成部分，全园保教工作计划是通过班级保教工作计划的制订和实施而得到落实的。

1. 班级保教工作计划的内容

班级保教工作计划是开展班级保教工作的重要依据。班级保教工作计划反映了教师对班级工作的设想与思路，可以避免工作的盲目性和被动性，其主要内容包括以下几个方面。

(1)分析班级情况。分析并掌握班级工作情况是制订计划的前提，班级计划的针对性要强，必须根据班级的情况来制订。教师制订计划前要注意：掌握基本情况，包括幼儿的家庭情况、受教育情况、身体状况、个性特点等；对班级情况进行分析，包括班级的基本特点、优势与不足、成因及解决措施等。

(2)确定班级工作目标。对班级工作目标的表述要简明、扼要。班级工作目标要与幼儿园工作目标相一致，每个阶段的目标不宜过多；有问题需要解决时，要根据轻重缓急排序，挑选影响面大、重要的事情先做。

(3)制定措施。对于亟待解决的问题，制定解决措施是工作计划的核心部分。对于比较重要的事情,要预备多种方案,以备不测。如果涉及其他部门,应该事先与相关部门沟通好。

(4)安排重要工作。对于那些对幼儿身心发展有直接影响的重要工作,要做详细安排,要关注时间、程序、应注意的问题等。

2. 班级保教工作计划的种类

常用的班级保教工作计划主要有四类:学期计划、月计划、周计划及一日工作计划。

(1)学期计划,又叫学期教育工作计划,学期计划的制订要以教育方针政策及幼儿园的目标任务为依据,要充分考虑幼儿年龄发展的一般特点,并结合本班幼儿的实际。它包括班级的基本情况分析、新学期工作目标、各方面工作的具体内容要求和新学期将采取的主要措施等。

(2)月计划,又叫月教育工作计划,是对学期教育工作计划的任务分解,即将学期教育工作计划分解到每个月,逐月制订的班级工作计划。每个月的工作计划间相互联系,当月计划一定要在总结前一个月计划执行情况的基础上制订。月教育工作计划是学期教育工作计划的具体化。

(3)周计划,又叫周教育计划,是对月教育计划的分解,即将月计划任务分解到每周,使计划更加具体、明确。制订周教育计划时应根据工作的轻重缓急,提出一两项工作重点,要注意将一般常规性工作与重点工作结合起来。

表 4-1　　班级一周活动安排表[①]

第×周　×月×日—×月×日　　　　　　　　班级:

内容要求 / 项目 \ 星期	一	二	三	四	五	双休日
来园						
晨间活动						

① 张燕:《幼儿园管理》,北京:人民教育出版社,第 143 页,2008 年。

续表

星期 内容要求 项目		一	二	三	四	五	双休日
早操							
教育活动	上午						
	下午						
游戏	上午						
	下午						
午餐、午睡							
户外、自由活动							
一周工作重点：							

(4)一日工作计划，一日工作计划是对周教育计划的分解，即将周教育计划分解到每一天。一般来说，可以根据全天保教的时间顺序，对每天的具体活动内容（自幼儿入园至离园）作出大致规定。

表 4-2　第________周逐日教育工作计划[①]

<table>
<tr><td colspan="5">本周教育工作重点：</td></tr>
<tr><td>周/日</td><td>Ⅰ教育活动
（主题或分科活动）</td><td>Ⅱ游戏活动
（室内/户外）</td><td>Ⅲ生活环节</td><td>备注</td></tr>
<tr><td rowspan="2">星期一
×月×日</td><td>△活动名称：
△目的要求：
△材料准备：
△方法步骤：</td><td></td><td></td><td></td></tr>
<tr><td colspan="4">执行情况及效果记录：</td></tr>
</table>

① 张燕：《幼儿园管理》，北京：人民教育出版社，第 143 页，2008 年。

续表

周/日	Ⅰ教育活动 (主题或分科活动)	Ⅱ游戏活动 (室内/户外)	Ⅲ生活环节	备注
星期二 ×月×日	△活动名称： △目的要求： △材料准备： △方法步骤：			
	执行情况及效果记录：			
星期三 ×月×日	△活动名称： △目的要求： △材料准备： △方法步骤：			
	执行情况及效果记录：			
星期四 ×月×日	△活动名称： △目的要求： △材料准备： △方法步骤：			
	执行情况及效果记录：			
星期五 ×月×日	△活动名称： △目的要求： △材料准备： △方法步骤：			
	执行情况及效果记录：			
一周计划执行情况反思				

观察表格，可以发现在统一的教育目标下，教育活动、游戏活动、生活活动相互渗透，日常生活与教育密切相关。关于环境创设的要求和对个别幼儿的教育，需要家长配合的内容可附在“备注”一栏中。教师在制订计划时，应意识到幼儿是发展的主体，要认真观察、充分了解本班幼儿特点，进行整体化教育，还要注意要在每日教育活动计划下留出空白，方便

总结当日计划执行情况，明确是否达到目的，分析存在的问题，提出改进建议等。

3. 班级保教工作计划制订的步骤

(1)做好上学期工作总结。班级保教人员要认真总结上学期工作情况，分析哪些工作已经落实了，哪些工作还没有落实，找出工作中存在的问题，分析原因，为制订下学期计划做准备。

(2)认真学习、研究园务工作计划。园务工作计划为班级工作计划的制订指明了方向，是制订班级工作计划的依据，要做到园班一体，目标一致。因为各班情况不相同，所以还要结合本班的情况，创造性地制订班级保教工作计划。

(3)共同讨论，确定主要内容。班级保教工作计划要经由班级全体教师共同讨论，达成共识。

(4)撰写班级保教工作计划。计划要形成文字，起到提示、监督、备查的作用。计划的文字要简练、明了，也可以用表格方式呈现。

4. 班级保教工作计划的执行

从某种意义上说，执行和实施计划比制订计划更重要。班级保教工作计划的执行，一般要经过以下几个阶段：

(1)传达布置。广泛宣传，使每一个教师都明确班级保教工作计划，明确制订计划的意义，了解工作意图、工作目标、工作重点和步骤安排等，增强相关教师执行计划的自觉性。

(2)落实责任。把班级保教工作计划的工作任务分解到每一个人，让大家各司其职、各负其责，保证计划得到落实。

(3)加强协调。为保证班级计划的实施，要加强协调，使班级各位教师相互配合。

(4)深入督导。管理者要深入班级，了解班级计划的执行情况，掌握工作进展，督促、指导、帮助教师在保教实践中端正教育思想，改进教育方法，及时发现并解决问题。

四、保教常规管理

保教常规管理就是对保教工作的时间、程序和内容要求加以规范，以确保保教工作能够正常操作和有序运行，提高保教质量。

（一）全园保教工作秩序的建立

建立保教工作秩序是保教工作正常开展的有力保障。建立保教工作秩序的因素主要有以下几个方面。

1. 合理安排时间

保教工作的管理首先是对时间的管理。保教人员要合理地安排好一日工作时间和幼儿生活作息制度。

2. 建立保教工作制度

首先要重视制度的建设，如保教计划与记录制度、备课制度、保教人员常规工作检查制度等。其次要严格执行制度，以制度来规范工作行为，建立良好的秩序。

3. 增强保教人员的责任感

增强保教人员对幼儿全面负责的意识，将幼儿一日生活常规与保教人员工作职责有机结合起来。

4. 协调好各方面的工作关系

幼儿园是一个整体，幼儿园工作是一项系统工程，各部门既要有分工，又要协调配合，才能实现幼儿园工作目标。

（二）班级常规管理

班级常规管理的目标是保证班级保教人员通过协同配合，全面安排幼儿的生活与教育，共同完成保教任务。

1. 日常工作的程序化

程序化是工作得以顺利完成的保证。幼儿园班级日常工作的程序化是依靠建立班级生活制度和常规，促使保教人员一日工作程序化来实现的。

(1)建立班级生活制度和常规。常规不仅是重要的教育内容,也是重要的管理手段。幼儿园教育不同于其他年龄阶段的教育,它既有教育,也有保育。因为幼儿年龄小,所以学习常规成为重要的内容。同时,常规是维护正常保教秩序的保证。牢牢抓住班级常规建设,有利于工作程序的形成。

(2)保教人员一日工作的程序化。保教人员一日工作程序化是班级工作程序化的关键。保教人员应对幼儿的一日生活进行分析研究,遵循幼儿年龄特点及教育规律,确定工作程序,并严格按照程序开展工作。

2. 日常工作的秩序化

日常工作的秩序化也是班级管理的重要内容,而程序化是秩序化的前提。程序化主要是确保工作衔接得合理、紧凑,而秩序化则主要是确保工作的条理性和有序性。程序化是秩序化的保证,秩序化为日常工作管理提供了规则。

实现日常工作秩序化的方法有以下几种。

(1)列表。列表是一种十分有效的方法。依事情的重要程度,排出先后顺序,用表格列出来,并设定所需时间与完成日期,既具体,又明确。

表 4-3　工作程序表

序号	项目	完成时间	工作难点	负责人	备注
1					
2					
3					
完成					

(2)记事本。准备一个记事本,将每天完成、没完成、准备完成的事情都记在上面,尤其是必须完成的事一定要记录,以起到提醒作用。如果在教学时偶有心得,也要及时记下来,等有时间的时候再细想,就会有收获。

(3)反思。保教人员每天都要反思,看看哪些方面做得好,哪些方面还有欠缺,并要及时纠正。

3. 日常工作的科学化

班级管理应该体现管理的科学性。日常工作科学化体现为班级管理的规范化与系统化，这里既包括内容方面的，也包括方法方面的。

(1)日常工作科学化的内容。

①安排好时间。时间是最重要的管理因素之一，善于管理时间是管理者应该具备的基本素质。首先，保教人员要根据幼儿的年龄特点，科学地安排一日活动。要遵循保教结合、劳逸结合、动静结合、正规教育和非正规教育结合的原则，安排好幼儿的作息时间。这里就要解决三个问题：什么时间做？做什么？怎么做？科学安排幼儿的一日活动，可以保证幼儿在有限的时间内掌握和学习那些对他们发展最重要的知识。其次，保教人员要科学地安排自己的时间，将自己每天的时间分成几部分，如工作时间、生活时间、学习时间等，学会处理好各部分之间的关系。

②建立相应的制度。制度要科学，科学的制度是实现日常工作科学化的保证。教师要想使自己的工作科学，就要结合本班具体情况，建立科学的制度，如保教计划与记录制度、备课制度、常规工作检查制度、家长工作制度等，并逐渐完善这些制度。

③有效利用各种资源。资源包括人、财、物、时间、空间、信息等，保教人员要科学地使用和利用这些资源，做到人尽其才、物尽其用。

(2)日常工作科学化的方法。

日常工作科学化是班级管理科学化的具体体现。科学化是管理的灵魂。保证日常工作科学化的方法有以下几个。

①树立科学的观念。保教人员平时要多注意收集资料，了解幼教发展动向，学习幼儿心理学理论，熟悉幼儿身心发展规律，树立现代的教育观和儿童观，掌握科学的育儿方法，有意识地用科学的理论武装自己。

②掌握科学的方法。为了保证日常管理的科学化，保教人员有必要掌握最基本的科学管理方法，如班级计划的制订，有效利用管理时间的方法等。

③建立科学的工作程序和秩序。将工作编排成有序的过程，有条不紊地实施。

五、网络保教工作管理

在"互联网+"时代,幼儿园教育信息化、网络化已成为必然趋势。在疫病流行(如2020年春的新型冠状病毒肺炎疫情)、雾霾等恶劣天气影响幼儿园正常开园,或者在幼儿因为特殊情况无法正常来园的情况下,利用网络途径开展相应的保教工作就显得特别重要。

(一)网络保教工作的概念和特点

幼儿园网络保教工作指幼儿园通过网络途径开展的保育和教育工作。幼儿园网络保教工作管理指对利用网络途径开展的幼儿园保育和教育工作进行的管理活动。网络保教工作有如下特点:

1. 保教工作网络化

保教工作网络化是幼儿园网络保教工作最为显著的特点。这一特点要求幼儿园及家庭要有相应的网络设备条件,要求幼儿园管理者、保教人员、家长具有一定的信息素养,掌握相应的信息技术。在开展幼儿园网络保教工作的准备阶段,应当通过多种途径和手段完善网络信息条件,对幼儿园教职工、家长等进行基本的信息技术培训和指导。对没有网络或网络设备的个别家庭,应当采取其他措施,比如,通过电话进行沟通。有条件的地方也可以使用广播、电视开展远程保教工作。

2. 保教目标相对稳定

幼儿园网络保教工作目标应该保持相对稳定。不因为是利用网络方式来开展保教工作,而无原则地降低保教工作的目标要求,导致保教质量下降。幼儿园网络保教工作应当关注幼儿德、智、体、美、劳诸方面全面发展,重视幼儿身体、心理和社会适应性的协调发展。幼儿园要创造性地利用网络途径,保证各项保教目标得以实现。

3. 教育生态环境变化

在幼儿园网络保教工作中,教育的生态环境发生了较大的变化。具体表现在两个方面。

第一，教育主体扩大。教育者除了有幼儿园保教工作人员，还有父母或其他监护人。教师要与家长沟通与合作，应当高度重视对家长进行保教工作的指导。

第二，教育环境变化。在网络保教活动中，家庭是幼儿的主要活动场所。教师要重视与家长协作，优化家庭教育环境，充分发掘和利用家庭教育资源。

4. 保教工作家庭化

在幼儿园网络保教活动中，幼儿主要的学习、生活场所是家庭，师幼互动形式发生了改变。教师与幼儿是间接互动，与幼儿进行直接互动的主体是父母或其他监护人。教师应当根据保教工作的需要，正确选择和恰当使用多种媒体手段，加强与家长的沟通和合作，将设计和指导亲子活动作为网络保教工作的重点。在确定保教活动方案的目标、内容、组织形式和方法时，一定要考虑家庭、家长及幼儿的实际情况，保证活动方案易理解、可实施、有实效。

（二）网络保教工作的组织

1. 健全组织机构

（1）组建网络工作群系统。根据幼儿园原有的组织体系，建立园领导群、园务委员会群、教研组群、班级群、伙食管理委员会群、家长代表群等，并明确各个群的职能。具体网络信息手段的选择，应根据幼儿园教职工、家长及幼儿的实际情况来定。目前，普遍使用的是微信和 QQ，钉钉等网络通讯软件多是在单位内部使用，家长使用的并不多。同时，应避免因为网络通讯软件使用过多而造成混乱。

（2）加强幼儿园网络信息工作人员的力量。根据实际需要，适当增加网络信息工作人员人数，组织相关人员开展学习，提高其业务水平，及时研究解决幼儿园在网络保教工作过程中遇到的网络技术问题。

2. 完善规章制度

（1）调整原有规章制度。为了满足网络保教工作需要，要根据网络保教工作的实际情况，对原有规章制度进行完善，保证各项工作有章可循。

(2)完善家庭保教制度。

首先，制定幼儿家庭作息制度。良好的幼儿家庭作息制度有利于幼儿健康成长，有利于幼儿良好生活习惯的形成。作息制度的制定应当考虑不同幼儿的身心发展特点，大、中、小班应当有区别。生活、学习、游戏、运动等的时间安排要合理。每天的游戏体育活动时间一般不少于 2 个小时。各活动环节的时间安排应当科学合理，幼儿用餐时间一般为 20—30 分钟。活动安排应当注意动静交替。

其次，做好幼儿家庭保教指南。为了指导广大幼儿家长配合幼儿园科学地开展网络保教活动，教师应当根据当地的实际状况、家长的具体情况、家庭的环境条件以及幼儿的特点，制定科学的、简明易懂的、可操作的幼儿家庭保育和教育指南，为各类幼儿的监护人(父母、祖辈、保姆等)提供科学全面的保育、教育指导。幼儿家庭保教指南应当重视培养幼儿良好的习惯，要求家长保障幼儿正常的生活作息，监督幼儿按照保教活动计划开展活动，注意预防幼儿沉迷网络，关注幼儿视力保护，加强幼儿体育锻炼。

最后，给予家庭营养保健食谱建议。为保证幼儿的膳食安排科学、合理，幼儿园教师应当根据当地实际情况、季节情况、一般家庭的具体情况，以及幼儿的年龄特点和身体状况，有针对性地给出幼儿家庭营养保健食谱建议。尤其是在疫病流行期间，应注意保证营养充足、膳食平衡、种类多样，保证充足饮水量，注意食品安全与卫生等。

第三节 幼儿园教研工作管理

教研工作是保障教育质量的重要工作。长期以来，教研工作在推进课程改革、指导教学实践、促进教师发展、服务教育决策等方面，发挥了十分重要的作用。

幼儿园教研工作是以幼儿园全体教师为主体，以提高保教工作质量和教师素质为目的，以保教工作中的实际问题为研究内容，以多种形式的教研活动为途径的各种园内教育研究活动的总称。

开展幼儿园教育研究活动一定要有针对性，要立足于解决保教中的具体问题，注重为教育教学改革服务，而不宜把研究目的放在撰写论文上。

一、开展教研活动的意义和任务

（一）开展教研活动的意义

1. 有利于提高保教质量

教研活动针对性强，主要是为了解决保教实践中存在的问题。如小班教师发现本班幼儿口头语言表达能力较弱，不少幼儿“心里面什么都清楚就是说不出来”（家长语）。针对这一情况，教师决定为幼儿提供更多的语言交流机会，教给他们语言运用的技能。教师将保教实践与研究结合起来，既解决了现实中存在的问题，也使保教质量得到提高。

2. 有利于提升教师的业务水平

教师的业务水平直接影响着教育质量。教研活动是提升教师业务水平的重要途径。教研活动大体可分为六个阶段：发现问题、分析问题、提出解决方案、实施方案、得出结论、将结论运用到实践活动中。发现问题是解决问题的开始，发现问题阶段需要教师平时多注意观察，了解幼儿各方面的情况，这是业务水平提升的前提，因为没有观察，就没有了解，没有了解，就谈不上提高。分析问题形成原因，能增强制订的解决方案的针对性。结合实践中存在的问题，提出解决方案，这是理论在教育实践中的综合运用，是理论联系实践的过程，能够加深教师对理论的理解，提高他们运用理论的能力。在方案实施过程中还会遇到各种问题，需要灵活处理和解决，这既能帮助教师积累工作经验，也能提高他们的业务能力。

3. 有利于增强教师的敬业精神

研究促进思考，在思考中，教师的教育观念与态度都会发生变化，从而以正确的眼光看待幼儿，看待学前教育工作，用更加科学的方法从事教育和教学活动，增强敬业精神。

(二)开展教研活动的任务

1. 组织教师的业务学习

学习国家、地方的教育政策、方针和有关的法律、法规，提高教师的政策水平和运用政策的能力；学习幼教方面的理论与发展动态，及时了解幼教发展的热点问题，树立科学的儿童观、教育观、师生观。

2. 组织交流活动

幼儿园要有计划、有组织地安排一些交流活动，如观摩课、专题讨论、竞赛等，为教师相互学习提供机会。交流活动不仅能将教师的精力和注意力吸引到学习业务、钻研业务上，还会增进教职工之间的了解。当然，交流的面要广。交流活动既可走出去，也可请进来。每次交流活动要有一定的目的与主题，要有丰富的内容、充分的准备，要注重效果，不要搞形式。

3. 集体备课

平行班或者同领域的教师可以一起备课。大家在一起探讨可以加深对教学内容的理解。经验丰富的教师可帮助年轻教师，骨干教师也可以发挥传、帮、带的作用。通过集体备课，大家共同钻研教学内容，共同研究教育对象，共同研究教学中的重点、难点，为教学做好充分准备。这种方式对能力较弱、经验不足的教师会有很大的帮助。

4. 研究教育实践中遇到的热点、难点问题

业务园长或保教主任要多留心幼教发展的动态，及时掌握热点、难点问题，要注意的是在研讨前发放问题提纲，让教职工做好充分准备，能够保证研讨的效果。比如，幼儿学识字好不好，是否可以教幼儿学识字；幼儿学英语好不好，什么时候开始学英语合适等。通过讨论，大家会更加关注这些问题，会主动地寻找各种材料，由此会产生一系列针对性较强的教研课题，引领教师关注本园保教工作面临的问题与薄弱环节，通过研究，加以解决。

【课堂讨论】

“课题……(停顿)做啊，肯定是要做的呀。确实，课题能够帮助教师把保教工作做得更好，提升幼儿园办园质量。现在，课题研究已经成为教委考核我们幼儿园工作业绩的一个很重要的指标了。课题也好，平时的研究也好，我们都有做的，而且成绩也不错(笑)，解决了很多保教实践中存在的问题。”(节选自一位有 8 年教龄教师的谈话)

(摘编自覃莉《幼儿园课题管理的个案研究》)

思考与分析

1. 幼儿园教师开展科研工作有何意义？
2. 谈谈幼儿园教师如何进行课题研究。

二、教研制度的制定

为了推动教研活动的开展，除了要加强教师的主动意识，还应建立相应的制度加以保证。教研制度要对教研活动的形式、时间、教研成果的要求等做出具体的规定。当然，教研制度的制定要有一定的依据，要具有科学性。

(一)提高效率，追求实效

教研活动的目的是提高教学质量。制定教研制度就是为了保证教研活动顺利开展。因此，在制定教研制度时一定要考虑到它的实用性、实效性、可行性。首先要实用，即在实践中要能发挥作用，制度不要太烦琐。其次要有实效，要能确保教研活动的开展，提高教研活动的水平。为了确保有效性，教研制度要详细、具体，便于操作。如观摩课，不仅要确定观摩课的次数，还要制定观摩课的评价指标和评价制度，以取得更好的效果。再次是可行性，制度的制定要符合教师的实际水平，不要盲目追求数量和形式。

(二)符合幼儿园教育教学规律

教研制度是教育教学管理的重要内容。教研活动要遵循教育教学规律,并为教育教学服务,要与教育教学实践相结合,不能脱离教育教学实践,要紧紧围绕教育教学展开,不能与教育教学活动冲突,要有较强的针对性,要注意理论与实践的统一。

(三)教研活动主体的广泛性

教研活动是保教工作的重要内容,是全园教师的任务。幼儿园要发挥每个教师的积极性,让全体教师都参与教研活动。在制定教研制度时,一定要具有普及意义,通过制度使教研活动成为大众化的行为。

(四)与幼儿园其他管理制度相一致

教研制度是幼儿园管理制度的组成部分,它的制定要与幼儿园整体管理制度相一致,不能有冲突和矛盾。教研活动是提高保教质量的重要途径,在制定相关制度时,必须考虑到保教活动的特点,如时间的安排、主题的确定等;教研活动又是幼儿园整体工作的组成部分,在制定教研制度时,要考虑到幼儿园的其他工作安排及幼儿园的实际情况。

三、教研活动的管理

随着教研活动所带来的教师专业成长、幼儿园保教质量不断提升等效果的显现,如何进行教研活动管理、如何保持教研的有效性越来越受到关注。

(一)建立组织是基本条件

教研活动组织是教研工作开展的基本条件。教研活动组织有三个层次:园长层、教研组层、教师层。

园长层负责决策,要对教研活动进行整体规划,它决定着教研活动的方向与水平。

教研组层负责教研活动的实施与展开,教研活动主要是通过教研组得以落实的。教研组是为教研活动服务的,它的规模与类型多种多样,幼儿园可以根据教研活动的需要及幼儿园的实际情况来确定,如上午班、下午班、学科组、年级组等。目前,许多幼儿园都采取年级组的方式,将教研组与年级组合二为一。其好处是研究起来方便,随时都可以进行,不需要重新组织人,不足之处是交流面过窄,不易跳出备课的圈子。所以,教研组的类型应根据教研活动的需要随时进行调整。教研组可由5—10人组成,可有1—2名小组长。小组长的产生可由本组教师或保教主任提名,报园务会和园长批准。教研组长要由业务骨干教师担任,要有较高的业务素养和一定的工作能力,要有较强的责任心,在教师中享有一定的威望。

教师层是教研活动的执行层,教研活动最终要靠教师的参与来完成。教师的积极参与是教研活动开展的重要保证。

(二)拟订教研计划是前提

一份好的教研计划能帮助教师明确教研的方向与内容,并做好相关准备工作,这是实现有效教研的前提。

在制订教研计划前,要认真分析幼儿园教育教学、教研、教师及幼儿发展等情况,详细调查和分析幼儿园教师在教育教学实践工作中存在的问题、教师的研究基础与研究水平。

在制订教研计划时,要以适当方式让教师参与,并积极采纳教师的建议。教研计划要对教研目标、主题、形式和教研时间进行统筹安排,并落实到每一位参与的教师。

在计划实施过程中,园长和教师既可以成为教研活动的参与者,也可以成为教研活动的组织者和考核者。主持的教师必须在每次的教研活动之前拟订具体的教研计划,并给每位参加教研活动的教师布置任务,分发教研提纲,让教师有备而来。主持的教师切记要明确自己"主持人"的角色——通过不断抛出问题,引领大家深入思考,引导大家进行研讨,而不是举行讲座,进行演讲。

（三）立足教师实际是基础

衡量教研活动是否有效的标准，是教师是否在教研活动中发现和解决了实际的问题，是否通过教研活动改进了教育教学实践行为。

教研活动要立足幼儿园实际，从幼儿园、教师亟须解决的问题入手，组织教师开展形式丰富的教研活动，努力挖掘每个教师的潜力，创设一个学习、研究与施展才华的环境，促进教师的专业成长。

（四）丰富的教研形式是保障

教师个人的力量是很有限的，只有依靠集体的力量，营造一种研究氛围，形成一种合作研究方式，建立起学习和研究的共同体，才能使教研活动更加深入和持久，才能更好地促进教师的专业成长。

1. 专题式教研活动

专题式教研活动是就实践中的某一个特定主题展开研讨，如科学活动与艺术活动如何融合，如何在数学教育活动中发展幼儿思维的问题等。

2. 问题式教研活动

问题式教研活动主要以关注、挖掘教育教学实践中的实际问题（如如何发展小班幼儿生活自理能力等）为前提，在教研中循序渐进地研究探讨，促进问题的解决，帮助教师积累研究问题、解决问题的经验，转变教师的教育观念，促进教师的专业成长。

3. 观摩式教研活动

观摩式教研活动是对教师的教育活动进行观摩、分析与思考。通常采用“同课异构”“一课三研”等方式进行。

4. 经验交流式教研活动

经验交流式教研活动为教师间的相互学习和相互借鉴搭建了平台。经验交流式教研活动可以有多种形式，如请优秀教师传授个人富有特色的教学经验、制作教师的成长档案册等。

5. 对话式教研活动

对话式教研活动为教师创设了平等交流与沟通的平台，方便教师谈工作困惑，或者分享好的经验。

（五）专业引领是关键

在教研活动中，最高效的引导是专业人士的引导，即请学有专攻的园内外专业人员参与教研活动，发挥他们的理论指导作用，确保教研活动具有较高的学术品位，推进教研活动的持续开展。

一方面是“请进来”，有条件的幼儿园可以邀请高校专家、教研员深入幼儿园，从教育理念、研究方向、研究方法等大的方面加以引领；另一方面是“走出去”，幼儿园应充分利用国培、省培等机会，培养自己的业务骨干团队。

（六）研以致用是归宿

教研活动绝不是走过场，一定要有实用价值，要能解决教育教学中的问题，要将教研活动的成果落实到具体的工作中。首先，将研究成果转化为工作规范，通过制度来保障落实；其次，将研究成果通过图片、文字等形式转化为园本资源，供园内教师学习、借鉴。

四、教研活动新趋势

《教育部关于加强和改进新时代基础教育教研工作的意见》在“深化教研工作改革”部分明确提出：“创新教研工作方式。要根据不同学科、不同学段、不同教师的实际情况，因地制宜采用区域教研、网络教研、综合教研、主题教研以及教学展示、现场指导、项目研究等多种方式，提升教研工作的针对性、有效性和吸引力、创造力。积极探索信息技术背景下的教研模式改革。”

（一）主题式教研

主题式教研是一种基于现实问题解决、促进理论和实践相结合，收效最为直接和显著的教研方式。这种教研方式以问题性、合作性和全程性原则为指导，其实质是教师的反思性实践，让参与者在教研中轻松快乐地获得专业成长。

1. 主题式教研活动的特点

主题式教研与传统教研的差异如表4-4所示。

表4-4 传统教研与主题式教研差异表

	传统教研	主题式教研
目的	以教研任务的达成为目的	以教师实践行为的改进及专业提升为目的
线索	以“课例＋单元”为线索	以“发现问题＋解决问题”为线索
规则	以行政性的惩戒措施规范教师的参与行为	以引导、诊断、激励性措施激发教师的参与行为
评价	注重对教师专业水平等级的考核	强调互惠共生地学习共同体文化

2. 开展主题式教研活动需要注意的问题

主题式教研活动特别重视活动主题的选择，注重方案的设计和活动的可操作性，注重整合多方资源，发挥教研的实效性。

(1)合适主题的选择。教研活动是否成功、是否有效取决于三个方面，即活动是否是基于现实需要、教研问题是否真实、最终能否找到解决问题的思路。主题是研究的起点。主题式教研活动是把平时在教育实践中发现的问题、遇到的困惑，教师比较关注的相对集中的问题，如教育教学中的重难点问题、幼儿园发展的核心问题等，经过梳理、调查分析、学习论证，提炼成一个教研主题。再通过开展一系列教师群体合作的教学研究活动，锤炼教研主题，最终形成对某一主题的共识。

(2)完备方案的设计。方案设计是否科学、周全，将直接影响教研活动的效果。设计方案与设计课程一样，考验着设计者的实践经验、创新意识和学术修养。它不但需要设计者对教研活动的目标有比较深刻的理解，而且需要设计者具有把目标分解为具体活动安排的能力。主题型教研活动是有具体方案、有详细工作计划的活动。方案就是要把目标具体化，把目标分解成一个个可操作的任务，所以方案往往以任务（问题）的形式出现。主题型教研活动是任务驱动型教研活动，它是用任务来引导教师学习、思考的。为了完成方案中规定的任务，教师必须主动学习，通过自学或团队学习、同伴互助的方式解决遇到的问题，这可以培养教师独立思考、自主探索及相互合作的能力。

（3）多方资源的整合。教师个人、教师集体、专业研究人员是教研活动的三个核心要素，他们构成了教研活动三位一体的关系。自我反思、同伴互助、专业引领是开展教研活动的三种基本力量，三足鼎立，缺一不可。

自我反思是教研活动的基础。教师必须以自己的教育教学工作为思考对象，展开对自己教育教学行为和结果的审视和分析，按教育教学活动的进程进行反思，不断提高对教学行为与结果的预测能力、监控应变能力和总结评价能力。

教师同伴互助是教研活动的重点。教师在自我反思的基础上，开放自己，加强同伴之间的专业切磋和合作，分享经验、互相学习、互相帮助、共同成长。

专业引领是教研活动持续开展的关键。幼教教研人员、园长及幼儿园骨干教师均是园本教研专业引领的重要力量，也是幼儿园教研活动得以深入开展的重要支撑。专业引领体现在主题的选择、方案的设计与实施的全过程中。

通过整合多方资源，能够既突出组织者专业引领的关键作用，也强化人人参与的意识，突显教师的主体意识，让他们在自主发展中实现专业自觉。教师既是主题教研活动的实施者，也是教研项目的管理者，更是研究成效的受益者。

（二）网络教研

1. 网络教研的概念

《国家教育事业发展“十三五”规划》指出：“着力加强‘名师讲堂’‘名校网络课堂’‘专递课堂’‘在线开放课程’等信息化教育教学和教师教研

新模式的探索与推广……”2019年《教育部关于实施全国中小学教师信息技术应用能力提升工程2.0的意见》指出，要“探索基于‘互联网＋’的教研组织形式”。2019年《教育部关于加强和改进新时代基础教育教研工作的意见》明确要求：“创新教研工作方式。要根据不同学科、不同学段、不同教师的实际情况，因地制宜采用区域教研、网络教研、综合教研、主题教研以及教学展示、现场指导、项目研究等多种方式，提升教研工作的针对性、有效性和吸引力、创造力。积极探索信息技术背景下的教研模式改革。”2020年《教育部关于加强“三个课堂”应用的指导意见》要求“广泛开展直播式、录播式、植入式、观摩式等多样化应用”，并提出“三个课堂”应用的五项主要任务之一是“强化教师研训和教研支撑，增强应用能力”，强调要“开展教师信息化教学能力全员培训，重点解决在线授课、网络教研、操作实践等过程中遇到的问题，增强教师‘三个课堂’应用的基础能力”。

网络教研，也称“互联网＋教研”，是借助计算机网络，以促进教师的专业发展、分享教育教学资源、解决教学实践中的实际问题、提高课堂教学质量为目的，由学校或教育行政部门组织，或由教师自发自主参与的在线的（基于网络的）教学研讨活动。网络是基础和环境，教研是核心活动，其本质是教师的专业化学习。[①]

2. 网络教研的特点

与传统的教研进行比较，网络教研有如下特点：

（1）主体的多元性，即主体是跨区域的，甚至身份是不确定的。

（2）环境的开放性，即参与者都聚集在一个虚拟的空间，聚集在网络上，现实中大家可能是天各一方的。

（3）内容的广泛性，即话题会更开放，更自由，更广泛。

（4）形式的丰富性，即在组织形式上，既有传统教研活动的网络化，也有一些超越了传统教研活动的组织形式，比如远程会议、论坛中的非实时研讨，以及将面对面教研和在线教研结合起来的新形式。

---

① 陈文红等：《网络协同教研促进教师专业发展》，载《教育信息技术》，2013(7)。

3. 网络教研促进幼儿教师专业化发展的价值

(1)开放性。扩大了教师教研工作的辐射面,突破区域限制和时间限制,实现教师之间跨地域、跨时空地分享资源、相互协助、彼此支持、协同创新、创用共享,使教师发展的空间获得极大的扩展。

(2)参与性。人人参与、人人发表意见,有利于激发参与人员对教研内容的深入思考,为教师的专业成长搭建了一个崭新的平台。

(3)共享性。教师之间可以分享彼此的经验和智慧,启发思维、增进反思、深化交流。

(4)简易性。通过简单的方式来减少教师的重复性劳动,让教师有时间和精力深入地关注教学,关注幼儿。

4. 网络教研促进教师专业化发展的策略

(1)从技术层面,让教研的形式变得简单,方便教师学习。

(2)从制度层面,制定教研相关规章制度,突出评价精准化,特别关注常态化、多样化的网络教研方式的研究,解决了教师参与的激励和评价机制。

(3)从管理层面,做到资源多样化,满足教师按需供给需要。

(4)从内容层面,保证内容的实用性,帮助教师解决实际问题,提高教师的获得感,增强教师的内驱力。

(5)从活动过程层面,发挥骨干教师的核心作用,使幼儿教师能够实现向优秀教师学习、在实践中学习、在反思中学习三个关键环节的互通共融,并和自身的教育教学活动融为一体。

第四节　幼儿园科研工作管理

科研是教育科学研究工作的简称,它针对教育改革、发展需求,儿童身心发展实际和幼教工作规律,选择带有战略、战术意义的问题,通过实验、研究、比较、论证等活动,在理论与实践相结合的基础上探索事物本质、剖析要素结构、研究系统功能、揭示发展规律、总结实践原则、建设理论体系等。

科研是研究者主动认识世界、改造世界的一种自觉探索活动，带有强烈的主观能动性和使命感，也是教育工作者深化改革的需求，具有较强的针对性和较大的社会实践价值，更是强调运用系统原理和方法论，注重综合思维、系统建构的高级的理性思维与探索活动，还是以谋求理论上的验证、突破、发展与建设为目标的活动，具有开拓性质和意义。

一、开展幼儿园科研工作的原则

在具体的教育研究中，研究对象往往是儿童，有些研究有可能会对被试的心身健康造成损害，会涉及一些伦理道德的问题，会消极地影响被试的学习和生活，有些则涉及被试的隐私。为了保证教育研究工作顺利开展，研究者必须严格遵守教育研究的基本原则。

（一）充分尊重被研究者的原则

在研究过程中要充分尊重被研究者，具体应做到以下几点。

1. 自愿

被研究者有不参加研究的权利，也有中途退出研究的权利。

2. 匿名

被研究者有不署名的权利，研究者不能未经同意在研究报告中或在公开场合披露被研究者的姓名。

3. 保密

被研究者有要求研究者对测得的有关自己的数据资料保密的权利。研究者可用号码而不用姓名登记被研究者的资料，可在研究结束后销毁测验的原始材料，不将研究结果告诉未经被研究者同意的其他人。

4. 无害

如果研究给被研究者身心造成损害，那么被研究者有追究研究者责任的权利。研究者应在研究实施前向被研究者承诺，研究不会对被研究者身心造成不良影响，不会侵犯他们的隐私权，若有可能影响被研究者的身心健康的话，应事先向被研究者说明利害关系和会采取的补救措施，研究者有责任消除一切不良后果。

（二）教育性原则

教育性原则指一切教育研究都必须符合社会主义教育方向，要符合被研究者的身心发展规律，有利于被研究者的正常发展，要着重研究现实问题，要具有教育意义，要有利于教育质量的提高。

教育科研的对象是人，对人的研究不能肆意干扰、影响人的正常发展。这是教育科研工作者必须恪守的准则。

在幼儿园进行科研的目的，不能一概而论。城市与农村幼儿园有差别，重点幼儿园与非重点幼儿园有差别，幼儿园情况不同，存在的问题不同，所以研究的对象和目的也有所不同，但都应以提高教育质量为目的。

幼儿园的教研工作应着重研究现实问题。例如，幼儿园和小学的衔接问题、幼儿园的内部管理体制改革问题、如何进行家园合作问题、如何预防学生近视和弱视问题等。也就是说，幼儿园的教育科学研究要抓住幼儿园最主要的问题进行深入研究，直至取得成果为止。

（三）客观性原则

通过亲自参加教育实践，亲自进行教育试验，获得可靠的数据，用客观事实说明问题，才是正确之道。古今中外卓有成就的教育家、教育理论家都是在教育试验中进行研究的。陈鹤琴以自己孩子的成长过程做试验，亲身实践，亲自拟订试验方案，从而提出了独具特色的教育理论。

二、选择科研课题的标准

选择了正确的课题便意味着科研成功了一半。课题的选择是科研工作的开端。选题恰当与否，对能否顺利进行研究具有重大意义。

（一）价值原则

价值原则又称“需要原则”。科研选题既要注重社会效益，又要有理论价值和实践意义。研究的目的主要在于解决现实问题，如有助于提高教学质量，能促进幼儿的全面发展，研究结果能产生经济和社会效益等。同时，也应注重知识的拓展，如理论的建构、发展、完善，对原有理论的检验或突破等。价值原则要求选择课题时要做到“三戒”，即戒“空”、戒“旧”、戒“大”。

（二）科学原则

科学原则又称“合理性原则”。科学原则指选择课题时不但要考虑它是否能够满足社会和科学发展的需要，具有实用价值，而且还要看课题本身是否合理，如永动机、水变油的研究永远都是徒劳。

（三）创新原则

解决前人未解决或尚未完全解决的问题就是创新。创新活动应有时代感，要能把握时代脉搏。可以尝试根据热点问题进行课题选择，课题内容应有新意，即从新问题、新事物、新理论、新思想、新经验、新设计、新方案中进行选择；课题的角度要独特，即能从不同的角度来看问题。还可以从原有理论与实践的矛盾、不同学派和不同观点的矛盾中选择课题。例如，在幼儿美术教育活动中，给予幼儿范例有助于教会幼儿技巧，打好绘画基础，但可能会限制幼儿创造力的发展；反之，若不给幼儿范例，幼儿往往很难掌握技巧，通过绘画的形式表现其创造力就是难上加难。美术教育活动中的这类课题就在矛盾中产生了。

（四）可行原则

可行原则又称“条件原则”。可行原则指所选择的课题应是可以被研究的，存在被解决的可能性。研究者需要对完成课题所必须具备的主观条件和客观条件进行仔细分析，对能否完成课题作出估计。

研究的可行性包括三个方面的条件。主观条件：研究者自身的条件，包括知识基础、科研能力、实践经验、专业特长、研究兴趣等。客观条件：研究的物质条件，包括研究规模和范围，占有资料的完备程度，研究必需的时间、经费、设备、技术、人力等。时机条件：与研究有关的理论、工具、技术手段的发展成熟程度等。

一个好的课题应同时符合价值、科学、创新、可行四条原则要求。选择课题时应作综合考虑，不要顾此失彼。

三、研究成果的撰写

(一)研究论文及其分类

研究论文是教育工作者对创造性研究成果进行理论分析和科学总结，并公开发表或通过答辩的文章，它的质量取决于研究的质量和研究者的文字表达能力。

根据研究论文的性质与特点，可将研究论文分为教育叙事、研究报告、学术论文三类。

1. 教育叙事(又称“故事研究”)

教育叙事是以叙事方式描写教育研究成果，是研究者通过对有意义的幼儿园生活、教育教学事件、教育教学实践经验进行描述与分析，发掘或揭示内隐于这些生活、事件、经验背后的教育思想、教育理论和教育信念，从而发现教育的本质、规律和价值。

2. 研究报告(又称“科学论文”)

研究报告是对研究过程和研究成果的概括与总结，是以事实和数据说明、解释问题的论文。这类论文有比较固定的写作结构，要求对研究方法和材料的描述必须具体、清楚，要客观地呈现研究过程、合理地解释研究结果。这类论文主要有实验报告、调查报告、观察报告等。

3. 学术论文(又称“理论性研究报告”)

学术论文是以议论文的形式，通过理性的分析，用概念、判断、推理等逻辑方法证明和解释研究的问题。这类论文不像研究报告那样具有典型的写作结构，在写作上比较灵活、自由，但要求所写论文有新理论、新见解，论点明确，论据确凿，论证严密，逻辑性强，能清楚地展现理论、观点形成的过程。学术论文通常与思辨性的研究方法相联系,常见形式有经验总结、综述、述评等。

(二)研究论文的基本结构与写作要求

研究论文的基本结构包括题名、作者署名、摘要、关键词、引言、正文、结论(建议)、致谢、参考文献和附录等。

1. 题目部分

题目部分包括题名、作者署名、摘要、关键词。

(1)题名又叫题目、标题。它是论文的眼睛,是能反映论文内容的最恰当、最简明的词语的逻辑组合,它以简练的语言鲜明扼要地反映所研究的主要问题。如有必要,可以加副标题来补充说明主标题未能包含的信息,如范围、背景等。

(2)作者署名。署名作为拥有著作权的声明,是作者文责自负的承诺,也便于读者同作者联系。

(3)摘要。摘要是对论文的内容不加注释和评论的简短陈述。完整的论文都有摘要。其作用一是让读者尽快了解论文的主要内容,二是为学术情报人员和计算机检索提供方便。摘要内容一般包括研究工作的目的、方法、结果和结论,而重点是结果和结论。摘要的写作要求一是要用第三人称,二是要简短精练、明确具体,三是格式要规范,四是要语言通顺、结构严谨、标点符号使用正确。

(4)关键词。关键词是为了满足文献标引或检索工作的需要而从论文中选取出的词或词组。每篇论文中应列出能反映主题内容的3—8个关键词。关键词作为论文的组成部分,列于摘要之后。

2. 绪论部分

绪论部分用于说明研究目的、意义、研究方法等内容,是论文的引子。

3. 本论部分

本论部分是论文的主体,是作者表达研究成果的部分。构成本论的基本要素是论点、论据、论证,关键在于论证。

(1)论点。论点是学术论文的灵魂。写作方法要能清楚地表现论点，应根据论点需要决定写作的方式方法。

(2)论据。论据是学术论文的血肉，是理论论证的基础。论据包括经验的和事实的，应根据论点来收集论据，使论点与论据尽可能完美地结合。

(3)论证。论证是学术论文的骨架。论证指写作的谋篇布局，层次安排。在写作中要运用理论和逻辑推理，抓住本质，分清主次，条理清楚，注意衔接。

4. 结论部分

结论又称“结束语”，是研究者对研究结果做出的推论，即总结部分。结论的作用是在对内容进行总体的定性、定量分析的基础上，归纳、概括出事物的内在联系，并提出新见解和建议。

5. 结尾部分

结尾部分主要包括参考文献和附录。如果在研究和撰写过程中，参考了别人的研究，就要在文后列举出来。一方面可以帮助读者了解有关课题的研究历史和已有成就，另一方面也是尊重他人研究成果的表现，还可为别人提供查证线索，避免由于疏忽而导致误解或不同的理解。

本章小结

保教工作是幼儿园的中心工作，是落实幼儿园双重任务的主要途径。在管理工作中，需要树立保教结合的管理观念，将保教结合原则落实到具体工作中。幼儿园保教人员需要在分析班级保教工作特点的基础上确定班级保教工作的内容，制订班级保教工作计划。在“互联网＋”时代，幼儿园教育信息化、网络化已成为必然趋势，教研活动出现了主题式教研、网络教研等新的形式。在教研活动中，拟订教研计划是前提，立足教师实际是基础，丰富教研形式是保障，专业引领是关键，研以致用见成效。幼儿园科研活动必须严格遵守充分尊重被研究者原则、教育性原则和客观性原则。

▶文献链接◀

1. 张燕:《幼儿园管理》,北京:人民教育出版社,2008年。

该书第五章介绍了幼儿园保教工作的地位及教育模式选择、保教工作的组织机构与基本教学形态、保教计划的制订与实施等。

2. 王晖晖、李晶:《幼儿园管理》,北京:北京理工大学出版社,2010年。

该书第四章介绍了幼儿园保教工作的地位、幼儿园保教常规工作管理的内容与实施、幼儿园教研工作的管理、幼儿园课程的管理及其开发等内容。

▶思考与实践◀

1. 简要说明保教工作在幼儿园工作中的地位。
2. 如何理解保教结合原则?坚持这一原则时需要注意哪些问题?
3. 结合实际,对班级保教工作特点做出分析。
4. 如何实现班级日常工作的程序化、秩序化、科学化?
5. 管理者应如何进行教研工作管理?
6. 什么是网络教研?网络教研是如何促进教师专业化发展的?
7. 结合当前幼儿园教育中的热点问题撰写一篇研究论文。

第五章
幼儿园后勤管理

◇本章导读

某幼儿园一位新任副园长主管后勤工作，她采取一系列措施将幼儿园后勤工作管理得井井有条。在幼儿膳食材料配送方面，她将委托个人商贩送食材改为招标正规商家，保证幼儿膳食材料的安全；在食谱制定方面，她与营养学专家联系，每天为孩子科学制定食谱；在物品管理方面，她将幼儿安全放在首位，严查有安全隐患的设备设施，最大程度上保证幼儿的安全……在后勤工作强有力的支持下，幼儿园的保教工作做得越来越扎实。可见，幼儿园的后勤工作是幼儿园其他工作顺利开展的重要保障，在幼儿园的工作中是非常重要的。幼儿园后勤管理的内容和要求是什么？如何做好后勤工作管理？请结合本章内容进行思考分析。

第一节 幼儿园后勤管理概述

一、幼儿园后勤管理的内涵

幼儿园后勤管理又称“幼儿园总务工作”，是幼儿园管理者运用一定的原理、方法和手段，通过一系列的管理行为和领导活动，使全体成员努力工作，实现幼儿园后勤工作目标的活动。

19 世纪 30 年代，拿破仑的政史官 A. H. 若米尼在总结征俄失败的经验教训时最先使用“后勤”一词。美国海军陆战队中校乔治・赛勒斯・索普的《理论后勤学——战争准备的科学》一书中指出，后勤与战略、战术一起构成战争科学的三大分支，现代战争的准备和实施必须要有相应的后勤保障。索普生动地描绘了后勤的重要性：“战略之于战争，犹如情节之于戏剧，战术比之为演员扮演的角色，后勤则相当于舞台管理、置办道具及提供演出的种种维护工作。”

幼儿园后勤管理主要包括幼儿园的资产管理（包括财务管理、物品管理）、事务管理（包括编班、生活制度的确定和一日作息时间表的制定与编排、档案管理）、膳食与营养管理、卫生保健管理、安全管理等方面内容。

二、幼儿园后勤管理的特点

从职能上看，后勤工作职能包括行政管理职能和服务职能。行政管理职能主要指行政财务管理，基本建设管理，物资设备管理，环境秩序管理，后勤服务的规划、协调与监督管理等；后勤服务职能指为保障本单位工作和职工生活而提供的各项劳务和技术服务职能，主要有食堂、医务室、洗衣房、后勤服务经济实体等。

因为后勤管理履行服务职能，所以它具有区别于其他管理活动的四个特点。

1. 政策性

后勤工作具有行政管理职能，无论是财务管理、基本建设管理、物资设备管理、环境秩序管理，还是后勤服务的规划、协调与监督管理等都体现出政策性。

2. 服务性

因为后勤工作是以服务为主要目的的工作，所以服务性是后勤工作的根本属性。提供服务是后勤管理的全部意义所在。

3. 先行性

各个单位的职能活动都体现为一个有严密组织、严格程序的过程。为职能活动服务的后勤工作管理也必须按照相关程序的要求进行。“后勤先行”指的是任何活动都要有一定的物资条件做保证，以一定的物质条件为基础和前提，后勤工作就是奠定基础的工作。

4. 全局性

后勤管理的大量工作与教职工和幼儿的切身利益有密切的关系，是为教职工和幼儿服务的。后勤工作必须做好整体规划，必须考虑教职工和幼儿的切身利益，必须接受教职工和家长的监督和检验。

【实践活动】

根据幼儿园后勤管理工作的先行性和全局性特点，请同学们为一所熟悉的幼儿园制订一份幼儿园防范自然灾害事件的方案。

三、幼儿园后勤管理的作用

后勤管理的作用是由后勤管理的基本职能决定的，具体来说主要体现在以下几个方面。

（一）为保教中心任务的完成提供可靠的物质保障

要想顺利完成幼儿园保教任务，后勤部门必须事先做好物资准备。只有加强后勤管理，才能为保教任务的完成提供可靠的物质保障。后勤管理的保障作用是由其基本职能决定的，所以这一作用是后勤管理的基本作用。

(二)提高对人、财、物的利用率,促进职能工作效率的提高

搞好后勤管理,可以使人、财、物以最佳方式结合,并被充分、有效利用,进而调动人的主观能动作用,做到"人尽其才";可以提高资金使用效能,做到"财尽其力";可以充分发挥物资设备的功能,做到"物尽其用"。所有这些,都是职能工作高效进行的必要条件。一切管理的作用都在于提高效益,这一作用是后勤管理的主要作用。

(三)稳定教职工队伍和生活秩序,调动教职工工作的积极性

搞好后勤管理工作是稳定教职工队伍和生活秩序,确保安全稳定的重要条件。搞好衣、食、住、行、生、老、病、退等工作,是后勤管理的重要工作。后勤工作搞好了,可以为教职工提供舒适的生活和工作环境,解决他们的实际困难、消除他们的后顾之忧。从这个意义上说,后勤管理工作为教职工安心工作提供了保障。

认识后勤管理的作用,可以使人们正确对待后勤管理工作,珍惜后勤职工的劳动,使全体教职工关心后勤管理工作。同时,能够引导后勤职工正确认识自己的工作,树立正确的服务思想,提供更优质的服务。

【课堂讨论】

思考与分析

请同学们想一想,幼儿园后勤管理部门可采取哪些合理的措施促使教师发挥工作积极性?

四、幼儿园后勤管理的原则

(一)明确指导思想,更新管理观念

为保教服务、为师生服务,是后勤管理的基本指导思想,是后勤管理的基本出发点,也是衡量后勤管理水平的主要指标。

1. 完善后勤管理制度,使后勤管理科学化、制度化

没有完善的管理,就不可能有完善的服务。因此,幼儿园管理者应制定一套完整的后勤管理制度,使后勤管理工作有章可循,使后勤管理的每一项工作都落到实处。

2. 鼓励后勤人员加强学习,使后勤管理优质化

后勤工作任务重,事情多且杂。后勤服务人员必须有甘当配角、全心全意为师生服务的意识。同时,每一项后勤工作都有一定的要求,这要求后勤人员既要有较高的思想素质和服务意识,又要有一定的专业素质,既要有一定专业知识,又要了解幼儿园的工作特点。因此,后勤人员需要加强思想和业务学习,提高思想素质和专业素质。

(二)明确任务,措施到位

后勤管理者只有明确自己的任务、了解自己的职责范围,才能顺利完成任务。因此,幼儿园管理者必须明确责任、细化任务、措施到位、奖罚分明,确保后勤工作有序开展。

第二节　幼儿园资产与事务管理

一、幼儿园资产管理

幼儿园资产管理包括幼儿园财务管理和幼儿园物品管理。后勤管理者要加强幼儿园财务与物品管理,充分发挥幼儿园财、物的作用,挖掘幼儿园的发展潜力,提高幼儿园教育资源的使用效率。

(一)幼儿园财务管理

1. 幼儿园财务管理的内涵

古人云:“财是庶政之母。”没有“财”,组织的生存与发展将成为一句空话。幼儿园财务管理主要包括幼儿园经费的预算、实施和结算。幼儿园管理者要合理使用经费，科学经营运转，确保幼儿园的良性运行和可持续发展。

资金是财产管理的主体，没有资金，财产管理也就不存在了。目前，大部分幼儿园的经费要靠自筹，筹措资金成为园长一项十分艰巨的任务。资金来源有多种渠道，主要有保教费、赞助费和其他创收，以前两项费用为主。幼儿园通过提高保教质量吸纳资金是筹措资金最主要的渠道。园长有责任广开渠道，为幼儿园良性发展积极筹措资金。

2. 幼儿园财务管理的内容

财务管理的基本职能是财务计划和财务控制，幼儿园财务管理主要包括以下内容。

(1)建立健全财务制度。要使财务管理有章可循、有据可依，必须建立和健全财务制度（如各项经费入账制度、报销制度、财务和出纳制度、财产分类制度等）。财务制度既要严格，又要合理，既要相对稳定，又要能根据实际情况进行及时调整。

(2)科学编制园内经费预算。幼儿园园内经费预算包括幼儿园收入预算与支出预算。幼儿园收入预算的编制，应考虑幼儿园维持正常运行和发展的基本需要，以往年年度预算的执行情况为参照，根据预算年度的收入情况与增减因素测算编制。幼儿园支出预算要根据幼儿园自身的财务收入状况进行合理编制，应按年度编制财务计划，保证幼儿园正常运转，合理编制人员经费支出预算、各类常规活动支出预算、基建维修支出预算、设备更新办公支出预算。每项预算应弹性设置，留有余地，以应对紧急状况。

(3)合理分配资金。提高资金使用效率是财务管理的根本任务之一。幼儿园的各项工作对资金的需求不平衡，管理者在分配资金时要本着照顾重点、兼顾一般的原则，将有限的资金进行合理分配，确保幼儿园稳步、高速、良性发展。

做好经费分配工作的关键是要把好预算关，加强对资金使用的计划管理，处理好收入与支出的平衡问题。

首先要分清主次，保证重点。要将幼儿园的各项工作按照轻重缓急排好顺序,先保证最重要的、直接影响幼儿园目标实现的工作的完成。其次要考虑到特殊需要。预算要留有余地,要有弹性。最后要有规范的预算程序,即由财务人员提出方案,园务会讨论通过,最后由园长审批。

(4)定期进行财务分析。财务分析主要包括幼儿园发展的预算执行、资产使用管理、收入、支出和专用基金变动以及财务管理情况,存在的主要问题和改进措施等。通过财务分析,管理者可以了解幼儿园的财务状况,把握幼儿园的财务使用情况,进一步加强财务核算,提高资金的使用效率。

3. 幼儿园财务管理的原则和方法

(1)依法贯彻执行国家的相关法律法规。幼儿园财务管理应依据国家制定的相关法律法规和财务规章制度,确保财务工作的合法性。幼儿园财务管理人员应熟悉国家的财务法律法规,依法管理好幼儿园的财务。

(2)正确处理财务管理的三种关系。一般来讲,财务管理需要处理好事业发展需要和资金供给的关系,社会效益和经济效益的关系,国家、集体、个人三者之间的关系。幼儿园的财务管理者应结合幼儿园实际妥善处理好这三种关系。

(3)实行民主监督。实行民主监督是搞好幼儿园财务工作重要而有效的手段。幼儿园管理者要定期公布收支情况,加强财产审计监督和财务检查,避免出现盲目花钱情况。同时必须加强监督,严格管理,杜绝出现贪占、挪用等违法乱纪行为,鼓励教职工和家长为幼儿园经营建言献策。

(二)幼儿园物品管理

1. 幼儿园物品管理的内容

后勤工作要克服“重钱不重物”“重建设轻管理”的倾向,要加强对物品的使用、保养和管理,充分发挥物品的价值。

(1)对环境的管理。幼儿园环境代表着幼儿园的形象。幼儿园的环境应该安全、清洁、美丽、充满童趣,且寓教其中。

室内环境要根据各年龄班幼儿不同特点进行创设，材料的摆放方式和位置要便于幼儿动手操作，材料的数量要多、种类要全。环境创设要有动感，应根据需要进行改变和调整，如应根据季节的变化、学习内容的变化而改变。

要尽量扩大绿地面积，做好绿化工作。另外，室外环境要有总体规划，大型玩具的摆放要整齐、错落有序，要定期进行维修，确保安全。有条件的幼儿园可以开辟种植园地、动物饲养角，为幼儿提供种植植物、饲养动物的机会。

(2)对房屋的管理。房屋要配套，主要包括活动室、寝室、卫生间等。房屋的装修要考虑教育的特点，做到美观、实用、方便。对房屋要定期进行维修，要充分提高房屋的使用率，避免浪费。

【课堂讨论】

幼儿园变漂亮了

某镇上有一所幼儿园，设施比较落后，户外场地是泥土地。孩子户外活动时就在外面打闹玩耍，晴天时尘土飞扬，下雨时泥泞不堪。幼儿园园长下决心改变这种状况。她查找了资料，咨询了专家，决定因地制宜，充分发挥当地的特点改造幼儿园。在当地教育局的支持下，幼儿园首先改善户外场地，在户外场地种植了草皮；园长带领教师们粉刷幼儿园的围墙，在围墙上绘制富有童趣的卡通画，将规则、知识蕴含其中；教师们利用周围的树木、绳子、轮胎及其他废旧材料为孩子们制作了攀岩墙、平衡木等；幼儿园依据区域特点划分出多块场地，有小池塘，池塘里养金鱼、种荷花，供孩子们观赏，有种植区，孩子们可以种青菜，并观察青菜的成长过程，青菜成熟了还可以食用，一举多得。幼儿园越来越漂亮了，孩子们越来越爱幼儿园，家长们也非常愿意将孩子送到幼儿园来。

思考与分析

1. 你认为这个幼儿园变漂亮的原因是什么？

2. 如果你是这个幼儿园的园长,你怎样将幼儿园创建得更加漂亮?

(3)对玩具、教具的管理。各班都应配备一定数量和种类的玩具,若有条件可以多配一些。目前,市场上的玩具种类很多,价格较高,幼儿园要量力而行。可以发动教师制作一些简易玩具、教具,也可以收集废旧物品,把它们改造成玩具、教具,但要保证废旧物品安全、无污染。要定期检查、定期清洗玩具,并经常给玩具消毒。同时,注意引导幼儿养成收拾、整理玩具的习惯,并教育他们爱护玩具,不乱扔、乱摔玩具。

(4)对图书资料的管理。有条件的幼儿园要设立图书资料室。图书资料室是用来存放报纸、图书以及各类工作计划和总结等的地方。管理图书资料室应做到:定时开放;图书资料应分类存放,摆放有序、整齐,方便取阅;保持整洁、安静;严格执行借还制度。

(5)对其他物品的管理。幼儿园管理的物品除玩具、教具外,还有一定数量的食品、生活用品和办公用品。这些物品应有专门的存放地点和专人管理,要制定相应的管理制度和策略。

2. 幼儿园物品管理的制度

(1)物品采购制度。建立健全物品采购制度是物品管理的重要环节。具体内容有:①及时、按时报账。要求采购员按照规定的时间及时报账。②遵守"一清""二结"规定。采购制度应规定采购员报账要日清、周结、月结,使账不积压。③手续健全,符合财务要求,数额精确,不可含糊。④要保证采购物品的质量。⑤不得行贿、受贿。⑥公私分明。不给私人代购东西,更不能将公家的东西据为己有。⑦在购买物品时要注意多比较,尽量做到物美价廉。⑧购买物品要有计划性。

(2)物品验收制度。各类物品只有验收后才能入库。新购入物品凭发票入账,管理人员要核对物品品种、数量、质量,严格把好验收关,并对物品进行登记。

(3)物品供应制度。幼儿园的物品繁多,为保证物品供给及时,应建立物品供应制度:专人负责,统一登记、分配;定时、及时供应;定量供应;

建立领物登记簿。

3. 幼儿园物品管理的策略

（1）健全物品管理制度。为实现物品优化配置，幼儿园需建立一套健全、合理、严格的规章制度，对幼儿园物品进行严格管理，以免造成因制度不严而出现资源分配不合理、损坏浪费等问题。如采购物品有报批制度，损坏、丢失有赔偿制度、维修制度、注销制度，每学期或学年有清产核资制度。[①]

（2）提高物品使用率。幼儿园的物品不但要严格管理，而且要充分利用。提高物品使用率，主要是提高园舍、图书、手工制品、器材等的利用率，不能使设备闲置，造成资源浪费，也要注意合理使用耗材类的物品，不要造成不必要的损失。

（3）提升管理人员素质。虽然有些幼儿园配置了先进的信息技术设备，但很可能会因为管理人员的观念陈旧、技术水平较低、管理能力较弱，导致此类资源闲置，成为摆设。因此，要加强大对相关管理人员的培训，提升他们的技术水平和管理能力，带动幼儿园其他教师利用先进设备，使教育设备的作用得到充分发挥。

【课堂讨论】

幼儿园的物品能随意拿回家吗？

苗苗老师是一位幼儿园老师，平时工作认真，很招孩子喜欢。她的家里开了个玩具店，需要布置店面。苗苗心想幼儿园里有很多装饰材料可以使用，而且幼儿园也没有物品领取登记表，教师们可以随意拿取。于是苗苗老师决定把幼儿园大量的彩纸、瓦楞纸、胶棒等带回家，用于自家店面装饰。恰巧园长带领相关人员检查物品时发现了这件事，并意识到这件事情的严重性。虽然教师私拿公共用品有错，但是更重要的问题出在幼儿园没有完善的物品管理制度。所以，园长召集相关人员开会，着手制定幼儿园的物品管理制度。

---

① 华炜、李莉：《浅论学校物质资源的配置与管理》，载《教学与管理》，2001(19)。

思考与分析

1. 你认为苗苗老师的做法正确吗?

2. 园长的处理方法是否科学合理?说说你的理由。

二、幼儿园事务管理

(一)幼儿园事务管理的概念

幼儿园事务管理指管理者对幼儿园各项事务的管理,主要包括幼儿园招生编班工作管理、幼儿园生活制度的制定和一日作息时间表的编制、幼儿园的档案管理和教职工福利工作管理等。

(二)幼儿园事务管理的内容

1. 幼儿园招生编班工作管理

关于编班问题,《幼儿园工作规程》第十一条明确规定:“幼儿园规模应当有利于幼儿身心健康,便于管理,一般不超过 360 人。幼儿园每班幼儿人数一般为:小班(3 周岁至 4 周岁)25 人,中班(4 周岁至 5 周岁)30 人,大班(5 周岁至 6 周岁)35 人,混合班 30 人。寄宿制幼儿园每班幼儿人数酌减。幼儿园可以按年龄分别编班,也可以混合编班。”

混龄编班的意义在于:

(1)可以实现个体教学。不同年龄幼儿的智能发展是有差别的,他们的需求不同,选择也会不同,教师最好是单独指导教学。

(2)满足幼儿社会生活的需求。在混龄的编班中,不同年龄幼儿生活在一起,形成了和成人社会结构基本相同的儿童社会,能满足幼儿交往的需要。研究表明,同龄幼儿在一起易产生攻击性行为,而异龄幼儿在一起,年长幼儿出于荣誉感和责任心,往往能表现出较高水平的自觉性。

(3)帮助新生早适应。将新生与老生混龄编班,能帮助新生尽早融入集体生活。混龄班有利于营造类似于兄弟姐妹聚集在一起的家庭氛围,可以适当减轻新生入园焦虑。

2. 幼儿园生活制度的制定和一日作息时间表的编制

幼儿园生活制度的制定和一日生活作息时间表的编制应依据幼儿的生长发育规律及神经系统发育特点，以保证制度的合理性与科学性。

(1)科学地安排幼儿的一日生活。幼儿的一日生活作息时间的安排要科学，要做到保证每日游戏、户外活动、身体锻炼等的时间，要保证幼儿有足够的午睡、午餐、休息的时间。

坚持户外活动。幼儿新陈代谢旺盛，多在户外新鲜空气中活动，可在一定程度上促进大脑的血液循环，提高大脑对机体的控制能力及反应的灵敏度、准确性。《幼儿园工作规程》规定，在正常情况下，幼儿每日至少要有 2 小时的户外活动时间，寄宿制幼儿园的幼儿的户外活动时间不得少于 3 小时，户外体育活动时间不得少于 1 小时。

有足够的休息和睡眠时间。虽然幼儿易产生疲劳感，但是他们的疲劳感也易消除。为避免幼儿疲劳，应保证他们有足够的休息和睡眠时间。研究表明，幼儿每天有 1 小时课程后的活动性休息，可以提高学习效率，降低患病率。幼儿的年龄、活动和学习性质不同，所需的消除疲劳的时间也不同。一般认为，多次短时间的休息比一次长时间的休息效果更好。幼儿年龄越小，需要的睡眠时间就越长：3—4 岁幼儿每昼夜睡眠时间为 12—13 小时，5—6 岁幼儿每昼夜睡眠时间为 11—12 小时。除了要保证幼儿的夜间睡眠，还应安排 2—2.5 小时的午睡。

(2)根据季节特点以及不同年龄幼儿特点合理安排作息时间。季节不同，太阳光照强度、温度等也会不同，幼儿的作息时间应适时进行调整，如春、夏季幼儿的午睡时间在 2.5 小时左右，秋、冬季幼儿的午睡时间可适当缩短为 2 小时左右。

(3)幼儿一日作息的安排要注重动静交替、室内外交替、集体个别交替、正规与非正规教育活动交替的原则。人在活动时，相应的大脑皮层区域会兴奋，而其他区域则处于抑制状态。随着活动内容的改变，大脑皮层工作区与休息区不断变换，使皮层的神经细胞有劳有逸，维持高效率。因此，幼儿在园的一日活动安排应合理、科学，以保证幼儿在园活动的质量，有效促进幼儿健康成长。

(4)建立相对固定、良好的生活习惯。幼儿年龄越小,就越容易建立稳固的动力定型。教师应从幼儿入园开始就加强对他们学习、生活习惯的培养,使他们的生活有规律,以保证幼儿学习时精力集中,进餐时食欲旺盛,游戏时精力充沛,按时入睡,提高一日生活的效率。如果幼儿形成不良的习惯,改变时就需要重新建立新的动力定型,会增加大脑神经细胞的工作负担。

(5)教师在执行一日作息制度时可根据实际需要灵活调整活动安排,如遇到下雨天或严重雾霾天应取消户外活动,改为在室内活动。在室内,教师不能全部安排安静的活动,应创设条件让幼儿适当地动起来。

(6)根据幼儿活动的实际需要适当延长或缩短活动时间。虽然幼儿园的生活制度和一日生活作息时间表确定后便不能随意改动,但是如果幼儿对某些活动较感兴趣,或某些活动需要用大量的时间,教师可根据需要适当延长活动时间。

【课堂讨论】

周老师应受惩罚吗?

某幼儿园的一日生活作息要求非常严格,经常进行不定期的检查,要求教师们严格按照生活作息时间表带孩子活动。一天,周老师班上的孩子开展科学活动《吹泡泡的工具》。孩子们探索欲望很强,虽然活动时间已持续了25分钟,但是周老师不舍得影响孩子探索的积极性,决定让孩子继续探索。做操的时间到了,业务园长李园长挨个班级检查,看看哪个班没有出来,查到了周老师班。幼儿园对周老师进行了通报批评,并扣除了她的当月奖金。周老师感到很委屈,觉得很不合理。

思考与分析

1. 你认为周老师应该被处罚吗?

2. 幼儿园应该怎样处理此类事件？

3. 幼儿园档案管理

档案管理是幼儿园后勤管理的重要组成部分。档案作为一种重要的信息资源，对幼儿园的发展起着重要的作用。

(1)档案资料建设的内容与范围。幼儿园档案资料一般包括以下几种：一是人事文书档案。如幼儿名册、教职工名册、上级部门下发的文件、上报的报告和表册（留底备查）、各年或各学期的工作计划与总结、幼儿园会议记录及工作检查记录、人员考勤记录、园务日志、园所历年大事记等。二是教职工业务档案资料。如保教工作计划和总结，观摩活动的计划或教案、效果及评语，保教工作笔记，专题报告，发表或未发表的论文，园本教材，考核评价与奖励资料等。业务档案资料建设为系统考查教职工的业务水平积累了资料，为教师评优晋级提供了依据。同时，业务档案资料及幼儿园大事记、园史等可作为师资培训的资料，对于调动教职工学习、钻研的积极性，促进幼儿园保教质量的提高具有重要意义。三是图书、玩具和教具资料等。另外，幼儿园保教工作、后勤工作也应建立相应的保健资料档案和财会档案、财产资料表册等。

(2)档案资料的管理方法。幼儿园档案资料可以采取分层管理的办法进行管理。如，幼儿园人事文书及教职工业务档案，由园长管理；教研组长和班组长管理近期的和日常的教学计划、总结，以及相关的会议资料等。这些资料应按照保教工作的阶段性，分每学期或每学年加以整理汇总，编排归档。

图书、玩具和教具等的管理可以配备专职或兼职人员，进行分类存放，制定图书资料的收发、借还制度。

【拓展阅读】

幼儿园档案资料分层管理表

园长管理资料		教研组长管理资料	班级管理资料
人事文书及全园性保教资料	教职工业务档案资料		
1. 上报的报告、表册，上级下达的文件，按接受日期编号存档。 2. 幼儿园工作计划和总结、改革资料，园长工作手册，园务日志，工作人员考勤本、奖罚记录表，全园和专题会议记录表，各种规章制度。 3. 检查评选活动、家长会、庆祝会等记录资料。 4. 有代表性的教科研观摩、计划、总结、评议记录、教师工作记录和经验总结，部分有价值的幼儿作品。 5. 历年教职工、家长、幼儿名册（根据需要自定保留时间）。	1. 基本情况：性别、年龄、学历、毕业年限、培训时间和考核成绩评语。 2. 教学计划。 3. 有代表性的调查报告、经验总结，发表或未发表的论文。 4. 创作教材、教具，观摩活动的计划与评议记录材料。 5. 有代表性的儿童作品、录音、录像、照片等。 6. 评比活动中奖、罚材料（反映政治思想工作态度），业务素质、保教能力等证明材料。 7. 家长的表扬、批评，外单位的反映。	1. 教研活动计划、总结、评议记录材料，学习讨论记录材料。 2. 教养经验总结和交流、教材教法记录，组内自制玩具、教具，相关图片等。 3. 有代表性的儿童作品、录音、录像、照片等。	1. 本班工作计划、总结，领导对本班组评议记录材料等。 2. 班务会记录材料、日交接班记录材料、物品登记本、家校联系本、家长会记录材料。 3. 本班教材资料，教具、玩具、幼儿作品（根据价值确定保留时间）。 4. 班级活动录音、录像、照片等。
说明：1. 选留幼儿作品时要选择具有代表园、组、班教学水平的资料。 2. 将有价值的资料进行编排整理，编制总册目录以便查找。			

（摘编自张燕《幼儿园管理》）

4. 教职工福利管理

福利是与每位教职工的生活紧密联系的，它不仅能保障和改善教职工基本生活条件，还能改善教职工精神追求的实现条件。教职工福利管理是幼儿园事务管理的重要组成部分，是影响教职工工作积极性的重要因素之一。

(1)教职工福利管理的办法。教职工福利费用要专款专用，一般由工会统一管理。幼儿园工会和财务部门每年年初根据年度指标协商拟定教职工福利费用的预算。教职工福利费用的管理和使用情况应接受教职工的监督。

(2)教职工福利管理的内容。教职工福利管理一般包括以下内容：一是困难教职工帮扶费用。幼儿园教职工生活有困难的，可填写幼儿园《困难职工帮扶申请表》，幼儿园工会核查属实后，经幼儿园领导小组审批同意后给予帮扶。二是慰问教职工的费用。慰问教职工的费用一般包括因病或因伤住院的教师慰问费、教职工法定节假日慰问费、女教师生育慰问费、教师本人及直系亲属丧事慰问费、困难职工子女求学补助等。三是其他费用。如果幼儿园经费充足可以给予教师更多方面的支持，如教职工生日慰问费、教职工休养费等。

需要注意的是，幼儿园工会所列出的各项福利内容的管理办法应按照国家和上级主管部门的新规定执行。

【拓展阅读】

改善我国幼儿教师工资福利及补助支出的建议

(一) 加强制度设计与完善，保障幼儿教师工资福利及补助支出

第一，政府需要更加关注学前教育的发展，并且要根据地区差异来明确合理的学前教育的财政支出主体。中央政府要明确各省之间幼儿教师工资的收入差异，建立透明的公开查询平台；提高“以县为主”的学前教育财政投入体制的统筹层次，权责上移。

第二，尽快制定幼儿教师工资标准，保障幼儿教师工资福利及补助支出。要因地制宜地制定各省份幼儿教师的最低工资标准。并且在制定教师工资标准之后，要通过立法来保障幼儿教师工资福利及补助支出。

(二) 加强政府宏观调控的力度，拓宽中部地区学前教育投入

渠道

一方面，政府需加大对中部地区学前教育的投入。首先是保障中部地区幼儿教师工资福利及补助支出，与东部、西部幼儿教师逐步缩小差距；其次是解决中部地区多年来的历史欠账问题；最后是需要在义务教育“中部塌陷”与学前教育“中部塌陷”中寻找平衡，不能一味地优先发展义务教育而挤占学前教育的资源。

另一方面，中部地区学前教育主管部门需要吸引外部投资，拓宽渠道，积极争取从社会其他部门获得教育经费。同时，汲取国内先进的学前教育经验，为自身又好又快发展助力，从而进一步保障幼儿教师的工资福利及补助支出。

（三）完善中央财政转移支付制度，逐步缩小幼儿教师工资差距

东部和西部地区幼儿教师工资福利及补助支出差异大、不均衡，这表明财政转移支付制度不完善。具体而言，财政转移支付制度除了要解决各地区间的不平衡问题，还要各地区内的不平衡。

（摘编自付卫东、佘至宁《我国公办幼儿园教师工资福利及补助支出差异现状研究》）

第三节　幼儿园膳食与营养管理

幼儿生长发育较快，新陈代谢旺盛，所需要的营养和能量较多，但幼儿消化机能较弱，最好为他们提供容易消化、体积小、营养丰富的食物。合理的营养膳食是促进幼儿生长发育的基础。加强幼儿园膳食管理，保证幼儿获得发育和活动所需要的营养，是幼儿园后勤管理工作的一项重要内容。

一、制定科学的食谱，保证幼儿营养均衡

制定科学的食谱可以保证为幼儿提供成长所需的各种营养，同时便于管理人员对幼儿膳食进行管理。编制食谱必须依据幼儿年龄、健康状况、活动强度和当时当地的膳食习惯等，要参考幼儿每日膳食供给量标准，确定幼儿每日所需热量和营养素，规定进餐的次数、时间及各餐的热量分配。制定食谱时应注意以下几个原则。

(一)营养充足的原则

营养来源于食物,我们应根据幼儿对各种营养素的需要量来选择食物。不同食物所含的营养成分不同,依照食物的性质及其所含营养素的类别,可以将食物大致分为五大类:谷类及薯类、动物性食物、豆类和坚果类、蔬菜水果类、纯能量食物。为保证幼儿健康,促进幼儿的生长发育,应让幼儿摄取多种食物,以获得丰富的营养。幼儿膳食应贯彻食物多样性原则,主食与副食搭配,粗粮与细粮结合,荤食与素食结合,尽可能保证每天都摄取五大类食物。

(二)搭配合理的原则

要注意食物之间的搭配,做到平衡膳食。幼儿一日膳食中蛋白质、脂肪、糖分别占总热量的12%—15%、25%—30%、60%—70%,来源于动物性食品中的蛋白质占总量的1/3,豆类蛋白和植物蛋白占总蛋白量的1/2或1/3。制定食谱时,要注意各类食物的搭配。三餐的搭配应遵循以下原则:早餐高质量,中餐高质量、高热量,晚餐清淡、易消化。各餐热量的分配以早餐占25%—30%、午餐占30%—40%、午点占5%—10%、晚餐占25%—30%为宜。

(三)考虑幼儿身心特点的原则

为满足幼儿成长需要,不仅要供给营养丰富的食物,还应考虑幼儿的心理、生理特点。两餐之间的间隔时间以3—3.5小时为宜,制作膳食时要注意食物的色、香、味、形,要经常更换品种,做到粗粮细作、细粮巧作,以刺激幼儿的食欲。

(四)符合当时、当地食物供应实际的原则

制定食谱时要了解当地市场,选择物美价廉的食品,选择当季的水果和蔬菜。

【拓展阅读】

苏州工业园区公办幼儿园膳食调查

幼儿园的主食不可单一，不能只食用精白米（粳米或籼米），因为其加工程度高，膳食纤维破坏较多，主要提供能量，维生素和矿物质含量极低。应增加含较多膳食纤维和一定量维生素B族、矿物质的粗粮的比例，这也利于促进幼儿肠胃蠕动。还应做到米、面相结合，增加面条、馄饨、饺子、馒头等的比例。另外，在早点和午点中有些现象应关注，一是饼干比例高，在访谈调查过程中得知，幼儿园准备饼干较省时省力，在发放过程中也简单易行，而饼干却是高油、高钠食物，幼儿长期食用对健康成长不利，应减少比例，增加全麦、黑麦等面包的比例；二是甜点比例偏高，在访谈调查过程中得知，苏州地区习惯食用甜食，且幼儿更喜甜食，但甜食过多，易导致幼儿龋齿，且会造成糖分摄入过多，不利于幼儿健康成长，午点中应减少甜食比例，增加粗杂粮等的比例。

（摘编自张宇、秦立强《苏州工业园区公办幼儿园膳食调查、分析与建议》）

二、定期开展营养分析，不断提高膳食质量

定期开展膳食分析有助于了解幼儿从膳食中摄取的营养是否充分，有助于掌握幼儿的营养状况和发育水平，若发现问题，可及时改正和调整，不断改善膳食质量。

第一，定期检查幼儿身体，通过测量身高、体重、头围、胸围等项目验证幼儿膳食的合理性。

第二，实地观察幼儿进食情况，了解幼儿对膳食的喜欢程度、进食量以及对膳食的接受程度。

第三，实地检查烹调方法和膳食质量。

第四，定期进行食谱的营养分析，准确掌握幼儿的营养状况，包括对幼儿进食量和各类食品摄入总量的分析。首先计算每人每日从膳食中摄取的各种营养素的量；其次要进行膳食评价，包括对幼儿各种营养一日摄入量的评价、对热能食物来源的分析、对热能食物来源分布的评价、对蛋白质食物来源分布的评价。

三、积极探索激励机制，建立完善的管理条例

扎实的作风要靠机制约束和制度保证。引入竞争激励机制是实施幼儿园营养膳食科学管理的关键。幼儿园应从完善制度入手，坚持以制度管事，以制度管人。如建立健全后勤管理制度、伙食管理制度、食堂卫生制度、厨房人员岗位职责、厨房人员量化和质化目标考核细则等一系列规章制度和考核办法，制定伙食质量标准，使各项工作有章可循，有据可依，严格实行目标管理，工作任务具体、责任明确，真正做到制度先行，奖惩分明，充分体现按劳取酬、优劳优酬的原则，调动相关工作人员的积极性、主动性和创造性。

四、加强膳食技能培训，努力提升业务素质

科学管理幼儿膳食是保证幼儿吃好、吃饱、吃得卫生的重要环节。幼儿园应定期组织炊事人员学习掌握幼儿营养配料的基本知识，了解幼儿每人每餐所需蛋白质、脂肪、糖类的三大营养素供给比例，以便根据幼儿身体和心理发育的需要安排膳食。同时，要组织他们学习营养食品的制作方法，以确保幼儿膳食中各种营养素的供给量和比例。还要组织炊事人员深入学习食品安全法，进一步规范食品加工流程，在制作中严格遵守食品加工“五四”制度。坚持“四不制度”：采购员不买腐烂变质的原料，保管验收员不收腐烂变质的原料，加工人员不用腐烂变质的原料，分餐人员不分发腐烂变质的食品。要求做到层层把关，防止病从口入。实行“四隔离”：生食品与熟食品隔离，成品与半成品隔离，食物与杂物、药物隔离，食品与未消毒器皿隔离。食用工具要“五过关”：一洗、二刷、三冲、四消毒、五保洁。环境卫生要“四定”：定人、定物、定时间、定质量，划片分工，包干负责，层层落实。同时要定期组织业务考核，开展岗位技能技巧比赛，不断提高炊事人员烹调水平，促进膳食工作质量提高。

五、建立健全管理机构，形成民主监督机制

为保证幼儿的膳食营养，膳食管理工作必须抓紧、抓细。园长要亲自抓，分管园长要具体抓，要建立由主管园长、保健医生、后勤组长、炊事班长、食品保管员、采购员、财务管理员、班级保教人员及家长代表组成的膳食管理委员会。膳食管理委员会要充分发挥作用，形成幼儿园膳食管理的民主监督机制。

第一，做到经常深入班级了解幼儿进餐情况，及时了解炊事员烹调情况，虚心听取保教人员及家长的意见，不断改善幼儿膳食质量。

第二，定期召开膳食管理委员会会议，对每次营养测算的分析情况进行审议，讨论存在的问题，寻求解决的办法。

第三，定期检查伙食费的收支情况，做到专款专用，计划开支，合理使用，精打细算，日清月结，收支平衡。

第四，通过各种手段向家长宣传科学的育儿知识，如利用家长会、宣传橱窗、家园期刊、专题讲座等形式，指导家长配合幼儿园共同管理好幼儿膳食。

总之，合理的营养与膳食是幼儿健康成长的重要条件。幼儿园应提供符合幼儿生理需要、适合幼儿口味与爱好、营养丰富和均衡的膳食。

【课堂讨论】

思考与分析

幼儿刚入园时，家长不放心的事情之一是孩子在园伙食怎么样。请同学们想一想，幼儿园可采取哪些措施使家长放心？

第四节　幼儿园卫生保健和安全管理

2018年发布的《中共中央国务院关于学前教育深化改革规范发展的若干意见》中明确指出要提高幼儿园保教质量，注重保教结合，强调幼儿园要遵循幼儿身心发展规律，树立科学保教理念，建立良好师幼关系，合理安排幼儿一日生活，为幼儿提供均衡的营养，保证充足的睡眠和适宜的锻炼等。所以，幼儿园应充分重视幼儿的卫生保健和安全管理。

一、幼儿园卫生保健和安全管理的意义和任务

卫生保健和安全管理工作是幼儿园管理工作的重要组成部分，是幼儿园全部工作完成的必要前提和基本保证。

(一)幼儿园卫生保健和安全管理的意义

幼儿园卫生保健和安全工作对幼儿身心正常发育和健康成长有重大影响。卫生保健和安全工作是学前教育阶段区别于其他教育阶段的重要

特色，这是由幼儿身心发展特点和幼儿园的教育环境决定的。

第一，幼儿园卫生保健工作的对象是正在发育和成长中的幼儿，他们生长发育虽迅速，但尚未发育完善，适应环境的能力和抵抗疾病的能力弱，容易受外界因素干扰。

第二，幼儿园是集体保育和教育机构，幼儿频繁接触，交叉感染的机会多，传染病极易蔓延。为保证全体幼儿的健康，幼儿园必须高度重视卫生保健工作。

第三，安全管理工作是幼儿园的首要工作。幼儿园的保教人员必须把幼儿的安全放在第一位，要加强对幼儿安全教育和指导，以确保幼儿的安全。

(二)幼儿园卫生保健和安全管理的任务

幼儿园卫生保健和安全工作的任务是保护幼儿的安全与健康，促进其生长发育，增强其体质，为幼儿全面发展奠定良好的基础。

二、幼儿园卫生保健和安全管理的内容

(一)创设良好的生活与教育环境

幼儿园要因地制宜地为幼儿创设净化、绿化、美化和儿童化的环境，如创设良好的室内外环境，使园舍、场地、设施等符合安全、卫生和教育的要求；要有目的、有计划地将教育要素渗透到环境之中，使环境成为教育的一部分，让幼儿在适应物质环境的基础上，潜移默化地受到教育。

(二)制定和执行科学的生活制度

科学的生活制度是幼儿健康发展的重要保证。要根据幼儿身心发展特点合理安排幼儿生活，使幼儿的生活既丰富多彩又劳逸结合。同时，还应制定合理的作息制度，既注重培养幼儿良好的生活习惯，也注重培养幼儿积极自学、迅速及时地完成每日应该做的事情的习惯，促进幼儿心理健康发展。

幼儿园应参照教育行政部门和卫生部门制定的卫生保健制度，如根据幼儿年龄特点规定进餐、睡眠、上课和户外活动的时间；制定动静结合的生活作息制度，合理地安排幼儿一日生活中各项活动的顺序和时间，以

防止疲劳。

(三)完善各种卫生制度,预防疾病

幼儿年龄小,抵抗力弱,容易感染传染病,并且幼儿过着集体生活,彼此密切接触,一旦传染病发生,容易爆发和流行。因此,幼儿园要贯彻预防为主的卫生工作方针,建立预防接种、消毒隔离、体格检查、环境和个人卫生检查等制度,完善各种防病措施,降低发病率,提高幼儿的免疫力,保护幼儿的健康。因此,完善各种卫生制度、做好疾病预防工作是幼儿园健康管理的重要内容。

(四)开展体格锻炼

增强幼儿体质最有效的措施就是开展体格锻炼。开展体格锻炼能促使幼儿身体正常发育和机能协调发展,提高幼儿的身体素质和基本活动能力。幼儿园应有计划、有组织、经常性地开展体育活动,如早操、体育课以及户外体育活动等,增强幼儿体质,提高幼儿对外界环境变化的适应能力,培养幼儿勇敢的品格。

幼儿体格锻炼要循序渐进,运动量和运动强度要合理。保育人员要提供充足的材料、时间和空间,为幼儿户外活动创造便利条件。在组织形式上,要注意将集体活动和自由活动结合起来,为幼儿提供活动和表现的机会。还要注意体格锻炼方式的多样化,要综合运用各种锻炼方式,将专门的锻炼与生活中的锻炼结合起来,做到动作训练与游戏活动并举。

【拓展阅读】

如何提升幼儿户外活动的质量

1. 多途径寻找可利用空间。幼儿园对每个班级的户外活动时间进行规定和设置,使得每个班级活动时间充足且活动场地足够。幼儿园还可以经常组织幼儿进行园外活动。

2. 创新户外活动方式,激发幼儿兴趣。可以加大资金投入,增加大型户外活动器械数量,还可以多利用空旷的场地投放自制的器械,让幼儿自由探索。

3. 提升教师综合素质和能力。教师在保证幼儿每天不得少于2小时的户外活动时间的前提下,可根据幼儿的身体情况和天气情况

适当调整活动形式和内容。同时,教师要承担起幼儿户外活动的组织者、参与者和指导者的角色。

4. 教师主动与家长进行联系,通过家园合作提高幼儿户外活动质量。

(摘编自薛伟凤《浅谈幼儿园户外活动及其质量提升》)

(五)重视安全工作

幼儿园的安全工作特别是幼儿的安全保护工作,涉及全园各部门。幼儿年龄小,喜欢活动,可是他们的身体发育还不完善,又缺乏生活经验,对周围的事物缺乏认识。稍有疏忽,就容易发生安全事故。因此,保教人员必须把幼儿的安全放在第一位,在确保幼儿安全的基础上,结合幼儿的年龄特点进行适当的安全教育和指导,增强其自我保护意识和能力。

(六)重视幼儿的心理健康

创设良好的精神环境,是落实幼儿心理健康的关键。

教师与幼儿的关系是幼儿重要的人际关系,也是幼儿园精神环境创设的重要组成部分。建立相互信任、相互尊重、相互平等的师幼关系,能使幼儿感到安全、温暖、宽松、愉快,有利于幼儿成长,还能发挥教育的效益和功能,促进幼儿全面发展。另外,良好的同伴关系也是良好精神环境的要素,教师应注意引导幼儿建立友好的同伴关系,让幼儿学会尊重他人;要培养幼儿团结友爱、助人为乐的好品质,让幼儿学会关心他人。这些都有利于幼儿心理健康发展。

三、幼儿园卫生保健与安全管理方法

(一)坚持预防为主的方针

预防为主是我国卫生与安全工作的根本方针。幼儿对环境的适应能力和抵抗疾病的能力均较弱。幼儿园卫生保健与安全工作必须坚持贯彻预防为主的方针,对疾病与事故要做到防患未然。同时,还要贯彻保教结合的原则,开展积极的体格锻炼,保证儿童身体健康,促进幼儿生长发育,避免各类疾病及安全事故的发生。

在卫生保健工作方面,幼儿园首先要对晨检、午检和离园环节进行严格把关，做到“一问、二看、三查、四摸”，及时发现问题并进行恰当处理；其次应对幼儿园环境加强卫生消毒，确保教室和生活场所通风，保持空气清新，彻底打扫卫生死角，玩具、桌椅、教室、卧室、卫生间等要严格进行消毒、杀菌，同时要避免有人恶意在幼儿的食物、饮用水中投放毒物，造成危险；再次要加强幼儿体育锻炼，增强幼儿体质，教育幼儿掌握躲避危险的措施，并督促幼儿搞好个人卫生，养成良好的生活习惯；最后要做好家园共育，利用家园联系栏、展板等提醒家长做好幼儿卫生保健工作。

在安全管理方面，幼儿园的预防工作更不容忽视，在幼儿来园、离园时应加强防护，做好安全检查工作，避免居心叵测的人混入幼儿园；要经常对幼儿园的园舍、玩具等进行检查并做好记录，发现问题要及时处理；注意为幼儿提供足够的活动空间，避免因为拥挤发生危险；要适时对幼儿进行防灾、抗灾教育，教给幼儿遇灾时的自救及呼救方法，提高幼儿的生存能力；在组织体育活动或户外活动时，保教人员要关注幼儿活动的状态，出现危险情况时要立即采取措施，避免幼儿受到伤害；在班级保教管理中，应注意结合幼儿的年龄特点进行安全教育，将安全教育渗透到幼儿的一日生活中，不断提高幼儿的自我保护能力。

（二）建立健全组织制度

幼儿园应完善组织建设，制定相应的目标与制度，以更好地进行幼儿园卫生保健与安全工作的管理。各项卫生保健与安全工作制度是实现幼儿园卫生保健和安全工作目标的重要保障，是幼儿园教职工应当遵守的一系列具有指导性和约束力的工作标准和行为准则。幼儿园卫生保健和安全工作的完成需要全园教职工的共同努力，因此，园长要统筹全局，注意发挥专职和兼职保健人员的专长，并使班级保教工作与专职人员的工作紧密结合。

同时，幼儿园应将有关卫生保健和安全方面的各种要求、执行步骤、考核标准等用文件的形式固定下来，使之制度化、规范化，用于规范各方面的工作和各类人员的行为，使幼儿园内的每一名教师和保育员都清楚地认识到卫生保健和安全工作在幼儿园工作中的重要意义，并使各岗位有章可循，各部门协调一致，以保证幼儿健康。

幼儿园卫生保健制度与安全管理制度一般包括儿童营养管理制度，体格锻炼制度，卫生与消毒制度，入园及定期健康检查制度，传染病预防与防控制度，意外伤害预防制度，门卫值班制度，安全定期检查和安全隐患报告制度，用水、用电、用气设施设备安全管理制度，午睡安全管理制度，安全教育制度，饮食卫生管理制度，安全档案管理制度，等等。

（三）加强计划性和定期检查指导

计划是管理工作的起点。卫生保健和安全工作的落实和执行，也应从计划的制订开始。管理者在制订计划时，应将卫生保健和安全工作的要求列入幼儿园各项工作计划中。

全园计划要明确提出卫生保健和安全工作的任务，各部门要根据全园计划制订本部门的工作计划，各个部门和班级的教养工作要体现卫生保健和安全的要求，并提出具体落实的措施。工作计划要以卫生保健和安全工作管理目标为出发点。计划要有针对性，注意解决工作中的薄弱环节；计划要全面，要考虑到卫生保健和安全工作的方方面面；计划要突出重点，任务要明确，措施要具体可行。

在制订计划后，还应确定检查标准，要定期检查，通过检查不断规范教师各项操作的程序，查找保健和安全工作中的漏洞，不断提高卫生保健和安全管理工作的水平，从而加强监督指导力度。要注意发挥专职保健人员作为园长卫生保健工作助手的作用和群众性卫生组织的监督作用。如对幼儿膳食工作进行检查，了解幼儿进餐的次数、时间及各餐的热量分配和饮食卫生，统计测算幼儿摄入的营养素，及时发现问题，有针对性地予以指导。检查有多种形式，为了更全面地了解卫生保健工作的情况，客观地反映卫生保健和安全工作的状况，要将定期检查与平时检查结合起来，将全面检查与单项检查结合起来。当然，检查不是目的，只是手段，根本目的是发现问题，改进工作。

（四）注重班级日常性保健和安全工作

班级是幼儿园管理工作的基本单位，是直接接触幼儿的部门，班级卫生保健和安全工作的成效会直接影响全园卫生保健和安全工作的落实。幼儿园应重视班级日常性卫生保健和安全工作，使幼儿在日常生活活动中，在每日的饮食起居等环节中，得到细微的养护，受到科学的健康教育。

班级保教人员每天对各项工作的检查要到位，要符合标准，以确保日常卫生常规工作和重点工作的质量。保教人员要严格执行日常消毒制度，并认真填写各项消毒记录，要做到幼儿活动室、寝室、洗手间、饮水间等每日中、晚臭氧、紫外线的消毒次数达到要求，保证消毒时间，并认真记录消毒情况，由专人负责检查。此外，幼儿餐具要餐餐消毒，毛巾要一人一巾，使用后要及时清洗消毒；幼儿水杯要及时进行清洗消毒，要认真检查饮食用具的清洁程度，认真记录消毒情况；幼儿图书等每天都要放在紫外线灯下照射消毒，玩具要在彻底清洗干净后，用消毒液浸泡消毒；教育幼儿知道耳、鼻、眼的用途，不用口衔或吞咽异物，不往耳道、鼻孔里塞异物；注重安全教育，教育幼儿进行自我保护，注意避开危险；严格遵守接送制度，教育幼儿不擅自离开成人或班集体，提高安全意识。

【课堂讨论】

幼儿眼睛被书划伤，责任谁来负？

一天下午，幼儿园的主班教师和副班教师都被叫去开会，班里只留下一个年轻的保育员看护孩子。保育员让孩子们自由看书，孩子们刚开始时很安静。没多久，鹏鹏开始推旁边的小朋友，旁边的小朋友不理他，他便使劲地翻书，结果一不留神，书页划到自己的眼睛，当时他大声喊痛。保育员吓坏了，赶紧向领导汇报，并将鹏鹏送到了医院。结果，鹏鹏眼球划伤，需要休养一段时间，看眼睛恢复情况。

鹏鹏父母知道后，大闹幼儿园，说孩子的眼睛受到了永久性的伤害，幼儿园必须赔钱。保育员和幼儿园领导去给家长和孩子道歉，并买了很多礼物，但家长仍然不依不饶。幼儿园又采取多种措施安抚家长，家长看孩子的眼睛没有大碍，便不再追究。保育员受到了严厉惩罚，她感到很委屈。

思考与分析

1. 你认为案例中事件发生的原因是什么？
2. 出现类似安全事故，责任应如何认定？
3. 幼儿园应该如何避免类似事件发生？

◇本章小结

幼儿园后勤管理包括幼儿园的资产管理、事务管理、膳食与营养管理、卫生保健管理、安全管理等方面的内容。做后勤管理工作时应明确指导思想，更新管理观念，明确任务，措施到位。

幼儿园资产管理包括幼儿园财务管理与幼儿园物品管理。幼儿园事务管理包括幼儿园招生编班工作管理、幼儿园生活制度的制定和一日作息时间表的编制、幼儿园的档案管理和教职工福利工作管理等方面。幼儿园膳食与营养管理包括制定科学的食谱、定期开展营养分析、建立完善的管理条例、加强膳食技能培训、建立健全管理机构等内容。幼儿园卫生保健和安全工作的任务是保护幼儿的安全与健康,促进其生长发育,增强其体质,为幼儿全面发展奠定良好的基础。

▶文献链接◀

1. 王绪池、郑佳珍:《幼儿园总务管理》,重庆大学出版社,2013年。

该书从全面质量管理的视角来建构幼儿园总务管理的基本架构,采用科学的分类方法,对财务、资产、安全、基建、卫生保健、营养膳食等幼儿园总务管理的具体事项进行了介绍,为幼儿园总务管理提供了操作指南。

2. 孙吉周:《怎样做好幼儿园膳食管理》,载《中国教育报》,2014年。

该文阐述了幼儿园的膳食管理工作应逐步走上规范化、制度化、标准化、科学化的道路,把好厨房卫生关,做好卫生工作是伙房工作的重要工作。

3. 程秀兰、赵炎朋:《幼儿园安全管理的现状、问题及解决对策》,载《学前教育研究》,2018(2)。

该文运用问卷调查法、访谈法和实地观察法对某市8所不同等级幼儿园的安全状况进行深入调查,了解当前幼儿园安全管理整体状况,剖析幼儿园安全管理经验和存在的主要问题,并提出解决策略。

▶思考与实践◀

1. 幼儿园后勤管理有哪些特点?

2. 幼儿园财产管理的内容有哪些?

3. 幼儿园应从哪些方面做好幼儿膳食管理工作?

4. 幼儿园应如何实施卫生保健和安全工作?

5. 结合实际,谈谈幼儿园卫生保健和安全工作应如何坚持预防为主的方针。

6. 选择一所幼儿园的一个班级,制订有效管理班级玩具的计划,详细说明现有的玩具有哪些,哪些适宜幼儿使用,怎样最大限度地开发和利用周边资源为幼儿自制玩具等。

第六章
幼儿园班级管理

◇本章导读

小班幼儿从户外走进活动室，在教师的提醒下，到盥洗室小便、洗手、拿水杯喝水。这时，出现了不和谐的场景。乐乐从盥洗室出来，向老师告状："洋洋把水甩到我身上了，把我衣服弄湿了。"洋洋跑出来，说："乐乐跟我抢香皂。"老师刚要处理这件事情，另一边的幼儿又出现了争吵，原来在排队取水、喝水时，亮亮没有排队，站到了军军的前面，而军军不让他插队，便把他挤了出去，但是亮亮偏要站在那个位置，两个小朋友打了起来。

这些现象在幼儿园经常出现，它需要教师有较强的班级管理能力，保障幼儿园一日活动的顺利进行。怎样处理幼儿园班级出现的各种情况呢？我们一起来学习本章幼儿园班级管理的相关内容，提高幼儿园班级管理能力。

第一节 幼儿园班级管理概述

一、幼儿园班级的概念、基本结构与功能

(一)幼儿园班级的概念

幼儿园班级是幼儿园对3岁至六七岁幼儿进行保教活动的基本单位,是幼儿学习、游戏的主要场所,也是保教人员组织、安排幼儿生活活动和教育活动的主要场所,幼儿园教育目标的实现、组织的活动等都是依托班级来完成的。班级保教工作的开展情况对幼儿的发展具有最直接的影响。

(二)幼儿园班级的基本结构

班级是幼儿园的核心单位,它的基本结构主要包括人员结构、组织结构、物质设施三个方面内容。

1.人员结构

《幼儿园工作规程》和《幼儿园管理条例》规定,幼儿园班级的人员主要包括保教人员和幼儿。班级保教人员承担着对幼儿进行教育和保育的双重任务。他们对幼儿发展起关键作用,直接影响幼儿教育的质量。幼儿是幼儿园教育的对象,是班级的主体。幼儿园一般按照幼儿年龄进行分班,分为小班、中班、大班,有些幼儿园还有托班。对于不同层次班级的人数,《幼儿园工作规程》规定,小班(3—4岁)25人,中班(4—5岁)30人,大班(5—6岁)35人,混龄班幼儿数量为30人,托班幼儿数量不超过20人。

2.组织结构

幼儿园班级管理需要按照一定的组织形式来进行,组织形式主要包括集体形式、小组形式和个别形式。幼儿园班级作为一个正规化的组织,

要根据教育目标选择不同的组织形式,并组织实施日常保教活动。班级组织活动的基本形式包括以下三种。

(1)集体活动。集体活动是幼儿园的基本活动组织形式。开展集体活动是我国幼儿园教育的主要方式之一。在集体活动过程中,班级所有幼儿做同样的事情,效率高,但集体活动难以满足每个幼儿的需求。

(2)小组活动。教师根据幼儿的情况及教育需要将班级划分为若干个小组,幼儿在小组里可以有较多的互动机会,更易于合作以及对活动任务达成共识。小组活动既可以关注到幼儿的个体差异,又可以为完成集体活动目标服务,但小组活动的组织与指导对教师的能力要求相对较高。

(3)个别活动。个别活动一般指教师在活动中与个别幼儿进行互动,有针对地进行辅导,也可以是幼儿自发的活动。

在幼儿园班级管理中,一方面要发挥幼儿的自主性、独立性;另一方面又要求幼儿努力适应集体生活,适应集体规则,融入集体。所以,每一种组织形式都有其独特的作用和适用的条件,教师可以综合采用不同的组织形式,充分发挥不同组织形式的作用。

3. 物质设施

物质设施是幼儿园班级实施全面发展教育的基础,是影响保教质量的重要因素。幼儿园班级的物质设施主要指空间环境和设备。

(1)空间环境。幼儿园班级空间环境主要包括房舍和活动场地,这是幼儿学习和活动的重要场所,它会直接影响幼儿活动的质量。

(2)设备。幼儿园班级设备主要包括玩具、图书、教具、盥洗卫生用品、桌椅、玩教具架等。这些设备既要符合幼儿的年龄特点,又要保证安全、卫生。

(三)幼儿园班级的功能

班级是幼儿园活动的基本单位,其根本功能是促进幼儿身心健康发展,同时为幼儿家庭、社区提供一定的服务。有效的班级管理会对幼儿发展成独立的个体起重要作用,为幼儿学习适宜的社会行为打下基础。幼儿园班级管理水平会直接影响幼儿园保教活动的进行。一般来说,幼儿园班级功能主要有生活功能、教育功能和社会服务功能。

1. 生活功能

生活功能指幼儿园班级为幼儿的身心健康发展提供最基本的生活保障。具体内容包括三个方面。

第一，生活引导功能。生活引导功能指对幼儿园班级每天所进行的各项活动进行有序、合理的引导。保教人员要根据幼儿的年龄特点和兴趣，运用引导技巧，有针对性地指导幼儿一日生活活动，保障幼儿的生活需求。

第二，卫生保健功能。《幼儿园教育指导纲要（试行）》指出，幼儿园健康领域的目标为：身体健康，在集体生活中情绪安定、愉快；生活、卫生习惯良好，有基本的生活自理能力；知道必要的安全保障常识，学会保护自己；喜欢参加体育活动，动作协调、灵活。所以，保教人员要树立正确的健康观念，在重视幼儿身体健康的同时，要高度重视幼儿的心理健康，要通过组织各项班级活动，创设健康的心理环境，教给幼儿简单的卫生保健常识，养成良好的卫生习惯，培养幼儿良好的个性品质。

第三，身体锻炼功能。幼儿身体锻炼是按照幼儿的身心发展规律，维持和促进幼儿的身体健康，使幼儿获得初步的全面发展的重要条件。幼儿园班级组织和指导幼儿进行身体锻炼是卫生保健、发展动作技能和提高幼儿身体素质三者有机结合的过程。保教人员要把握科学性原则，根据幼儿的年龄及生理特点，遵循幼儿生理机能变化规律和适应性规律，有组织、有计划地组织幼儿开展各种形式的体格锻炼，把握运动强度，保证幼儿每日所需运动量，增强幼儿体质。[①] 因此，班级活动不仅可以提高幼儿的健康意识、身体锻炼意识，还能引导幼儿养成锻炼身体的良好习惯。

2. 教育功能

幼儿园班级承担着教育幼儿的主要任务，通过开展各种形式的活动促进幼儿发展。幼儿教育的特点之一是保育和教育相结合。因此，班级的教育功能渗透在一日活动的各个环节中，主要体现在促进幼儿认知发

① 王雯：《幼儿园班级管理》，第 23 页，武汉：武汉大学出版社，2017 年。

展、情感发展和社会性发展。

第一，促进幼儿认知发展。教师根据不同年龄班幼儿的特点，通过各种活动，发展幼儿智力，刺激幼儿的求知欲，开阔幼儿的眼界，发展幼儿的思维能力、想象力和语言能力。比如，对于小班幼儿，要注重自我认知教育；对于中班幼儿，要注重人我认知教育。

第二，促进幼儿情感发展。幼儿的情感教育是德育的重要内容，幼儿园班级应创设良好的环境，在班级活动中引导幼儿体验环境中的情感因素，培养幼儿积极的情感，引导他们恰当地表达情感，从而促进他们情感的发展。

第三，促进幼儿社会性发展。班级对幼儿的社会性教育起关键作用。幼儿园教师要根据不同年龄阶段幼儿的特点组织活动。同时应做好榜样示范，在各项活动中随机渗透社会性教育，促进幼儿的社会性发展。

3. 社会服务功能

幼儿园班级不仅具有创造幼儿的教育价值的功能，也具有创造幼儿教育的社会价值的功能。幼儿园应开展多种形式的活动，保持与幼儿家庭的联系与沟通，帮助幼儿家庭提升教育质量，此外，幼儿园要与社区建立良好的关系，实行引进来、走出去的合作模式。

二、幼儿园班级管理的概念与内容

（一）幼儿园班级管理的概念

幼儿园班级管理，又称“幼儿园班级经营”，从广义上讲，它指的是教师所进行的一切活动；从狭义上讲，它指的是保教人员根据幼儿园教育目标，通过有计划、有组织地运用班集体内外的人、财、物等资源，有效开展各项教育活动，实现幼儿园教育目标的综合性活动。它包含几层意思：班级管理是由人去实施的；班级管理是通过组织、计划、实施、调整等环节来实现的；班级管理的对象是幼儿园的人、财、物、信息等；班级管理是有目标的活动，管理的最终目的是实现管理目标。

(二)幼儿园班级管理的内容

为了更好地实现班级管理的目标,班级管理者应该从具体管理内容入手开展管理工作。幼儿园班级管理一般由生活管理、教育管理、家园交流管理、班级间交流管理、幼儿社区活动管理等几个方面组成。其他方面的管理工作都服务于幼儿的生活、教育管理。

1. 生活管理

生活管理是幼儿园班级管理的基本内容,是保教人员为了保证幼儿的身心健康发展,围绕幼儿在园内的饮食、睡眠、如厕、盥洗、整理等生活方面的需要而从事的管理工作,主要包括餐饮活动管理、睡眠活动管理、如厕活动管理、整理活动管理、盥洗活动管理等方面。有序的班级生活管理可以使幼儿得到细致的照顾和科学的健康教育,同时可以引导幼儿在生活中学习,促使幼儿养成良好的生活态度、生活习惯等,促进幼儿的身心健康发展。①

2. 教育活动管理

教育活动管理是幼儿园班级管理的核心内容,是班级保教人员在班主任教师带领下对班级幼儿进行调查研究,对教育过程进行精心设计和组织,对教育结果进行细致评估等。具体包括游戏活动管理、教学活动管理、区域活动管理、亲子活动管理、外出活动管理、节日活动管理,等等。②通过对班级教育教学工作进行管理,可以使幼儿在游戏中学习,发展语言和认知能力,丰富他们的知识经验,促使他们形成良好的社会适应性,培养积极情感和个性品德等。③

① 张燕:《幼儿园班级管理》,第 122 页,北京:人民教育出版社,2013 年。
② 傅建明、虞伟庚:《学前教育原理》,第 126 页,上海:复旦大学出版社,2013 年。
③ 张燕:《幼儿园班级管理》,第 13 页,北京:人民教育出版社,2013 年。

第二节 幼儿园班级管理环节

幼儿园班级工作管理环节可以分为四个：幼儿园班级工作计划的制订、幼儿园班级工作的组织与实施、幼儿园班级工作的检查与计划调整、幼儿园班级工作的总结与评价。这四个环节是相互联系、环环相扣、螺旋式上升的，最终目的都是促进幼儿园工作质量的提高。如图 6-1 所示[①]。

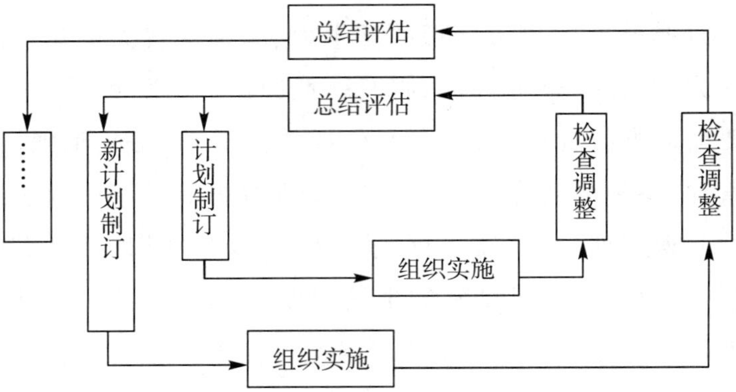

图 6-1 幼儿园班级管理环节

一、幼儿园班级工作计划

计划是行动的依据，是促使行为趋向于目标的管理活动。幼儿园班级工作计划管理是班级管理者为班级确立目标并提出实现这一目标的方法和步骤的管理活动。班级工作计划的制订是开展班级工作前要完成的首要任务，是实现目标的手段之一，对班级工作顺利进行具有重要意义。

在制订幼儿园班级工作计划时要考虑以下几个因素。

第一，幼儿园园务计划。因为园务工作计划既保证了幼儿园工作的方向遵循上级教育行政部门的指示，又突出了幼儿园的特点，指明了幼儿园工作的目标，对班级工作计划的制订具有直接的指导意义。因此，班级工作计划要与园务工作计划保持一致或兼容。

① 唐淑、虞永平：《幼儿园班级管理》，第 29 页，南京：南京师范大学出版社，1997 年。

第二，班级实际情况。班级工作计划要在前一阶段工作总结的基础上制订，并且要考虑本班幼儿身心发展的特点和本班人、财、物等方面的实际情况。对班级实际情况的分析可以从幼儿、教师和家长三个方面进行，使得班级计划的制订更有针对性和实效性。

第三，教师及其他条件。班级计划不能靠“拿来”，必须综合考虑本班教师的业务能力、文化素质、工作态度等，以保证班级工作计划有效地得以实施。同时，还要依据幼儿园的基本条件，例如，幼儿园新增了沙泥区，在制订班级工作计划时就可以加入组织幼儿在沙泥区活动的内容。

通过班级工作计划的制订与实施，可以使保教人员明确任务、协调配合，使保教目标得以实现、保教任务得以完成。

(一)幼儿园班级工作计划的基本结构

幼儿园班级工作计划管是班级管理活动的起始阶段，包括班级情况分析、班级工作目标、实施措施、重要工作安排。如表 6-1 所示。[①]

表 6-1　幼儿园班级工作落实情况一览表

	工作目标	实施措施	责任人	完成时间
生活管理				
教育管理				
其他管理				
备注				

(二)幼儿园班级工作计划的主要内容

班级工作计划的撰写是班级管理的重要组成部分，也是幼儿教师的重要工作。班级工作计划一般包括以下两个方面内容。

① 唐淑、虞永平：《幼儿园班级管理》，第 38 页，南京：南京师范大学出版社，1997 年。

1. 班级基本情况分析

班级基本情况分析，一方面是阐述上学期班级管理工作中取得的成绩以及存在的问题，这是开展本学期工作的基础，只有了解了上学期的情况，才能客观、科学地制订本学期的工作计划；另一方面要分析当前的实际情况，包括幼儿的年龄特点、发展情况、各方面的能力以及教师情况。对当前情况的分析，会使制订的班级计划更具有针对性。

2. 本学期工作的主要任务和目标

教师在对上学期班级工作进行总结、研究的基础上，结合班级的实际情况，确定本学期的工作目标。本学期的工作目标要结合园务工作计划来制定，主要包括幼儿生活管理、教育管理、家园交流管理、班级间交流管理、幼儿社区活动管理等几个方面。在撰写工作目标时，应重点突出、简明扼要。同时，要将本学期的目标分解为具体的内容要求和实施措施。

二、幼儿园班级工作的组织与实施

幼儿园班级工作的组织与实施指将班级中的教师、幼儿、物品、空间等要素进行合理安排，使之具有一定的系统性并加以利用，以实现预期目标。

影响幼儿园班级工作的因素主要有教师、幼儿以及教师与幼儿之间的关系等内在因素和幼儿园领导、幼儿园制度、园风以及家长、社区等外在因素。

(一)教师分工

幼儿园班级中教师的配备主要有两种情况：一种是每班配备两名教师和一名保育员；另一种是每班配备三名教师，不再专门配备保育员，三名教师轮流负责保育工作。无论是哪种情况，每个班均有一位教师是班级的主要负责人，称为主班教师或班主任教师。

1. 幼儿教师的职责

幼儿教师对本班工作全面负责，主要包括：根据《幼儿园教育指导纲要(试行)》等文件要求,结合班级幼儿的特点和个体差异,制订教育工作计划并组织实施;观察、分析并记录幼儿发展情况;严格执行幼儿园工作安排、安全制度、卫生保健制度,指导并配合保育员管理班级幼儿生活,做好卫生保健工作;与家长保持联系,了解幼儿的家庭教育环境,商讨符合幼儿特点的教育措施,共同配合完成教育任务;参加业务学习和幼儿教育研究活动,不断提高自身素养;定期向园长汇报,接受其检查和指导。

其中,主班教师应负责以下工作:协调班级幼儿教育、安全、卫生保健、财物保管等工作,保证全班工作的一致性;主持班务会,研究改进班级工作;及时传达和贯彻园领导的决定,以及向园领导汇报班级工作;负责安排班级教师相互观摩,取长补短,研究全班每个幼儿情况,针对每个幼儿特点,采取恰当的教育方法;帮助班级保育员完成相关工作。

配班教师主要是配合主班教师安排各项活动,并关注主班教师没有关注到的幼儿等。所以,配班教师要灵活,观察每一个幼儿,抓住教育契机适时进行教育。

2. 保育员的责任

幼儿园班级中的保育员主要负责以下工作:负责本班的环境清洁工作;在班级教师指导下,管理幼儿生活;配合班级教师,执行幼儿园安全、卫生保健制度;妥善保管幼儿衣物和班级的用具;配合班级教师组织教育活动。

在实际带班过程中,教师的工作内容各有侧重,但应做到分工不分家,除了履行各自职责,还应相互配合、支持,共同努力做好班级管理工作。

(二)空间规划

幼儿园班级活动空间主要包括活动室、走廊等室内空间和室外活动场地。合理规划幼儿园班级活动空间,有利于幼儿班级活动顺利开展。在班级空间的规划上,应考虑到幼儿的年龄特点、发展水平和需求,并根据天气、季节来安排合理的场地,要充分利用活动室、走廊等,充分发挥空间、场地的利用效率。同时也要保证教师可以清楚地看到每个幼儿的活动,以全面了解幼儿活动情况。在区域布局上,要注意将用于阅读、绘画等安静活动的区域和开展建构、唱歌等声音较大的活动的区域隔开，以免互相干扰。还有些班级在室内设置了沙水区等需要用水的活动区域，这些区域也应该和阅读、智力、美工等活动区域分开。①

(三)合理安排好幼儿在园时间

幼儿园教师应根据班级的实际情况，安排好幼儿园一学期的学习时间，可以分别制订学期工作计划、月计划、一周计划(本周工作要点、教育要点、每天计划开展的活动简介)和一日活动计划。制订较细致的工作计划有助于计划的操作和落实。如表 6-2 所示。

表 6-2　* * 幼儿园的周计划安排表

班级：小班　　　2019 年 10 月 21 日至 2019 年 10 月 25 日

时间及活动类型 / 教育主题 / 星期		一	二	三	四	五
		天气凉了				
上午	晨间接待 晨间户外活动 7:45—8:50	玩偶	小马过河	爬爬乐	蚂蚁搬豆	爬爬乐
	室内活动 8:51—9:10	桌面玩具	桌面玩具	泡沫积木	桌面玩具	撕纸
	早操 9:11—9:30	律动				
	生活活动 9:31—9:40	盥洗、如厕、洗手、喝水				
	教育活动 9:41—10:00	语言：小河边	美术：小草舞	社会：熊猫过生日	科学：花与蝴蝶	音乐：袋鼠妈妈
	游戏活动 10:10—10:30	手指游戏	大型玩具	草地游戏	赶小猪	开火车
	生活活动 10:31—10:40	盥洗、如厕、喝水				
	户外活动 10:41—11:00	户外活动				

① 张燕：《幼儿园班级管理》，第 102 页，北京：人民教育出版社，2013 年。

续表

<table>
<tr><td rowspan="3">中午</td><td rowspan="3">生活活动
11:01—15:10</td><td colspan="5">幼儿盥洗、餐前教育、餐前游戏</td></tr>
<tr><td colspan="5">午餐、散步、午睡</td></tr>
<tr><td colspan="5">起床、整理、点心</td></tr>
<tr><td rowspan="3">下午</td><td>区域活动:
15:11—16:00</td><td>益智区、语言区等</td><td>科学区、健康区等</td><td>美工区、建构区等</td><td>益智区、娃娃家等</td><td>美工区、科学区等</td></tr>
<tr><td>户外活动
16:01—16:25</td><td>散步</td><td>开火车</td><td>滑滑梯</td><td>自由活动</td><td>草地游戏</td></tr>
<tr><td>整理离园
16:26—16:30</td><td colspan="5">整理幼儿衣物和相关物品,注意做好幼儿安全离园工作</td></tr>
<tr><td colspan="2">安全卫生</td><td colspan="4">教育幼儿不跟陌生人走</td><td rowspan="2">教师:</td></tr>
<tr><td colspan="2">家长工作</td><td colspan="4">坚持送幼儿入园,注意给幼儿穿适宜的衣物</td></tr>
</table>

【拓展阅读】

某幼儿园一日活动安排表

8:00	幼儿来园,晨间活动(桌面游戏)
8:30	幼儿15分钟室外晨练
8:40	早点
9:00	幼儿早操
9:20	教育活动
10:20	如厕、饮水
10:40	餐前故事会
11:00	盥洗(洗手)、准备餐具
11:15	午餐、午餐后盥洗(漱口)
12:00	午睡
14:30	起床、盥洗(洗手)、吃午点
15:00	“快乐十分钟”(律动)

续表

15:30	户外活动、室内各类游戏
16:00—16:15	如厕、盥洗(洗手)、饮水、吃水果
16:20—16:30	检查幼儿衣物
16:30—16:40	幼儿离园

(四)班级物品的安排

班级物品指幼儿园班级中的所有物品,包括幼儿生活物品(床、被褥、水杯、毛巾、碗、衣服等)、幼儿学习物品(玩具、学具、桌椅、图书等)、教学设备(教具、钢琴、电视机、电子白板等)[①]。班级物品摆放得当,能给幼儿创造一个整齐有序的环境,有利于幼儿在园的生活和活动,有利于幼儿的成长,同时也会方便教师使用。使用班级物品时要注意以下几个方面。

1. 建立班级物品清单

班级物品清单可以作为交接、检查的依据。清单可以列出以下几项内容:类别(幼儿生活用品、幼儿学习用品、教师教学用品)、物品名称、物品数量、型号、责任人、备注。如表 6-3 所示。

表 6-3 幼儿园班级物品登记表

日期:________ 班级:________ 记录人:________

类别	物品名称	物品数量	型号	责任人	备注
幼儿生活用品					
幼儿学习用品					
其他					

2. 班级物品摆放的位置和高度要恰到好处

需要幼儿自己取放的玩具、游戏材料和其他学习用品要考虑幼儿的发展水平,尺寸大小、高度要考虑幼儿的实际情况,并且要在幼儿的视线

① 王雯:《幼儿园班级管理》,第 52 页,武汉:武汉大学出版社,2017 年。

之内安全的地方。物品摆放不能影响幼儿活动。不同年龄班幼儿桌、椅、床的基本尺寸标准如表 6-4 所示。

表 6-4　幼儿桌、椅、床的基本尺寸标准①

单位:厘米

班级 物品		小班	中班	大班
桌	高	48	52	56
椅	坐高	24	27	30
	坐深	28	29	31
	坐前宽	29	30	31
	坐后宽	27	28	29
	背部	25	28	31
	背倾斜度	3	3	3
床	高	30	35	40
	长	140	150	160
	宽	70	70	70

3. 班级物品应由专人保管

班级是一个整体,班级教师应共同参与班级物品的管理。物品的管理要责任到人,实行专人管理。同时,幼儿也可以参与物品管理,担当物品管理员或值日生,负责收放、整理工作等。

三、幼儿园班级工作的检查与计划调整

幼儿园班级工作的检查主要是对班级工作计划执行情况的检查。检查可以促进工作计划的执行,了解工作进展,及时发现问题,进而根据实际情况调整计划内容。检查贯穿管理的全过程,是计划实施阶段的必要环节。

① 张燕:《幼儿园班级管理》,第 102 页,北京:人民教育出版社,2013 年。

在具体实施中，首先应检查班级工作计划是否符合教育方针，能否贯彻幼儿园园务工作计划；其次要检查与调整班级工作计划实施情况，具体包括对班级作息、教育活动开展、安全等情况的检查。在进行检查和调整时，要做到实事求是，以幼儿教育目标为依据，将检查的过程和结果结合起来。班级中的每位保教人员都应参与检查，并对自己负责的工作进行自查，以便适时改进工作，实现任务目标。

四、幼儿园班级工作的总结和评价

总结是上一阶段管理过程的终结，也是下一阶段工作计划制订的依据。它要对班级工作计划的执行情况进行全面反思，发现成绩和缺点，总结经验和教训。总结的过程也是对以往工作进行全面检查、分析和研究的过程，具有指导工作、修正工作、反馈信息的作用，促使幼儿园班级工作的开展更加科学、合理。

（一）幼儿园班级工作的总结

幼儿园班级工作总结主要包括对班级工作任务的完成情况和班级保教质量的总结。具体包括：总结班级教师的工作状态，包括教师的组织纪律、敬业精神、团结协作情况，这是班级管理的重要方面；总结班级计划的完成情况，对学期初的工作计划逐项进行评价，查看各项工作是否在规定时间内完成。如果在规定时间内没有完成，要分析原因，是因为工作量大、难度大，还是因为保教人员不够努力，如果提前完成了，也要分析原因，是因为工作量太少、计划难度太小，还是因为保教人员效率高。总结班级工作的质量，主要包括幼儿健康状况，如全年出勤、发病、身高、体重的达标情况；教育工作状况，如幼儿文明行为习惯培养状况和各领域教学计划完成情况；家长工作情况，包括与家长配合情况、家访次数、家长开放日的质量、家长反映的问题及解决情况等。

（二）幼儿园班级工作的评价

幼儿园班级工作评价方法是否得当，将决定评估工作是否科学、有效。在幼儿园班级工作评价中，常用的方法有自我评价法和他人评价法、数量化方法和非数量化方法。

1. 自我评价法和他人评价法

自我评价法指教师对自己工作所做的评价。比如，幼儿教师对自己的工作进行评价、打分。他人评价法是将他人作为评价主体，如园长、其他班的教师等。

2. 数量化方法和非数量化方法

数量化方法亦称“定量评价法”，指在评价的过程中采用数学的方法进行评价，评价对象本身可以用数值表示；非数值化方法亦称“定性评价法”，在评价过程中可以用等级法（A、B、C 等）、评定法（优秀、良好、中等、及格、不及格）、评语法（班级教师组织能力强）等方法。

综上所述，幼儿园班级管理包括班级工作计划的制订、班级工作的组织与实施、班级工作检查与计划调整、班级工作的总结与评价四个环节。四个环节密切相关，环环相扣，任何一个环节松懈都会影响班级管理的运转。其中，制订计划是统领整个管理过程的重要环节；班级工作的组织与实施是管理工作的主体；班级工作的检查与计划调整是对计划检验、核查环节；班级工作的总结与评价是对前三个环节的总评价，也是制订下一个班级管理周期计划的依据。

第三节 幼儿园班级管理原则与方法

一、幼儿园班级管理原则

幼儿园班级管理原则是对班级进行管理时必须遵循的普遍性行为准则，对班级全面管理具有重要的指导意义。[①] 幼儿园班级管理中应遵循的基本原则主要有主体性原则、整体性原则、参与性原则、高效性原则。

---

① 王雯：《幼儿园班级管理》，第 38 页，武汉：武汉大学出版社，2017 年。

(一)主体性原则

主体性原则一方面指幼儿园教师在班级管理和教育的过程中具有自主性、主动性,另一方面指要充分发挥幼儿在活动中的主体性。幼儿教师要充分考虑幼儿的身心发展特点,尊重幼儿发展的规律和个体差异,引导幼儿积极主动地参与活动,保证幼儿在活动中主体性的发挥。在运用主体性原则时要注意以下几个方面。

1. 更新班级管理理念

教师应不断更新班级管理理念,通过合适的途径和方式让幼儿参与班级管理,告诉他们自己的事情自己做,在实践中培养幼儿的能力,创新班级管理方式。

2. 充分发挥幼儿参与班级管理的积极性

在幼儿园班级管理中,教师需要与幼儿建立良好的人际关系,让幼儿学会自主管理,要调动幼儿参与班级管理的积极性,引导幼儿进行民主管理。在班级管理过程中,教师应成为幼儿活动的支持者、引导者,理解幼儿的想法,发挥幼儿的主体性。

(二)整体性原则

整体性原则指班级管理的对象是全体幼儿以及其他所有管理要素。在落实整体性原则时要具体注意以下几个方面。

1. 集体管理与个体管理相结合

班级管理既要面向全班幼儿,又要关注个别幼儿的特别需求,做到集体管理与个别管理统一,保证全班幼儿都能获得充分的发展。教师在组织班级工作时要发挥幼儿群体的影响力,注意幼儿之间的相互作用、相互影响,使幼儿在集体环境中学习知识,培养技能,培养正确对待自己、他人和集体的态度与行为,培养良好的社会适应性。[①]

① 张燕:《幼儿园班级管理》,第 20 页,北京:人民教育出版社,2013 年。

2. 人的管理与物、时间、空间的管理相结合

整体性原则要求幼儿教师在进行班级管理时,通盘考虑人、财、物、时间、空间、信息等各要素,合理将它们组织起来,产生最大的管理效益,实现教育目标。

(三)民主性原则

民主性原则指在班级管理中,幼儿教师以多种方式参与幼儿的活动,充分发扬民主,平等地对待幼儿,吸引幼儿、家长参与班级管理,利用集体的智慧来做好班级管理工作。在贯彻民主性原则时应注意以下两点。

1. 发扬民主

在班级管理过程中,教师应克服以教师为中心的教育行为,与幼儿建立良好的关系,保障幼儿的参与权,培养幼儿参与集体管理的责任感,形成良好的师幼互动。在进行班级民主管理时,教师应发挥民主的表率作用。

2. 严格与尊重相结合

坚持民主管理的原则,要做到严格要求与尊重、爱护相结合,严格按照党的教育方针和政策,制定相应的管理目标和规章制度。教师既要耐心细致地开展说服教育,又要坚持不懈地采取行为训练,全面客观地评价每一个幼儿,在尊重他们人格的基础上提出合理合情的要求,保证班级管理的良性发展。①

(四)高效性原则

班级管理的高效性原则指在幼儿园中,教师用最少的人力、物力、时间、财力,使幼儿尽可能获得全面的发展,尽可能提高幼儿园班级工作效率。在落实高效性原则时需要注意以下几个问题。

---

① 傅建明、胡志圭:《班级管理案例》,第36—37页,广州:广东教育出版社,2009年。

1. 班级管理的目标和计划应该合理

幼儿园教师应该根据幼儿园、班级和幼儿的实际情况，确定合理的目标和计划。如果目标定得过高，会挫伤教师和幼儿的自信心；如果目标定得过低，也会妨碍幼儿的成长。只有根据班级的实际情况制定合理的目标，才能保证班级工作的高效开展。

2. 班级管理的实施要做到严格与灵活相结合

在班级管理中，教师要根据班级的实际情况、幼儿的特点以及自身能力来制订管理方案，并严格按照计划和目标来执行。同时，教师也要灵活地选择管理方法，注意具体问题具体分析，以幼儿的发展为出发点，根据实际情况灵活调整班级工作计划，把工作的计划性与灵活性很好地结合起来。

二、幼儿园班级管理方法

幼儿园班级管理离不开有效、合适的管理方法，选择适宜的班级管理方法并加以运用，是幼儿教师的基本能力之一。在幼儿园班级管理中，常用的班级管理方法有规则引导法、互动指导法、榜样激励法、目标指引法。

（一）规则引导法

规则引导法指用规则引导幼儿的言行，使其与班级的活动方向和要求保持一致的班级管理方法。它是幼儿园班级管理中最常用的方法。在运用规则引导法时应依据幼儿的年龄特点以及规则内化的规律，尊重幼儿的主体性。在具体运用规则引导法时要注意以下几点。

1. 班级规则的内容要明确且简单易行

考虑到幼儿认知能力的特点，在选择或制定班级规则时必须形象、简单、具体。例如在图书角入口处的地面上贴上小脚印，并在图书角贴上形象的图片来说明规则，这样，幼儿更容易理解规则的意义并遵守规则。

2. 在实践活动中掌握规则

规则相对比较抽象，需要在具体的活动中理解并执行。教师要善于创设情境，抓住教育契机，使幼儿在活动中体验遵守规则带来的乐趣，进而使幼儿在行动上遵守规则，主动参与班级管理。

3. 保持规则的一贯性

幼儿园班级规则一旦制定，就不要随意改变，而且对所有幼儿要一视同仁。在执行规则的过程中，教师要公平对待每一个幼儿。要强调的是规则是死的，要具体问题具体分析，比如，在午餐时，教师要求每个幼儿至少吃一碗饭，但有些幼儿饭量小，如果强制性地要求幼儿吃完一碗饭，不仅可能会对幼儿的身体造成伤害，而且会对幼儿的心理产生不良影响。

（二）互动指导法

在班级活动中，幼儿是在与园里的人、事、物等的互动中进行学习的。互动指导法指教师通过指导幼儿积极主动地与周围的人、环境互动，促进幼儿发展，实现有效管理班级目标的班级管理方法。在运用互动指导法的时候需要注意以下几点。

1. 注意适宜性

幼儿园班级管理互动的适宜性指在互动中，教师应根据幼儿的年龄特点、个体差异等来进行指导。

2. 选择恰当的时机

在班级活动过程中，教师应选择合适的指导时间。无论是活动前、活动中，还是活动后，都要了解幼儿的具体情况。如果幼儿对活动的对象比较熟悉，教师应鼓励他们自由操作，如果幼儿在互动中出现问题，教师要及时给予指导。

3. 把握适度性

在幼儿园班级管理中，教师的互动指导要适度，要从幼儿的认知水平出发，考虑幼儿活动的实际情况，给予幼儿一定的自主空间。教师的指导不能笼统，否则幼儿会难以理解。

(三)榜样激励法

榜样激励法是教师利用榜样的作用来规范幼儿的行为,从而实现管理目的的班级管理方法。榜样的正面示范会引导幼儿养成良好的行为习惯。在运用榜样激励法时要注意以下几点。

1. 要选择健康、具体、形象的榜样

幼儿喜欢并善于模仿,健康、具体、形象的榜样能够引导幼儿产生良好的行为。教师可以选择的榜样有很多,包括周围的人、故事里的角色等,都可以成为榜样。

2. 树立的榜样要公正、权威

幼儿,尤其是小班幼儿,特别相信教师的话,如果教师表扬某个幼儿的行为,其他幼儿会有意识地向这个幼儿学习。所以,教师要公平对待每一个幼儿,了解幼儿,善于发现他们身上的优点,争取让每个幼儿都有机会成为榜样。

3. 及时回应幼儿模仿榜样的行为

在班级中树立榜样,不是为了让幼儿去赞美,而是要引导幼儿向榜样学习。教师要采用多种形式,及时强化幼儿模仿榜样的行为,增强幼儿学习榜样的信心。

(四)目标指引法

目标指引法指以班级管理的结果为目标,规范幼儿行为的一种班级管理方法。在运用目标指引法时要注意以下几点。

1. 目标要明确、具体

班级管理的目标要具体、明确,可操作性要强,要符合幼儿的接受水平。

2. 目标具有可行性

班级管理的目标要难易适中,如果目标定得过高,幼儿会觉得难度大,容易失去兴趣,如果目标定得太低,则无法吸引幼儿的注意力。

第四节 各种类型班级的常规管理

幼儿常规指在幼儿园一日活动中幼儿需要遵守的规则和需要形成的良好行为习惯。它是对幼儿行为的标准化、具体化的要求。幼儿园班级常规管理主要包括幼儿的生活常规管理和学习常规管理。良好的常规管理有利于保证幼儿一日活动的正常开展,有利于形成良好的班集体氛围。

一、幼儿行为管理策略

幼儿行为管理主要指对幼儿在发展过程中表现出来的行为进行的人为干预。干预不仅包括对幼儿的不良行为进行预防和矫正,也包括对幼儿良好行为的塑造、鼓励和支持,[①]帮助幼儿发展积极的社会行为,减少不良的社会行为,最终形成良好的行为习惯、培养健全的人格。

(一)运用肢体语言培养良好行为

在幼儿园班级管理中,教师可以运用肢体语言引导幼儿做出良好行为。肢体语言主要包括:(1)身体接近或接触,比如如果某个幼儿没有按教师要求来开展活动,教师就可以走到这个幼儿身旁,关注他的行为,从而引起幼儿的注意,使其规范自己的行为;(2)手势,教师可以用手势信号引导幼儿的行为,提醒幼儿遵守规则;(3)面部表情,教师可以利用高兴的表情,鼓励幼儿保持好的行为。

(二)满足幼儿的合理需求

教师应了解幼儿的年龄特点,鼓励、支持幼儿的活动。幼儿只有在下列心理和情感需求得到满足时,才会表现出稳定的情绪和恰当的行为。

第一,隐私的需求:幼儿不宜整天置身于人群中,有时需要静一静,否则会浮躁不安。

---

① 张燕:《幼儿园班级管理》,第160—161页,北京:人民教育出版社,2013年。

第二，自主的需求：幼儿有时会不听教师的话而做自己想做的事，表现出自己做主的需要。

第三，拥有的需求：幼儿只有对拥有的东西特别放心时，才会真正乐意与人分享。所以教师不能强迫幼儿将东西与人共享，自己拥有的、社会期望的及与人分享的应保持一种平衡。

第四，受关注的需求：幼儿受关注的需求的程度各不相同，有的幼儿会通过各种方法得到教师的关注，教师应能分辨其用意并给予适当的回应。

第五，成功和挑战的需求：幼儿想从活动中获得对自身能力的证明。

第六，安全的需求：兼顾幼儿生理、心理的安全感，除了要提供安全的物理环境，更要提供心理上无威胁的支持和明确的行为依循。

第七，被爱与被接受的需求：这是最基本也是最深沉的需求，老师要爱和接受幼儿原本的样子，尤其是对较不讨人喜欢或缺乏爱的幼儿，要让他充分感受到被爱和被接受。[①]

（三）积极倾听，避免不良沟通

教师在对幼儿行为进行管理时，必须从倾听入手，做一个好的倾听者，与幼儿建立良好的互动关系。在倾听过程中，教师要及时给孩子反馈，形成一种良好的沟通方式。同时，在沟通中，要避免说幼儿不想听、不喜欢听的话语，比如批评、讽刺、命令、训斥的话语，因为这不仅会伤害幼儿的自尊心，而且会破坏师幼关系，不利于改变幼儿的不良行为。

（四）培养幼儿的自我管理能力

幼儿的自我管理能力主要包括生活自理能力、自我控制能力、任务执行能力。培养幼儿的生活自理能力主要是引导幼儿自己能做的事情自己做。比如擦桌子、整理自己的物品等。任务执行能力主要指按时完成教

---

① 谷瑞勉：《幼儿园班级管理——反思性教师的思考与行动》，第 120 页，北京：北京师范大学出版社，2016 年。

师指定的任务的能力。自我控制能力主要指幼儿控制自己的行为和情绪,并对自己的行为负责的能力。教师要帮助幼儿提高行为的内在控制力,激发幼儿适当的行为,对于不足以影响活动的不当行为,可以忽略。

【实践活动】

结合当前对《幼儿园教育指导纲要(试行)》的学习,为幼儿园设计一期以"幼儿行为管理"为主题的板报或墙报。要求内容简练、形式新颖、主题突出。

二、对各年龄班的常规管理

幼儿园一般包括三个年龄段的班级,即大班、中班、小班,个别幼儿园还有托班和混龄班。各年龄班幼儿存在很大的差异,教师应根据不同年龄班幼儿的特点选择不同的管理方法。

(一)托班的管理

随着教育对象低龄化,部分幼儿园开设了托班,专门招收1.5—3岁幼儿。托班幼儿在入托前主要生活在家庭中,上托班是幼儿从家庭走向社会的第一步。

1. 托班幼儿的发展特点

儿童心理学的研究表明,1.5—3岁幼儿的发展特点是生长发育速度快,直觉行动思维占优势,但动作协调性差,有较深的依恋情结,以自我为中心,情绪不稳定。托班幼儿的这一特点决定了他们的生活、游戏、运动、学习是融合在一起的,而良好的、适宜的环境是刺激他们行为的主要因素。他们在自己喜欢的环境中,才会有相应的行为发生,他们往往是在与环境的积极互动中积累经验、快乐成长的。因此,托班幼儿更需要精心的照顾和适宜的教育。

2. 托班幼儿的常规管理

1岁半至3岁幼儿入托以后,生活环境发生了很大变化,从原来熟悉、自由、宽松的家庭环境进入陌生的环境，教师应该帮助他们尽快适应托班生活，从而建立良好的班级常规。

（1）创设环境，稳定情绪。托班应该安排在幼儿园一楼安静、光线充足的活动室中，环境的布置要符合托班幼儿的特点，比如选择轮廓简单、颜色对比鲜明的图片、实物来布置环境。幼儿刚入托，往往会对陌生的环境很排斥，教师不要急于求成，可允许幼儿保留原有的生活习惯。比如可以让他们带自己喜欢的玩具、图书，可以称呼他们的乳名等。教师还可以设计新颖有趣的游戏吸引他们的注意力，使他们在宽松、自由的氛围中愉快地生活，从而顺利地实现从家庭生活到托班生活的过渡。

（2）循序渐进，逐步渗透。入托初期，孩子没有常规概念，可能会乱扔玩具，吃饭不坐在固定座位上，不愿意坐马桶，拒绝睡午觉等，教师要先从听指令开始锻炼他们，等他们情绪稳定下来了，再逐步对他们提出有针对性的要求。

（3）创设机会，巩固锻炼。托班幼儿常规的建立并不是一蹴而就的，而是通过每日活动中的各种学习和体验，逐渐建立起来的。因此，教师要最大限度地创设条件，为孩子提供锻炼的机会。

（4）寓教于养，以个别教育为主。托班幼儿的注意力持续时间短，教师需要选择他们感兴趣且有能力参与的个别活动。所以，托班教育以个体自由活动为主、集体活动为辅。教师要把教育渗透在一日活动中，并把发展动作作为教育的重点。

（5）语言精练，和蔼可亲。由于托班幼儿年龄较小，他们学习常规的方式要从少到多，从简单到复杂，教师在向托班孩子讲解规则和要求时，要注意发音准确，音量适中，速度应稍放慢，而且要突出重点。教师除了可以用语言，还可以借助手势，帮助幼儿更好地理解教师的语言。另外，教师的语言要尽量有趣味和情境化，让幼儿在游戏的情境下学习常规是很好的选择。

【拓展阅读】

某幼儿园常规训练

(一)保持安静时的常规训练:

①一二三坐坐好,三二一请安静。

②我们都是机器人,一不许动,二不许笑,三不许露出小白牙。

③谁的小手拍得响,我的小手拍得响;

谁的眼睛最漂亮,我的眼睛最漂亮;

谁的小手藏得好,我的小手藏得好;

谁的小嘴闭得紧,我的小嘴闭得紧。

(2)幼儿排队时的常规训练:

小小手,摆摆动;

小小脚,踏起来;

小胸脯,挺起来;

一二一,一二一……

(二)幼儿园小班的管理

小班幼儿一般指 3 周岁到 4 周岁的幼儿。3 周岁到 4 周岁的幼儿能够自如行走、广泛操作物体、与他人进行初步的言语交际,这为他们进入小班奠定了基础。

1. 小班幼儿的发展特点

3 岁幼儿的身体发育速度快,动作发展迅速,但是动作不够协调,精细动作不够完善;行为受情绪影响大,常常会为一件小事大哭、大闹。这个年龄的幼儿十分依恋父母或教师,尤其想得到亲近成人的微笑、拥抱、赞赏和认可。如果教师偏爱某一个幼儿,很可能会给其他幼儿带来伤害。小班幼儿的思维具有具体行动性,他们的认识活动基本上是在行动过程中进行的,他们具有强烈的好奇心,模仿能力强,喜欢向成人提出各种各样的问题,他们开始有表现的愿望,能唱简单歌曲。

2. 小班幼儿入园管理

3岁幼儿会跑会跳,能自由行动,也能表达自己的意见、愿望、情感,并能和人交谈。他们在生理上和心理上都具备了参加集体生活的条件。3岁幼儿上幼儿园,加入集体生活对他们身心发展意义重大。因此,教师要做好小班幼儿的入园工作。

(1)入园常见不适应现象。对于刚刚入园的小班幼儿,陌生的环境和教师的要求,会导致他们不适应,表现为不同程度的"分离焦虑",情绪不大稳定,不愿意上幼儿园;任性专横,以自我为中心严重,不善于与小朋友友好相处,争抢行为、攻击行为较多;生活习惯不好,生活自理能力差,行为散漫,不善于管理自己的行为,没有秩序意识,常会妨碍活动的进行。加上小班幼儿语言和行为的发展还很不完善,管理起来有一定的难度。小班幼儿的管理重点应放在培养幼儿逐步适应幼儿园环境与集体生活,加强与家长的沟通合作上,同时,教师要有耐心,要有预防冲突的教育手段。

(2)入园引导要及时。为了让幼儿尽快适应幼儿园的集体生活,教师应该与家长积极配合,共同努力,做好幼儿入园引导工作。班级保教人员应做到以下几点。

第一,入园前的家访。入园前家访的目的在于了解幼儿的家庭环境、幼儿的特点,以便教师制订符合本班幼儿发展特点的班级计划。家访的形式是多种多样的,可以是电话联系、填写表格、见面交谈等。

第二,召开家长会。入园前幼儿园应召开家长会或者召开专题讲座会,向家长介绍幼儿园的办园理念、新入园幼儿的常见问题及处理办法、班级的基本情况等,目的在于让家长对幼儿园有深入的了解,能够更好地配合幼儿园的工作。

第三,参观幼儿园。教师可以请家长带领幼儿入园参观、玩耍,观察幼儿园的环境及一日生活,引导幼儿观察小朋友吃饭、如厕、盥洗、午睡、游戏,积累一定的感性经验。幼儿园也可以组织半日亲子活动,通过游戏让幼儿解幼儿园生活、了解教师,使他们对幼儿园生活产生向往。

第四,合理安排幼儿入园之初的活动,使幼儿爱上幼儿园。在幼儿入园后,教师可以根据幼儿的身心发展特点组织一些有趣的游戏,消除他们的紧张情绪。教师要用亲切的态度、温和的语言与幼儿交往，让他们有安全感，尽快使他们把对家长的依恋转移到教师身上。

3. 小班幼儿的常规管理

小班幼儿的常规管理大致可以分为生活常规管理和教育常规管理。

（1）生活常规管理。生活常规管理包括对来园活动、盥洗活动、饮食活动、睡眠活动、散步活动、离园活动等常规活动的管理。生活常规不是一朝一夕就能形成的，教师要讲究方法、对幼儿要有耐心，可以用示范模仿法、游戏法、情感激励法、个别教育法让幼儿养成良好的习惯。

爱模仿是幼儿，特别是小班幼儿的天性，他们在模仿教师、家长、同伴、虚拟他人的过程中学习、成长。教师可以创设有趣的情境，让幼儿在模仿中主动、自觉遵守常规。小班幼儿的认识、活动很大程度上依赖于行动，教师可以有目的地利用游戏对幼儿进行生活常规教育。同时，小班幼儿已经开始产生调节情绪的意识，这为教师利用情感激励法进行班级管理创造了条件。教师关心、表扬、鼓励幼儿，会使他们充满自信，产生愉快的情绪。而且，幼儿之间具有差异性，教师要根据幼儿的特点来实施教育，使幼儿逐渐养成良好的习惯。

（2）教育常规管理。教育常规包括教学活动常规、班级环境常规、家园活动常规等。各项活动都有自身的特点和规律，教师要有针对性地训练幼儿的教育常规。

4. 小班幼儿常规管理的注意事项

第一，采用正面教育。小班幼儿的语言理解能力较差，如果教师说反话或者让幼儿不要做什么，往往会引起幼儿的误解，或者激起幼儿去做的冲动。所以在活动中，教师要用正面的语言告诉幼儿要怎么做。比如教师应该说“请用你自己的水杯喝水”，而不要说“不要用别人的水杯喝水”。

第二，生活规范要合理。在制定班级活动规范时，教师应根据幼儿的年龄特点和实际情况，让幼儿参与制定过程，并且让幼儿理解规范要求和遵守规范的理由，这样幼儿会更愿意遵守规范。比如，在集体教学活动中，教师要求小班幼儿安静地坐在椅子上，手背在身后，不要动。小班幼儿很难做到这一点,而且会使幼儿感受到压抑和受挫,影响幼儿的身心发展。

第三,注意个别教育。幼儿的个体差异较大,对于同一个要求,很难全班幼儿同时做到。所以,教师要根据每个幼儿的特点,选择适合他们的教育方式,使其遵守规范。

【课堂讨论】

孩子为什么突然变了

9月份,3岁半的王东阳刚刚入园,他表现得非常自我、执拗、蛮横无理。一段时间以来,他接连和几个小朋友发生过争抢冲突,还抓伤了一个小朋友的脸,小朋友们都不喜欢他。一天下午,王东阳又和刘思远争抢东西,教师将他们两个叫过来,并没有直接批评王东阳,而是先和刘思远说:"和小朋友打架是不对的,有事情可以和老师讲……"然后又对王东阳讲:"我们的玩具是要大家分享的,你们要排队玩,这样大家才会喜欢你……好了,你们是好朋友,互相握握手,拥抱一下吧。"家长来接孩子时,教师拥抱了一下王东阳,小声地说了一句:"记住啊,做个懂礼貌的孩子……"此后,王东阳变了,会积极主动分享和帮助其他小朋友,并且会和教师说:"我做到了!"不久,王东阳和大家成了好朋友。

(案例作者:李倩)

思考与分析

让王东阳从"小霸王"变成小朋友的"好朋友",你认为教师是怎么做到的?如果你是这位教师,你会如何引导?

(三)中班幼儿的管理

中班幼儿一般指4周岁到5周岁的幼儿。中班是三年学前教育中承上启下的阶段,也是幼儿身心发展的重要时期。

1.中班幼儿的发展特点

(1)身体发育特点。进入中班以后,幼儿成长速度明显减慢,进入一个相对平稳的阶段。这个年龄段的幼儿在运动的速度、灵活性和准确性方面已经有了一定的发展，身体各部位能较好地协调；精细动作也进入了发展最快的时期，比如会自己系鞋带，会使用筷子等。这些都为机体动作的进一步发展打下了良好的基础。

（2）心理发展特点。中班幼儿主要依靠事物的具体形象、表象及对表象的联想进行思维，比如幼儿对数概念的理解必须建立在头脑中物体的形象基础上。中班幼儿的词汇量大大增加，但对词义的理解带有明显的形象性与动作性特点。中班幼儿认知能力提高和情绪体验积累，使得他们积极健康的情感和初步的情感能力得到发展。如对受伤的小朋友表示同情，并用表情、语言、动作来表现自己的情绪。中班幼儿的意志力逐渐增强，在集体活动中能较好地遵守规则。此外，活泼好动的特点在中班幼儿身上尤为突出。

2. 中班班级的主要特征

中班幼儿身心发展有其特殊性。幼儿的这些特殊性在生活和学习活动中又表现为中班班级的特征。保教人员只有了解和分析这些特征，才能在实际工作中采取相应的措施引导幼儿。

（1）班级的正面特征。随着幼儿骨骼肌肉和神经系统的不断发展，他们的动作能力逐渐提高，自我服务的愿望强烈和能力提高，会自己穿衣服、吃饭等；有很强的集体服务意识，愿意承担教师布置的任务，并努力去完成。中班幼儿的注意力、观察力及语言表达能力都提高了，游戏活动的内容也更丰富了，与同伴交往的能力更强了。中班幼儿的任务意识开始萌芽，对教师交代的任务能有意识地完成，并出现了互帮互助行为，同时，幼儿的合作游戏、集体游戏逐渐增多。

（2）班级的负面特征。中班幼儿身心发展的特点也导致班级存在一些不利因素。中班幼儿的思维具有明显的自我中心倾向，如爱告状、攻击性行为多，而他们又普遍缺乏解决矛盾的经验，所以班级冲突行为较多。根据这些特点，教师要为幼儿创设良好的教育环境，用有趣的活动吸引他们的注意力，同时要将幼儿园的一日活动各环节安排好，确保幼儿活动有序，以减少幼儿的攻击性行为。

3. 中班的常规管理

中班的常规管理主要包括生活常规管理和教育常规管理两部分。

(1)生活常规管理。中班生活常规管理的内容包括以下四个方面。

第一,清洁卫生习惯,如饭前便后要洗手、大小便自理、会使用手帕、不咬指甲、不乱涂乱画、在成人的提醒下保持整洁等。

第二,良好的饮食习惯,如安静愉快地进餐、正确地使用餐具、不挑食、细嚼慢咽等。

第三,良好的睡眠习惯,如安静就寝、睡姿正确,会独立穿脱衣裤和整理床铺等。

第四,来园、离园的常规要求,如穿着整齐、愿意接受晨检、愿意整理自己的东西等,主动和教师、小朋友说再见。

教师在对中班幼儿进行生活常规管理时,可以采用以下方法。

第一,榜样示范法。教师可以通过树立榜样,规范幼儿的行为。示范法既可以采用教师示范,也可以采用幼儿示范。比如,如果有幼儿不喜欢吃胡萝卜,教师可以说"老师喜欢吃胡萝卜,吃了胡萝卜,眼睛亮亮的"等话语,然后对先吃胡萝卜的幼儿进行表扬;还可以让幼儿进行示范,从而带动其他幼儿愉快进食。

第二,及时强化法。教师在班级管理中,对幼儿的正确行为要及时给予表扬,强化其行为,比如发小红花、抱一抱、竖大拇指等。

此外,还有行为练习法、图示图表法等方法。

(2)教育常规管理。教育活动常规主要包括以下三个方面。

第一,集体活动常规。如上课注意力要集中(10—15 分钟),能够独立思考,回答问题前要举手,有正确的坐、写、画姿势,会用语言表达,自己的事情自己做,愿意参加各种体育活动等。

第二,游戏常规管理。如按规则参与游戏、愿意与他人合作、爱护玩具、会制作简单的玩具、游戏过程中知道使用礼貌用语等。

第三,其他常规管理。如掌握阅读技巧、散步时运用感官观察事物、会按顺序观察等。表 6-5 所示是幼儿常规发展情况记录卡。

表 6-5 幼儿常规发展情况记录卡①

项目 时间	上课	参观	劳动	操作	体育活动	游戏	散步	升旗
×年×月	☆	☆	△	△	×	☆	○	○

注：记录的内容可用符号来表示，如用“☆”表示“好”，“○”表示“较好”，用“△”表示“一般”，“×”表示“差”，也可用简要的文字说明。在学期末，教师对照学期目标，对本班幼儿的教育常规发展进行测查，结合幼儿发展情况记录卡，对每个幼儿的发展情况进行综合评价，并作为下学期班级目标、计划制订的依据。

4. 中班幼儿常规管理的注意事项

在对中班幼儿进行管理时，应注意以下几点。

第一，将常规教育渗透到一日活动中，并将教育常规和生活常规结合起来。中班幼儿活泼好动的特点比较突出，将常规教育渗透到一日活动中，有利于幼儿园班级一日活动的有序开展。比如在阅读区中，幼儿与教师一起制定阅读规则，包括不撕书、不在书上乱画、不大声讲话、每次活动区不超过 5 个人、看完书后要将书放回原处、看书姿势要正确等。

第二，引导幼儿学习必要的同伴交往技能。中班幼儿普遍缺乏交往的技巧，加上自我中心倾向较明显，同伴间容易发生冲突。所以，教师可以通过做游戏、讲故事、情境表演等方式，使幼儿学会理解他人、学会换位思考。

【课堂讨论】

调皮的乐乐

乐乐是一个中班小朋友，他注意力不容易集中，而且常常不经允许就加入其他小朋友的活动，抢夺别人玩具是常事，还把同组的小朋

① 唐淑、虞永平：《幼儿园班级管理》，第 189 页，南京：南京师范大学出版社，1997 年。

友打哭;在集体活动时,他经常不经老师同意擅自离开座位。班级中豆豆小朋友的妈妈担心自己的孩子会受乐乐影响,所以给豆豆转园了。

思考与分析

分析乐乐的行为表现产生的原因,并试着提出教育对策。

(四)大班幼儿的管理

大班幼儿一般指5周岁到6周岁的幼儿。大班阶段处于学前晚期,是由学前教育阶段过渡到小学教育阶段的重要时期。

1.大班幼儿的发展特点

(1)身体发育特点。大班幼儿脑的结构相对成熟,大脑皮层功能接近成人水平;活动量大,骨骼可塑性强,但幼儿自护能力比较弱,骨骼容易弯曲或骨折,要特别注意坐、写姿势。大班幼儿动作发展很快,走、跑、跳跃、钻、攀登、投掷等动作都能比较协调、轻松完成。手指的灵活性增加,能够用铅笔写字,会灵活使用筷子。

(2)心理发展特点。大班幼儿的语言表达能力明显提高,词汇量显著增加,会使用形容词、连词等,能系统地叙述见闻、生动地描述事物,还能围绕一个主题编故事。大班幼儿的思维是具体的,但是明显地出现了抽象思维的萌芽,他们能够根据概念进行分类,已经掌握了部分与整体的包含关系,有初步的逻辑推理能力,观察的目的性不断提高。大班幼儿开始掌握学习的方法,能够自觉调节自己的心理活动,做事情时能够预先计划自己的思维过程和行动过程。大班幼儿的情绪过程越来越细化,社会性情感也越来越深刻,表现出自豪感、成就感、害羞等情感,情感逐渐内隐,情感体验与社会需要联系起来,能有意识地控制自己的情感。大班幼儿自我意识有了较大的发展,社会交往能力有了较大提高,规则意识增强。

2.大班班级的主要特征

(1)有意识学习成为主要活动。大班的学习气氛比较浓郁,幼儿强烈的求知欲和好奇心促使班级形成比较浓郁的学习气氛。大班幼儿往往会对很多事情表现出强烈的兴趣，思维活泼，不仅满足于“是什么”问题的答案，更追求“为什么”问题的答案。他们愿意上课，能够坚持稍长时间的学习活动和智力游戏。

(2)班级集体感增强。大班幼儿对自己的班集体有了清楚的认识，热爱自己的班级，热爱集体中的成员，努力为班集体增光。他们能够和同伴协作完成任务，在活动中注意遵守纪律和活动规则，并且能够做到为集体的利益约束自己的行为，还能提醒和鼓励同伴，不断发展对他人和集体的责任感，这对加强班集体的凝聚力产生了积极作用。

3. 大班的常规管理

大班幼儿经过两年的幼儿园教育，已经形成一些良好的行为习惯，随着年龄的增长，他们的自制能力、辨别是非能力都有所提高，这些都为大班教师引导幼儿养成更多、更好的常规习惯提供了有利条件。

(1)生活常规管理。大班生活常规管理的内容包括：良好的饮食、睡眠、盥洗和排便等习惯；知道保护眼、耳、口、鼻等器官及保持身体清洁和仪表整洁等卫生知识；讲话文明，友好地与人交往，乐于倾听别人的意见；形成初步的安全意识。在进行大班幼儿生活管理时，可以运用榜样激励法、情感沟通法等方法。

(2)教育常规管理。大班教育常规的内容应包括以下几个方面。

第一，社会领域：引导幼儿正确处理自己与集体之间的关系，意识到自己是集体中的一员，应该遵守集体规则与纪律，增强责任感。

第二，科学领域：学习 10 以内数的分解、组成和加减，会按物体两个或两个以上特征进行分类，会从不同角度、不同方面观察思考问题。

第三，健康领域：能够保持个人卫生、认识身体的主要器官及其功能、认识安全标志、热爱体育活动。

第四，语言领域：能主动、积极、专注地倾听别人谈话，能够使用反义词、量词、连词，能够感受作品的情感，能表述自己的观点。

第五，艺术领域：初步学会齐唱、领唱等多种歌唱表演形式，能够做稍复杂的舞蹈动作，能够学习多种打击乐器的基本演奏方法，能利用多种绘画工具和材料画画。

第六，入学准备：培养幼儿正确的入学动机和良好的学习习惯；改变教学方法和教学形式上的“突变”现象；安排好“坡度”，使生活制度和环境布置逐渐向小学靠近。

（五）混龄班的管理

混龄班一般指年龄相差1岁以上的幼儿组成的班级。这种班级类型多设在农村以及一些蒙台梭利幼儿园中。混龄班的幼儿在活动时，可以差异互补，共同进步，但是对教师的能力要求更高，如果教育不当，会出现课程设计不合理、大童欺负小童、活动时等待时间过长等问题。

教师在对混龄班幼儿进行管理时，要注意以下几点。

1. 根据每个年龄段幼儿的发展水平分别进行指导

教师可以根据年龄进行分组，也可以根据幼儿的能力发展水平进行分组，并且对不同小组提出不同的要求，分别进行指导，这样才能使不同层次的幼儿在活动中得到发展。

2. 科学合理地安排一日活动时间

教师在时间安排上，要使不同年龄组的幼儿都能完成各自的任务，让他们在轻松愉快的活动氛围中得到发展。如表6-6所示是一个混龄班的幼儿作息时间表。

表6-6 混龄班幼儿作息时间表（秋季）

时间	活动内容
上午 8:00—8:50	入园，晨检
8:51—9:10	早操
9:11—9:30	如厕、盥洗、喝水
9:31—10:30	教学活动

续表

时间	活动内容
10:31—11:00	游戏活动
11:01—11:30	户外活动
11:31—12:00	午餐
12:01—14:20	午睡
下午 14:21—14:40	午后点心
14:41—15:40	区角活动
15:41—16:10	户外活动与散步
16:11—16:30	整理活动
16:31	离园

3. 合理选择、安排学习内容

教师要根据不同年龄组幼儿的特点、当地的实际情况来选择学习内容，一般来说可以开展主题教育活动，运用适宜的教育手段，使教育内容有机结合，促使所有幼儿都能得到发展。

4. 充分发挥大龄幼儿的作用

在混龄班幼儿活动时，可以发挥大龄幼儿的带头作用、示范作用，还可以让他们协助教师组织活动，指导年龄小、能力弱的幼儿。

三、幼儿园班级常规管理的注意事项

（一）转变管理方式

教师要转变以往权威、专制的管理方式，积极引导幼儿的行为，提高幼儿的积极性和自信心，比如以音乐方式提醒幼儿回到座位上或保持安静，当幼儿刚做出不适当行为时，教师用眼神、摇头等肢体语言提醒幼儿，制止其行为的发展。

(二)提高幼儿教师的管理能力

在班级常规管理过程中,教师要注意自己的言行举止,要采取恰当的管理方式,提高自身的职业道德和科学的教育理念;要不断提高自身的教育机智,不断积极累管理经验,以适宜的方式应对班级管理中的突发事件。教师除了要具有一般能力,还必须具有以下能力:初步判断幼儿学习能力的能力;实施补救教学的能力;认识和研究特殊学习活动中惯用的学习方式的能力;了解和掌握个别化教学的原理和过程的能力;善于运用社会人力资源为特殊幼儿服务的能力。①

(三)建立班级管理责任制度

在班级常规管理过程中,为了提高教师的责任心,防止幼儿事故发生,有必要建立一定的责任制度,做到在发生紧急事情时,可以及时有效地解决,保证幼儿的安全以及班级一日活动的顺利开展。

◇本章小结

幼儿园班级指幼儿园对3岁至六七岁幼儿进行保育和教育活动的基本单位,班级是幼儿园的核心单位,主要包括人员结构、组织结构、物质设施和保教任务四个方面。幼儿园班级具备重要功能,幼儿园班级工作管理包括幼儿园班级工作计划、组织与实施、检查与计划调整、总结与评价四个环节。幼儿园班级管理中应遵循主体性原则、整体性原则、参与性原则、高效性原则,可以运用规则引导法、互动指导法、榜样激励法、目标指引法等方法。班级常规管理主要包括幼儿的生活常规管理和教育常规管理。对幼儿行为的管理要有策略,教师要培养幼儿生活自理、自我控制、任务执行等能力。幼儿园不同年龄班管理主要包括托班、小班、中班、大班、混龄班的管理,对不同年龄班的管理有不同的要求。教师在进行幼儿园班级常规管理时要转变管理方式、提高自身管理能力,并建立班级管理

---

① 张燕:《幼儿园班级管理》,第176页,北京:人民教育出版社,2013年。

责任制度。

▶文献链接◀

1. 刘菱蔚:《幼儿园班级管理的66个技巧》,长春:吉林大学出版社,2014年。

该书阐述了幼儿园教师在进行班级管理时遇到的问题,即适应班级管理的角色、端正心态、把握教育契机、家园共育、与同事合作、关爱幼儿、照顾特别幼儿等。

2. 谷瑞勉:《幼儿园班级管理——反思性教师的思考与行动》,北京:北京师范大学出版社,2016年。

该书介绍了有关班级管理的相关研究,强调以研究发现和幼儿发展为基础的幼儿园班级管理,探讨引导性班级管理实务,聚焦幼儿行为的培养与辅导以及反思性教学的应用。

3. 郑丽圆:《幼儿园班级管理问题与处理》,北京:中国轻工业出版社,2017年。

该书介绍了幼儿园班级管理的内容,探讨了幼儿园班级生活管理问题及处理、幼儿园班级环境管理问题与处理、幼儿园班级安全管理问题与处理、幼儿园班级儿童不良个性问题及处理、幼儿园班级儿童情绪与行为问题及处理。

▶思考与探索◀

1. 从国家的专业标准角度,结合幼儿园实际情况,谈谈幼儿园班级管理的目标、内容有哪些。

2. 观察幼儿园中的一个班级,谈谈该班班级管理体现了哪些原则,运用了哪些班级管理方法。

3. 观察你所见习的班级,结合实际谈谈该班班级管理包括哪些环节,存在哪些问题,并给出相应的建议。

4. 结合实例谈谈如何对各种类型班级进行常规管理。

第七章
幼儿园人力资源管理与园长工作

◇**本章导读**

幼儿园师资队伍的水平影响着幼儿园保教质量。你对幼儿园各岗位和角色是否有了明确的认知？你知道幼儿园教师的工作任务有哪些吗？如果你走上幼儿园的领导岗位，你知道如何进行幼儿园人力资源管理吗？要成为一名优秀的幼儿园园长，需要从哪些方面做好准备？本章将围绕上述问题进行探讨。

第一节　幼儿园保教人员的选聘与任用

一、保教队伍的素质

保教队伍素质关系着幼儿素质的高低，加强保教队伍建设是办好幼儿园、提高服务质量的关键。

（一）幼儿教师的素质

1. 幼儿教师的职责

《幼儿园工作规程》规定幼儿园教职工应当贯彻国家教育方针，具有良好品德，热爱教育事业，尊重和爱护幼儿，具有专业知识和技能，为人师表，忠于职责，身心健康。

其中，第四十一条规定："幼儿园教师对本班工作全面负责，其主要职责如下：（一）观察了解幼儿，依据国家有关规定，结合本班幼儿的发展水平和兴趣需要，制订和执行教育工作计划，合理安排幼儿一日生活；（二）创设良好的教育环境，合理组织教育内容，提供丰富的玩具和游戏材料，开展适宜的教育活动；（三）严格执行幼儿园安全、卫生保健制度，指导并配合保育员管理本班幼儿生活，做好卫生保健工作；（四）与家长保持经常联系，了解幼儿家庭的教育环境，商讨符合幼儿特点的教育措施，相互配合共同完成教育任务；（五）参加业务学习和保育教育研究活动；（六）定期总结评估保教工作实效，接受园长的指导和检查。"

2. 幼儿教师的素质

（1）高尚的职业道德素质。热爱幼教事业，对幼儿充满爱心，是教师必备的职业素养。热爱幼儿是幼儿教师最基本的品质，没有爱就不会有真正的教育。

（2）身心健康，品德良好。身体健康是一切工作的前提条件。教师只有身体健康，才能全身心地投入保教工作。幼儿正处在个性形成时期，可塑性、模仿能力最强。教师在幼儿心目中具有相当高的威信，是幼儿敬仰和崇拜的对象，幼儿教师的健康人格和高尚品德对幼儿人格的养成至关重要。教师的一言一行对幼儿有着示范作用，因此，教师要言传身教，为幼儿做表率。

（3）现代的教育观、科学的儿童观。现代的幼儿教育观念指符合社会发展的对幼儿教育的看法和态度。它涉及幼儿教育的价值观、目的观、课程观、教学观、评价观等观念。同时，幼儿教师也必须树立科学的儿童观，认识到儿童是一个社会人，是正在发展中的人，是独立的人，是完整的人。

(4)较高的教育技能。幼儿教师应充分重视自身教育技能的提高，通过各种途径加强学习。教育技能主要包括了解幼儿、创设环境、组织教育活动、与幼儿和家长的交往等技能。

第一，了解幼儿。每个幼儿都具有独特性，了解幼儿是教师进行教育的前提条件。幼儿教师不仅要善于观察幼儿的外部活动，而且要善于了解幼儿的心理活动，了解幼儿行为趋向、爱好，做到因材施教。

第二，创设环境。教师要在幼儿园保教目标的指引下有目的、有计划地针对幼儿的特点精心创设环境，以保证保教工作顺利进行。《幼儿园教育指导纲要(试行)》中提出“环境是重要的教育资源，应通过环境的创设和利用，有效地促进幼儿的发展”。

第三，组织教育活动。科学安排幼儿的活动，激发幼儿的主动性、创造性，促进幼儿发展。教师的组织教学能力是在学习和工作中经过锻炼而逐步提高的。

第四，与幼儿和家长交往的技能。教师应运用幼儿可以理解的语言与其进行交流。教师与幼儿沟通时，言语要确切明了，简单通俗，形象生动，富有感染力和说服力，最好能伴以适当的面部表情和手势。教师还要密切与家长的联系沟通，协调好家园关系，有针对性地做好家长工作。

(二)保育员的素质

1. 保育员的职责

《幼儿园工作规程》第四十二条规定：“幼儿园保育员应当符合本规程第三十九条规定，并应当具备高中毕业以上学历，受过幼儿保育职业培训。幼儿园保育员的主要职责如下：(1)负责本班房舍、设备、环境的清洁卫生和消毒工作；(2)在教师指导下，科学照料和管理幼儿生活，并配合本班教师组织教育活动；(3)在卫生保健人员和本班教师指导下，严格执行幼儿园安全、卫生保健制度；(4)妥善保管幼儿衣物和本班的设备、用具。”

2. 保育员的素质

幼儿在幼儿园接受保育员的生活照顾，保育员的思想素质和品德修养，对幼儿的态度，照看幼儿的方法，对工作和事物的态度，都会潜移默化地影响着幼儿。因此，保育员的素质对幼儿的成长有重要影响。保育员应具备的素质包括以下几个方面。

（1）较高的职业道德水平。

第一，有坚定的职业信念。保育员要热爱自己所从事的事业，并且有自豪感。

第二，有爱心和责任心。有爱心才能真正做到处处为幼儿着想，理解幼儿，致力于促进幼儿健康成长。高度的责任心是促使保育员尽心尽责的内在动力。

（2）身心健康。

第一，由于保育员的工作细碎、任务繁重，需要消耗大量的体力与脑力，因此，保育员要拥有健康的身体。

第二，保育员的心理品质，如自信、乐观、激励性、情绪控制等，不但会影响幼儿园保育工作的进行，也会影响幼儿的性格形成。因此保育员需要有健康、积极的心理品质。

（3）较为丰富的科学文化知识和先进的保教理念。合格的保育员要有教育、心理、卫生保健、营养以及法律等方面的背景知识。这些科学文化知识是指导保育工作的理论基础。保教理念主要有儿童观、保育观和教育观。保育员应树立科学、正确的儿童观和教育观。保育观指保育员对保育工作内涵的认识，它决定了保育员对保育工作的基本态度和行为倾向。正确的保育观是保育不单纯是照顾幼儿的日常生活起居，其根本目的是保护与促进幼儿身心健康地成长。

（4）具有较高的专业技能。保育专业技能是保育员开展保育活动必备的素质。保育员的专业技能主要包括清洁消毒、生活管理、配合教育活动、安全工作等。

【课堂讨论】

“被遗忘”的痛

2007 年 8 月，山东省济南市 5 岁男童被遗忘在校车内数小时后窒息死亡;2010年7月,广东省江门市3岁男童被遗忘在校车内近8小时,窒息而亡;2011年9月,湖北省荆州市两名4岁女童被发现滞留在校车里,医院在抢救无效后宣布二人死亡。一起起惨剧让人痛心不已。一连串的幼儿"被遗忘"事故,让人不禁担忧幼儿园的安全监管工作和保教队伍的素质。

思考与分析

假如你是园长,在幼儿教师和保育员招聘过程中你最看重他们的哪些素质?为什么?

二、保教人员的选聘与任用

保教队伍质量是幼儿园质量高低的决定因素,而保教人员的选聘是保证保教队伍质量的第一关。人员的选聘和任用影响着幼儿园内部风气与人际关系的形成,关系着管理效率的高低,并最终关系到保教质量。因此,在选聘保教人员时,除了要按照《教师资格条例》和《幼儿园工作规程》的相关条件进行选聘,还应遵循现代管理的用人观,依据科学的用人原则。

(一)按需设岗,因岗用人

以工作为重,人员的安排要服从工作的需要。管理者在用人之前,首先要做岗位分析,根据幼儿园的规模和性质,考虑全园的工作任务和所设立的岗位及人员编制,进而对各个岗位的工作内容、要求和任职者应具备的基本素质和条件加以分析,选择合适的人员来承担相应的工作,切忌因人设岗。

(二)用人唯贤,重视绩效

用人唯贤是人员任用的最基本准则。对于确实有才干的教师,应大胆任用,使其才能得到充分发挥。要坚决避免感情用事、不坚持原则以及"任人唯亲"等错误的用人倾向。该原则的运用有助于激发教职工努力进取、不断追求,促使教职工保持振奋的精神状态和树立良好的园风,进而改善各方面工作。

(三)用人不疑,委以责任

用人不疑就是要充分信任选聘的教职工,相信他们有热情、有能力做好自己的本职工作。教职工得到管理者的信任,就会体会到自己的价值,更加努力工作,以回报管理者的信任。

委以责任就是根据幼儿园实际情况给教职工分配工作。同时赋予教职工一定的权利,并且尊重教职工的自主权,发挥教职工的积极性、主动性和创造性,激起他们的工作热情,营造人人争先进的良好氛围。

(四)用人之长,避其所短

用人贵在扬其长避其短。人无完人,人都有强项,也有弱点。幼儿园管理者应该首先充分了解选聘人员的优势和不足,在全面掌握情况的基础上,把选聘人员的特点与岗位要求进行吻合度分析,如果其长处占优势,且其长处正是工作中的重要因素,而缺点又不会影响工作,则可以大胆选用。同时,管理者应特别注重将每个教职工的特长、才能凝聚起来,发现并有效利用每个教职工的长处。切忌任人唯全,求全责备。

(五)优势互补,结构合理

组织效率的高低不仅取决于每个个体的素质高低,还在于个体的组合是否科学。在幼儿园管理中,要根据保教人员的特点合理搭配班组,既发挥个人所长,又做到相互间优势互补,提高工作效率。如以老带新,让有工作经验的教师与无工作经验的教师搭配,发挥以老带新的传帮带作用;又如根据工作人员身体、能力、性格、气质等方面特征,合理搭配发挥互补作用,可以减少矛盾冲突,促使效益最大化。

(六)建立动态的用人机制

人员的任用应该是一个动态的过程。幼儿园的任何职位都不是“终身”的,而是流动、变化的。建立动态的用人机制一方面可以实现优胜劣汰，能胜任工作的可以接着干，不能胜任的要及时调整，使受聘人员时刻有危机意识，产生压力，促使其不断提高。另一方面，动态的用人机制可以为教职工提供施展才华和成长的机会，让教职工在不同的岗位上得到锻炼，得到提高，寻找适合自己的最佳位置，探索最优化的人员组合模式。

第二节 幼儿园保教人员的考核、激励与职业发展

一、保教人员的考核制度

保教人员绩效考核是通过系统的方法、原理对保教人员的工作业绩、能力、岗位适应度等进行全面的观察、记录、分析和评价，幼儿园实施保教人员培训、人事调整、薪酬调整等也要依据考核结果。幼儿园保教人员的绩效考核包括业绩考核、能力考核和态度考核。业绩考核是对保教人员承担岗位工作的成果进行的评定和估价；能力考核是依据岗位说明书规定的岗位要求，考核保教人员在工作过程中发挥出来的能力；态度考核的重点是考核保教人员工作的认真度、责任度，工作的努力程度，即工作干劲、热情，忠于职守和服从命令等方面的情况。

（一）绩效考核程序

1. 科学制定考核目标

幼儿园管理者要根据幼儿园目标以及保教人员工作计划确定保教人员的绩效目标，并依据保教人员岗位工作要求，确定考核要项，将考核要项进行分解，形成绩效考核标准，原则上要求具体、客观、定时定量，而且绩效目标要有层次性，不宜定得过高。

2. 评价实施

评价实施是将保教人员工作的实际情况与考核标准逐一对照，评判绩效的等级。它是绩效考核的中间环节，也是耗时最长、最关键的一个环

节，此过程的好坏会直接影响绩效考核的成败。此阶段的主要工作是广泛收集数据，依据其中可信度高的数据对保教人员进行评价。常见的评价方式包括工作标准法、叙述评价法、量表评测法、每日评价记录法、关键事件记录评价法、目标管理法、强制比例分布法、配对比较法等。这些方法在具体操作过程中常常是被综合使用的。

3. 绩效面谈

幼儿园绩效面谈指幼儿园管理者根据周期绩效表现和绩效结果，与保教人员进行一对一、面对面的沟通，将保教人员的绩效表现通过正式的渠道反馈给他们，让保教人员对自己有一个全面的认识，以便在以后的工作中做得更好，达到改善绩效的目的。幼儿园管理者要明确面谈的主题，拟订面谈计划，预先告知保教人员面谈的时间、地点，收集相关的信息资料，尤其应准备好各种原始记录和资料（管理者与保教人员双方都应准备）。其中一对一的面谈方式能够促进管理者与保教人员之间的相互沟通和了解，使双方开诚布公地交换意见，求同存异，质量较高，能够提高绩效考核的针对性和有效性。

在将考评结果反馈给保教人员的过程中，管理者应当保证面谈的针对性、真实性、及时性，掌握绩效面谈的技巧，选择有理、有利、有节的面谈策略，依据保教人员的个性特点以及心理承受能力，采用灵活多变、因人而异的绩效面谈方式，循循善诱，使保教人员明白其工作中的优点和不足，鼓励保教人员自己发现和分析问题，实现“自己解放自己”，即使有些问题难以达成共识，也应当允许保教人员保留自己的意见。

4. 制订绩效改进计划

幼儿园管理者和保教人员在讨论绩效考核存在问题产生的原因时，对于达成共识的问题应当及时记录下来，因为这些问题可能就是保教人员在下一阶段需要重点关注和提高的部分，从而对下一阶段绩效重点和目标进行计划。面谈结束后，双方要将达成共识的结论性意见或经双方确认的关键事件或数据，及时予以记录、整理，填写在考核表中。对于达成共识的下阶段绩效目标也要进行整理，形成下阶段的考核指标和考核标准。改进绩效计划应当切实可行、由易到难，要有明确的时间，计划要具体、得当，并要得到保教人员的认同。

5. 改进绩效的指导

幼儿园管理者要对保教人员的工作改进作出正确指导，并在精神上、物质上予以必要的支持，切实保证保教人员工作的有效性。

（二）保教人员绩效考评策略

绩效管理既是对保教人员能力、态度的评价，也是对保教人员潜能的考察，更是对保教人员未来行为表现的一种预测，是一种连续性的管理过程。只有采取程序化、制度化的绩效管理，才能真正了解保教人员的潜能，才能发现问题，改进工作。

依据保教人员职业特点，可以采用全方位、多角度、多渠道的考评方法对保教人员进行客观、公正、准确的考评。

1. 上级考评

上级作为考评者，与被考评者属于领导与被领导、监督与被监督的关系，他们对被考评者的具体情况比较清楚，并且没有思想负担，能够较为客观地对其进行考评，所以上级考评在绩效管理中占较大比重，在总体评价中一般高达 50%左右。

2. 同事考评

同事与被考评者是相互配合的关系，相较于上级考评者，同事与被考评者接触更为频繁，对其工作能力、态度、业绩、潜能的了解更为全面，但他们在考评时易受主观因素影响，如同事之间人际关系的好坏、彼此是否存在竞争等均会影响对被考评者的成绩，所以同事考评在绩效管理中不宜占太大比重，在总评价中占 20%左右。

3. 家长考评

家长与被考评者在教育中是合作伙伴的关系，共同承担着教育幼儿的责任，正因为家长的视角独特，所以能对被考评者的工作作风、态度和行为方式有比较深入的了解，但他们在考评时顾虑太多，如打低分是否会影响自己孩子受到不公平对待等，会导致考评结果缺乏客观真实性，所以家长考评的比重一般占10%左右。

4. 自我考评

被考评者对自己的绩效进行自我考评，能充分调动被考评者的积极性，特别是对那些以实现自我为目标的保教人员更显重要。但因为自我考评容易受到个人多种因素的影响，有一定局限性，所以在总体评价中的比重一般占10%左右。

5. 幼儿考评

幼儿和保教人员朝夕相处，对被考评者的一言一行的感受最为直接、具体，但因为受身心发展水平的局限，幼儿常常以自我为中心，易混淆想象与现实，而且思维的间接性和概括性较差，所以其考评结果的准确性和可靠性都不太高。在实际考评中，采用幼儿考评要慎重，它在总体评价中的比重不宜超过10%。

【课堂讨论】

全勤奖要坚持吗？

某幼儿园领导班子研究决定：加强经济杠杆作用，在全园推行全勤奖。制度具体内容是：每月统计出勤一次。全勤奖励100元，如果上课、教研活动、政治学习等缺席一次或迟到两次者没有全勤奖金。该制度实施后，教师迟到或缺席的情况变少了。但是不久，几件小事在教师们中间被议论开了。一位骨干教师，非常敬业，常常带病上班，很受家长和幼儿喜爱。一次因急病起不了床只好请假两天，病未痊愈就急着上班了。因为请假，她被扣了全勤奖。而另外一位教师却是“出工不出力”，教学效果差但全勤奖收入囊中。还有一位教师某月第一周便迟到2次，她知道自己全勤奖肯定是拿不到了，之后几周的工作非常懒散。

思考与分析

该幼儿园全勤奖制定得是否合理？该坚持执行吗？

二、保教人员的激励策略

激励就是针对人的生理与心理需要，有计划地通过某些刺激，引起其心理变化，使其行为反应有助于目标的达成。保教队伍的激励指幼儿园管理者运用激励手段，有计划地对幼儿园保教队伍予以有效的刺激、引导与鼓励，以促进其发生心理变化，提高工作的积极性与创造性，进而提高保教质量和办园整体水平。

保教人员的成长分为适应期、稳定期、职业危险期、保守时期和退休期等五个阶段，不同阶段有不同的激励策略。

（一）适应期（第1—3年）

保教人员在这一时期，既有角色转换的不适应，又有初为人师的兴奋。他们想把自己学到的技能全部用到保教工作中，希望得到大家的承认。但现实与理想的差距，往往使他们无所适从。在这个阶段，有两个因素对保教人员有重大影响：一个是富有挑战性的工作带给保教人员的“工作初期感受”，它有助于保教人员在整个工作生涯中保持旺盛的工作热情和竞争意识；另一个是鼓励保教人员向理想目标进发而产生的“工作初期抱负”，它有助于激发保教人员的工作积极性，使其在今后的工作中不断取得成功，幼儿园可以根据这一特点采取文化激励和行为激励等措施，帮助其尽早进入状态。

1. 文化激励

幼儿园文化是一所幼儿园的灵魂。优秀的幼儿园文化应无时不在、无处不有，它能不断激励幼儿园教职工为幼儿园的发展而努力。管理者应着重帮助新入职保教人员认识自我，了解进而认同幼儿园文化，认同幼儿园目标，增强归属感和自豪感，安心工作。这个过程被称为保教人员的幼儿园“组织化”过程。文化激励同时也能规范保教人员的日常工作行为，让保教人员在不知不觉中实现身份的转变。

2. 行为激励

行为激励指用某种富有情感的行为来激励他人，从而达到调动积极性的目的。在新进保教人员亟须实现身份转变、习得有效保教技能、得到幼儿园领导认可时，幼儿园可以安排师德高尚、经验丰富的保教人员与新保教人员结对，以导师制、师徒制等以老带新的有效方式，帮助他们成长。

(二)稳定期(第4—7年)

从第一阶段向第二阶段的过渡是最重要的阶段。在这个阶段，幼儿园应积极创造条件，着重帮助保教人员确定职业发展方向。在成功实现角色转变后，保教人员的职业生涯便进入稳定期，这一时期的保教人员已经具备有效从事保教工作的基本技能，能胜任保教工作，他们对新知识、新技能有着强烈的需求，努力寻找并形成带有个性特征的保教风格。

稳定期的保教人员对保教工作富有热情，对工作比较投入。他们处于形成个人保教风格的探索中，需要更新知识结构，提高保教技能。因此，知识激励可以满足保教人员对知识的渴求，而竞争激励又可以使保教人员将自身的资源利用得更加充分。

1. 知识激励

随着知识经济时代的到来，知识更新的速度越来越快，知识老化、知识结构不合理现象日益突出。这就要求保教人员不断学习，更新知识，优化知识结构，增强保教技能。处于稳定期的保教人员对新知识的接受比较主动，幼儿园在这个时候要为保教人员的成长提供支持，如对保教人员进行在职培训等。幼儿园管理者可以通过知识激励满足保教人员学习新知识、新技能的需求，帮助他们通过不懈努力提高自身素质，使他们在工作中体会到成就感和自我满足感，体会到工作的乐趣。

2. 竞争激励

幼儿园在用人上要引入竞争机制，实行聘任制和层级薪酬制，竞争上岗，促使更多优秀人才脱颖而出。这样不仅能给保教人员带来责任感、紧迫感和危机感，还能帮助保教人员提高保教水平和心理素质，为教师搭建施展才干的平台，为他们提供公平公正的竞争机会，能者上，平者让，庸者下。

(三)职业危险期(第8—23年)

保教人员进入职业生涯的中期后会产生职业倦怠。这是保教人员职业生涯的关键时期,走出这个时期,保教人员便可以突破自己的局限,形成自己的保教风格,所以,幼儿园有责任,也有义务帮助保教人员突破这一“瓶颈”。

1. 思想政治激励

思想政治激励是通过思想政治工作激发工作热情。树立了正确的世界观、人生观和价值观的人才可能拥有饱满的工作热情。因此,在保教人员对教育工作的认识发生变化的时候,适时的思想政治教育是必要的。

2. 信任激励

信任激励指幼儿园管理者要平等地对待保教人员,尊重保教人员的劳动成果,更要充分地相信保教人员,放手让保教人员在自己的职权范围内独立处理问题,创造性地开展工作,周期性地改变工作内容。

(四)保守时期(第24—31年)

这时期的保教人员大多经验丰富,已经形成独特风格。在同行中,他们也成为资深人士,对自己的保教工作充满自信,但他们也容易产生自满情绪,沉醉于自己已经取得的成就,看待问题带有极大的主观偏见,并安于现状,不愿意探索新的保教模式。减少保教人员在这一阶段的自满和退缩是幼儿园要解决的主要问题。

1. 目标激励

目标激励指确定科学合理的目标,诱发人的动机和行为,从而达到调动人的积极性、满足个人自我实现需要的目的。对于处于保守期的保教人员,幼儿园管理者可以引导他们设立新的、有挑战性的目标。通过设立新的目标,可以让保教人员努力突破自己,发现新的职业生长点,重燃职业发展的热情。

2. 情感激励

情感激励既不是以物质利益为诱导，也不是以精神理想为刺激，而是指强化感情交流和沟通，协调领导与教职工的关系，让教职工获得精神上的满足，激发教职工工作积极性的一种激励方式。这一时期的保教人员压力最大，幼儿园管理者要多与他们交流沟通，了解他们的工作和生活，在满足保教人员物质需要的同时，关心保教人员的精神生活和心理健康，增进彼此之间的理解和信任，增强保教人员的归属感，激发保教人员的工作热情。

（五）退休期（第 32—39 年）

由于年龄等原因，保教人员即将退出保教岗位，这一阶段也是保教人员职业生涯的终结。在这一阶段，保教人员的情绪比较低落，容易产生失落感。因此，幼儿园管理者要适时给保教人员鼓舞，对他们实行荣誉激励，对其工作成绩给予充分肯定，并要重视他们的心理需要，让他们仍能以饱满的热情站好最后一班岗，承担指导、教育青年保教人员的工作，有效地利用自己智力、经验、知识和技术优势来培养年轻保教人员。

激励是一项系统工程，要想实现激发动机的目的，必须从满足不同阶段保教人员的特殊需要出发，帮助保教人员建立合理期望，设置合理目标，丰富保教人员的公平体验，多角度、全方位地进行规划和设计。

三、保教人员的职业发展

（一）保教人员职业发展规划

职业发展规划指将个人发展与组织发展相结合，在对职业发展的主观和客观条件进行测定、分析、总结的基础上，对自己的兴趣、爱好、能力、特长进行综合分析，结合时代特点，根据自己的职业倾向，确定最佳的职业奋斗目标，并为实现这一目标做出行之有效的安排。制订职业发展规划可以帮助保教人员真正了解自己，筹划未来，确定人生的发展方向。保教人员职业发展规划的本质不仅是保教人员专业化发展的目标，而且是保教人员生活快乐与幸福的源泉。

保教人员职业发展规划不仅是帮助保教人员成长的手段，还是幼儿园的关键性战略资产。制订职业发展规划的过程是教职工与幼儿园共同制定的基于个人和组织共同需要的个人发展目标与幼儿园发展道路的过程，是保教人员与幼儿园互动生成的过程。因此，在制订发展规划时，要主要从幼儿园和教职工两个方面来采取措施，以减少制订规划的盲目性和模糊性，提高职业发展规划的针对性和有效性，改善保教人员的职业发展状况。

幼儿园保教队伍建设是一项长期性工作。幼儿园领导应秉持发展的观念，处理好幼儿园当前利益与长远利益的关系，根据幼儿园实际情况，将保教工作发展的长期规划与近期工作安排结合起来，制订保教队伍培训发展规划，并将其纳入全园总体发展的目标规划体系。幼儿园领导要分析保教人员情况，将保教人员划分层次，对不同层次的保教人员提出不同的培养目标。此外，还要充分利用现有条件，结合不同阶段的工作重点，对不同岗位人员提出不同要求，明确目标，采取多种措施，有计划地开展培训工作，逐步建设一支高质量的保教队伍。

(二)保教人员职业发展策略

影响保教人员发展的因素是多方面的，有个人水平、能力等方面的原因，也有幼儿园及社会大环境的因素，在保教人员制订职业发展规划时，要充分考虑各种因素的影响，确保职业发展规划的可执行性。

1. 提高教职工对职业发展的认识

职业发展规划设计和管理是吸引人才、培养人才、留住人才的一种有效方法。幼儿园领导要提高保教人员的职业发展意识，使他们认识到目标、规划对一个人职业发展的重要性，并在规划执行过程中增进知识、提高技能和竞争力，从而提高自己的职业生活质量和生命价值。

2. 加强幼儿园人力资源需求分析

保教人员要想进行切实可行的职业发展设计，必须了解幼儿园的人力资源需求，如岗位变动、岗位空缺、岗位要求等。幼儿园要加强人力资源需求分析，并采取多样化的方式将职业需求状况、职位能力要求等信息传递给教职工，并引导他们结合幼儿园的发展需要进行职业发展设计。

3. 提供职业发展的咨询和指导

因为保教人员的职业发展与规划并不是仅靠个人力量就能完成的，所以幼儿园管理者应为其提供必要的指导。幼儿园管理者要分析岗位的特征和要求，清晰了解教职工的职业兴趣和职业能力，帮助他们确定恰当的职业发展目标，制订有效的职业发展规划。

4. 加强职业发展的培训

职业发展管理不是简单的对“人们如何做事”的管理，而是对“人们如何发展”的管理。从培训的角度来说，至少应该掌握三条原则：一是培训务必贯穿个体职业发展始终，幼儿园领导必须根据个体职业发展不同阶段的不同发展课题，对其进行持续而有针对性的培训；二是培训务必关注专业素质的综合提升，包括专业知识、专业技能和专业情意等方面；三是培训务必走上科学化轨道，减少以往培训工作中常常出现的随意性。要在培训需求分析、培训目标选择、培训战略制定、培训过程控制、评选活动评估等方面，提高科学化水平。

5. 确定不同职业发展路径和发展策略

在幼儿园中存在一些性质、内容、特点各不相同的工作和岗位。在制订工作计划时，幼儿园应有条理地排列和组织这些工作，并列表显示职务升迁和变换的途径，给予保教人员升迁和工作变换的机会，依据保教人员的专业化发展水平和职业优势，人尽其才，把人员安排在最适合的岗位上，使得人员配置达到最佳状态。保教人员的职业发展是有阶段性的，不同阶段的保教人员具有不同的专业能力、心态和目标。幼儿园要正确认识各阶段保教人员的特点，采用合理的激励策略，最大限度的激发他们的潜能，调动他们的积极性，促使他们完整、正向和持续地发展，顺利度过入职的适应期和调整期，避免职中期的停滞和倦怠，减少职业发展后期的退缩和低落，实现更加完善的发展。

(三)保教人员的培训

1. 幼儿园保教人员培训的内容

培训的重点和主要内容是教师的职业道德修养和业务素质。

(1)职业道德修养。通过思想政治工作,引导保教人员正确认识自己职业的社会价值,树立神圣的职业观念。通过各种途径进行宣传教育,强化保教人员的角色意识,自觉根据国家的有关规定,执行《幼儿园教职工职业道德规范》。

(2)业务素质。幼儿园保教人员的业务水平与保教质量密切相关,要加强业务培训,增强他们的职业能力,包括文化科学知识的学习,教育观、儿童观的更新,学前教育理论的学习,教育技能、技巧的提高等。

2. 幼儿园保教人员培训的方法

幼儿园对保教人员的业务培训要注意结合幼儿园保教工作,因地制宜,提高实效,要本着“业余为主、自学为主、重视岗位培训”的原则,采取多种形式进行。岗位培训是对幼儿园保教人员进行业务培训的行之有效的方式。它能够将教职工的进修学习与工作实践结合起来,使他们学以致用。目前我国的幼儿园保教人员的能力水平不均衡,一些地区已实现师资幼师化,并逐步走向大专化,而一些地区的幼儿园教师尚未受过专业培训,幼儿园应鼓励教职工进修,形成风气,并努力为教职工自学进修创造条件,同时要建立和完善进修学习考核制度,将进修学习成绩纳入教职工业务档案。

(1)鼓励自学进修,提高学历。随着学前教育事业的发展,对幼儿园保教人员的学历要求在不断提高。因此,幼儿园应根据实际情况提供脱产或半脱产的培训机会和条件,使保教人员能够全面系统地学习有关教育理论、技能技巧以及必要的科学文化知识,应鼓励他们参加相应的自学或函授学习,提高学历。

(2)进行岗位培训,提高业务能力。脱产、半脱产进修一次只能允许少数保教人员参加,否则会影响保教工作的正常开展。因为大多数幼儿园基本没有富余人员，一人一岗，所以，岗位培训是幼儿园提高师资水平的主要途径。岗位培训的专业性强，能有效地提高教职工业务能力。幼儿园岗位培训的方式主要有以下几种。

第一，教研活动。教研活动是一种提高保教质量有效而便利的方式，是幼儿园业务学习的主要形式，同时也是教师在职业务培训的重要手段。幼儿园可以从本园实际出发组织或鼓励教职工结合保教实践开展教研活动。如可将同一年龄班组的教师组成教研组，对幼儿自制玩教具的制作进行研讨。教研活动是提高保教质量、提高保教人员业务能力的有效途径。除了幼儿园自身的教研活动，保教人员还可以参加幼儿园所在片区、地区，甚至全国性的教研活动。

第二，观摩活动。教师之间相互观摩听课，进行质量分析，相互交流，可以起到“岗位练兵”、提高教职工业务能力的作用。教师不仅可以参加幼儿园内部的观摩活动，还可以观摩示范园的保教活动。幼儿园内部的观摩活动既可以依日常工作有计划地开展，也可以进行专题性观摩。在观摩活动结束后，由被观摩者自己先“说课”，即对自己组织的活动做一个说明，再进行“评课”，即由参加观摩活动者进行研讨。幼儿园管理者应重视园内外观摩活动的组织开展。

第三，专题讲座。针对幼儿园工作中的实际问题和需要，可以不定期地聘请专家学者或有丰富经验的幼儿园保教人员举办专题讲座，也可以有计划、系统地定期组织保教人员进行专业技能的学习，例如定期举办蒙台梭利教学法讲座等。

第四，组织保教人员参加研习会。根据幼儿园实际情况，分批组织保教人员参加各地、各类型的保教人员研习会，如奥尔夫音乐教育教学法任课资格培训等，以获取最新的保教改革信息，不断提高保教质量。

第五，以老带新，以强带弱。保教工作需要时间和经验积累，年轻保教人员经验不足，有些保教人员的能力偏弱，可以通过以老带新，让经验丰富的保教人员与之搭配组合，以强带弱，加速他们的成长。实践证明，这是一种行之有效的方式。

第六，开展竞赛评比活动，激发保教人员进取向上的精神。幼儿园根据实际情况开展竞赛评比活动，既可以促进保教人员之间的相互交流学习，引导他们取长补短，又可以激发他们积极向上的进取精神，形成良好的园风。

幼儿园管理者要为保教人员进修创造条件。幼儿园要重视教职工业务进修室或图书资料室建设，有计划地订购各类图书及期刊，注意最新幼教资讯的收集、整理，鼓励保教人员阅读和交流心得。

【拓展阅读】

《××幼儿园科研工作学习制度》

1. 幼儿园科研项目组坚持每月定期召开一次科研学习交流会，学习有关理论和信息。

2. 课题组成员参加学习时，不得无故缺席、迟到、早退。学习时要认真做好笔记。

3. 营造研究氛围，组织学习和培训活动。

4. 项目主持人每学期都要阅读与自己研究相关的文献资料并做读书笔记，项目参与人每人每月必须查阅一篇以上的相关文献资料。

5. 教师结合工作需要进行自学，记学习笔记或撰写心得体会。

6. 组织外出参加学习或培训的教师进行交流研讨，分享学习成果。

第三节　园长工作

一、园长的职责、角色

幼儿园园长是领导者和决策者，其素质高低决定着幼儿园的发展方向和管理水平。幼儿园园长究竟应该承担哪些职责、扮演什么角色才能更好地促进幼儿园发展呢？

(一)关于园长职责的规定

《幼儿园工作规程》规定：幼儿园园长应当贯彻国家教育方针，具有良好品德，热爱教育事业，尊重和爱护幼儿，具有专业知识和技能以及相应的文化和专业素养，为人师表，忠于职责，身心健康；具有《教师资格条例》规定的教师资格、具备大专以上学历、有三年以上幼儿园工作经历和一定的组织管理能力，并取得幼儿园园长岗位培训合格证书。

《幼儿园工作规程》第四十条规定：幼儿园园长负责幼儿园的全面工作，主要职责如下：贯彻执行国家的有关法律、法规、方针、政策和地方的相关规定，负责建立并组织执行幼儿园的各项规章制度；负责保育教育、卫生保健、安全保卫工作；负责按照有关规定聘任、调配教职工，指导、检查和评估教师以及其他工作人员的工作，并给予奖惩；负责教职工的思想工作，组织业务学习，并为他们的学习、进修、教育研究创造必要的条件；关心教职工的身心健康，维护他们的合法权益，改善他们的工作条件；组织管理园舍、设备和经费；组织和指导家长工作；负责与社区的联系和合作。”

(二)园长的角色

依据文件规定以及当前幼儿园园长工作的具体情况，园长的主要职责包括思想政治领导职责、组织管理职责、保教管理职责、人力资源管理职责以及沟通与协调关系职责等。

1. 思想政治领导职责

思想政治意识是组织发展的保障。对于幼儿园来说，坚持正确而有效的思想政治领导，不仅可以指引幼儿园发展的方向，而且可以产生巨大的推动力，促进幼儿园发展。因此，在园长的管理职责中，首先就要坚持正确而有效的思想政治领导。

思想政治领导职责对园长提出了两个方面的要求。

第一，园长要贯彻党和国家教育方针政策，确立正确的办园指导思想，以此形成幼儿园发展的核心凝聚力。因此，园长必须正确理解党和国家的教育方针政策，通过持续不断的思想教育和引领，确保幼儿园的办园方向正确，体现幼儿园的社会价值。

第二，要不断探讨幼儿教育及幼儿园发展的特点和规律，不断学习先进的教育理念和管理思想，逐渐形成自己独特的教育思想和理念，引导幼儿园教职工努力在工作实践中探索教育规律，形成自己的教育观、幼儿发展观等，更好地实现幼儿教育的价值。苏霍姆林斯基非常重视教育思想在办学过程中的作用，他说："领导学校，首先是教育思想的领导，其次才是行政上的领导。"①

2. 组织管理职责

园长作为幼儿园的管理者，对于幼儿园组织的发展具有不可推卸的责任。园长要善于发挥计划、组织、协调和控制等职能来确保幼儿园发展的高效率。组织管理是幼儿园可持续发展的保证，一位好园长必须能确保组织管理的有效性，确保幼儿园发展的高效率。园长要根据国家有关规定，并结合本园实际，建立合理的幼儿园组织管理系统，选聘充实中层干部，使各组织发挥管理职能。在此基础上，园长要做好财政预算与规划，教育资源的获取、分配与管理，幼儿园环境创设与使用等工作。及时检查监督，保证工作按计划进行。

3. 保教管理职责

园长一定要树立保教工作是幼儿园中心工作的观点，注意对保教工作进行组织和指导，摆正自己的位置，站在全局的高度来做好幼儿园保教工作。

4. 人力资源管理职责

人是组织发展中最宝贵的资源，管理工作归根结底是对人的管理。人力资源管理主要是做好用人、培养人和调动人的积极性三个方面的工作。在幼儿园管理过程中，要强调"以人为本"的管理，园长要全面了解并关心教职工的思想、业务状况、工作安排，要注意将用人与奖励结合，要充

① [苏]苏霍姆林斯基著，赵玮译：《和青年校长的谈话》，第33页，上海：上海教育出版社，1983年。

分考虑到本园教职工的特殊情况，充分调动其积极性，发挥每一位教职工的潜能，形成合力，共同促进幼儿园的有效发展。

5. 沟通与协调关系职责

幼儿园不是孤立存在的，唐纳德等人在《学校与社区关系》一书中指出，教育必须被放在学校—社会的大环境中来评价，必须把教师、学生、管理者、辅导人员、家长、其他居民联系在一起看待。学校是平庸还是优秀，取决于这些相互关联的人的综合表现——他们如何沟通、如何联系、如何相互支持、如何共享信息。园长要承担沟通和协调与外界的各种关系的职责，为幼儿园的发展创设有利的外部环境。园长需要处理好以下几种关系：与上级行政部门之间的关系；与家长的关系；与社区的关系；与其他幼儿园的关系。

园长是一所幼儿园的指挥者，要善于抓大事，统领全局，抓住办园指导思想、办园方向等大问题，明确自身承担的职责，担负起领导全园工作的重任，统筹安排各项工作，调动全体员工的积极性，发动和依靠大家共同做好幼儿园工作。

二、园长的基本素养和能力要求

园长的基本素养指从事幼儿园领导工作所必须具备的基本条件，以及在领导工作中经常起作用的内在要素的总和，包括素质和修养两个方面。素质指一个人的性格、兴趣、文化水平、意志、体力、气质等，而修养指的是修身养性、反省自新、陶冶情操和涵养道德等。园长基本素养的形成离不开先天的条件和后天的努力。园长需要具备相应的人格素养、知识素养和能力素养。

【拓展阅读】

领导素养包括：共同目标、相互尊重、终身学习、联合领导、追求卓越、致力于成功、承担风险、支持、坦诚开明、颂扬和幽默感。

(一)园长的人格素养

从心理学的角度来说,人格主要指人的性格、气质和能力等心理特征。从伦理学的角度来说,人格主要指人在道德上应该承担的权利和义务,即道德品质。

1. 自信心

自信、积极、向上的管理者会充满热忱,坚持自己的决策,成为被管理者克服困难、不断发展的主心骨。因此,园长作为幼儿园的领导核心,必须具备激励幼儿园教职工向着一定的目标努力的能力。园长要对自己的能力有充分的自信,并且能够通过自己的信念、行动和语言不断向幼儿园教职工、家长传达这种自信,让家长相信他们自己的选择是正确的,他们的孩子会获得最佳的发展,让幼儿园教职工相信他们自己有能力克服工作中的困难,并且一定会获得积极正向的回报,从而坚定不移地跟随园长一起努力工作,实现幼儿园目标。

2. 正直

正直就是不畏强权,坚持原则,能公开反对自己坚信是错误的观点、行为等,有勇气坚持自己的信念,并勇于承认错误。正直是园长让人信任的前提条件。孔子所说:“其身正,不令而行;其身不正,虽令不从。”幼儿园管理对象是以女性教职工为主体的群体,她们敏感、细腻、容易动情,更容易出现各种冲突和纠纷。园长要树立榜样,时刻注意和反省自己的言行举止,以正直的品格影响员工。

3. 友好

《给幼儿园园长的建议》一书中指出,“园长不应是高高在上的权威者”,要“和教师做朋友”,并提出了和教职工建立友好人际关系的措施,“你可以抽点时间,到班里去转转,用感情真挚的平凡话语,让教师感到你的平易近人,感受你温柔的一面;你可以抽点时间,在开会之前弄个小插曲,和教师简单拉拉家常,了解教师们最近的烦心事、开心事,让教师感到你朋友般的关怀,感到你亲人般的亲切;你可以抽点时间,到办公室和教师们探讨一下,如何让这节活动课更加生动?把你不同于他们的想法积极展现出来,让教师感受你的快乐,感到你良好的教育姿态……所有这些,都可以让你成为教师们的朋友”。[①] 园长对待教职工要平易近人,与人为善,在工作上可以严格要求,但是在生活上要多关心,平时要多和教职工沟通,做深入细致的思想工作,对教职工要充分信任,要善听逆耳之言,尊重大家。

4. 宽容

在社会多元化发展的今天,宽容对于组织发展具有重要意义,宽容意味着关爱、尊重、平等、对话、沟通、和谐、发展,意味着每一个人都能自由表达自己的看法,提出自己的建议,意味着错误不是结束,而是发展的契机。宽容可以让园长换位思考,把更多的精力用于谋求幼儿园的发展。园长应豁达大度,宽以待人,事事出以公心,作风民主,平等待人,努力创造人人心情舒畅、和谐宽松的人际环境。

5. 热情

有研究结果表明:热情、激情、鼓舞和号召力这类品质被认为是学前教育领导者最重要的个性。处于积极向上的环境中,人的工作热情会不自觉地高涨,工作效率也会提高,因此,园长要尽量用饱满的情绪状态、用工作激情,让教职工感觉到工作是一件很快乐的事情。园长要热情、主动、友好地与教师交流,激发他们的工作热情。

(二)园长的知识素养

园长的知识结构应该是由能满足幼儿园管理需要的合理、优化的知识体系构成的。随着社会发展和教育改革的日益深入,园长的知识结构也需要不断地丰富和完善。对幼儿园园长来说,所具有的知识要既专又博,也就是说既要有精深的专业知识,又要有广博的相关学科知识。

---

① 朱家雄、张亚军:《给幼儿园园长的建议》,第17页,上海:华东师范大学出版社,2010年。

1. 专业知识

园长的专业知识主要包括幼儿保教的专业知识和幼儿园管理的专业知识两个方面。园长要懂得教育科学知识和卫生保健知识，了解幼儿的年龄特点和身心发展规律，使幼儿园保教工作科学进行。园长还要不断丰富幼儿园管理知识，懂得幼儿园管理的有效方法和途径，提高管理水平。

2. 相关学科知识

（1）哲学知识。无论是保教，还是管理都离不开哲学知识的指导和影响。掌握哲学知识的园长能够更好地把握幼儿园管理思想和理念。正如一位校长所言："做一个有智慧的校长，经营一所有智慧的学校，培养一批有智慧的学生，托起一个有智慧的民族，这是做校长的最大幸福。"①

（2）心理学知识。心理学知识视角可以使园长更多地从教师及幼儿生命个体身心发展的角度看问题，更好地把握幼儿身心发展状况及规律，做到更好地关心幼儿、教育幼儿和发展幼儿，更好地协调园长与教职工的关系，实现与幼儿和教职工的良性沟通与互动，有效消除对幼儿和教职工的抵触情绪，提升园长的领导力。

（3）教育生态学知识。教育生态学是一门运用生态学的原理与方法研究教育现象的科学。教育生态学强调差异、和谐、动态、平等和系统等观念，主要内容涉及教育的生态环境、教育的生态结构、教育的生态功能、教育生态的演替与进化等方面。园长具备教育生态学知识有助于其教育主体意识、生命意识、公平意识及合作意识的唤醒与形成，有助于园长转变观念，正确认识教育领域中每一个生命个体本身所蕴含的生命价值及意义，正确理解教育领域中的人、事、物及环境的生态特性，进而在教育实践中采取有效策略，实现教育生命个体的身心和谐发展，实现幼儿园教育质量的整体提升。

---

① 周成平：《给校长一生的建议》，第150页，南京：南京大学出版社，2010年。

(三)园长的能力素养

园长的能力素养主要包括园长的决策能力、执行能力、交际能力及创新能力等方面。

1. 决策能力

幼儿园决策指园长为幼儿园发展进行的一种战略部署或规划的管理过程。决策过程通常由明确问题、发现解决问题的方法、分析解决问题的方法和制定最终决策等四个部分构成。园长的决策要靠科学的预测和决策程序,优秀的园长往往表现得有胆识,在复杂多变的情形下果断、冷静,善于抓住机遇。

2. 执行能力

园长既要增强自身的执行能力,也要增强教职工的执行能力。园长有效的执行能力体现在以下几个方面:首先,决策方案有可行性。有些决策方案虽然很好,但是不一定能执行。其次,要确定执行目标,拟订可操作的实施方案。目标要层层分解,这样做有利于目标的实现,便于计划落实。再次,要科学分配任务,明确岗位责任。园长要熟悉教职工的才能和个性,并科学分配任务,明确任务的负责人。最后,要注意监督与沟通。在确定决策以及决策执行过程中,虽然各项工作都作了安排,但是人和事的因素还有很多是不可预期的,所以园长要注意对执行过程进行监督,并注意监督方法的灵活性。

3. 交际能力

如果园长要高效地履职尽责,就需要有较好的交际能力。交际能力是妥善处理组织内外关系的能力,包括与周围环境建立广泛联系和对外界信息进行吸收、转化的能力,以及正确处理各种关系的能力。交际能力包括表达能力、沟通能力、理解能力、协调能力、合作能力等。

4. 创新能力

园长在幼儿园发展中起关键作用。为使幼儿园不断发展,园长必须具有创新精神。首先,园长要意识到创新对于国家、民族、幼儿园和幼儿的价值。其次,园长要善于学习。创新不是盲目进行的,而是厚积薄发的。再次,园长的创新要以观念创新为前提。园长要引领幼儿园的发展,就必须紧跟时代潮流,把握现代教育管理理念,不断在观念上创新,“先破后立,不破不立”,为实践创新做好准备。最后,园长要敢于进行创新的实践。如果园长的创新观念是来源于对教育和管理规律及实践活动的探索和思考,并且是经过科学论证的,那么就要敢于在实践中进行检验,没有创新就没有发展。

三、园长的工作艺术与幼儿园领导班子建设

(一)园长的工作艺术

园长的工作艺术指幼儿园园长为实现幼儿园发展目标,运用科学知识、实践智慧,为完成工作任务而采取科学有效的手段进行幼儿园管理的艺术。园长不仅是幼儿园的管理者,而且是幼儿园的构造者和发展者。多重角色功能的实现要求园长的工作具有艺术性。

1. 园长工作艺术形成的基础

(1)热爱孩子。一位园长如果没有爱就很难做好园长工作。苏霍姆林斯基指出:“一个好教师意味着什么?首先意味着他是这样的人,他热爱孩子,感到跟孩子交往是一种乐趣,相信每个孩子都能成为一个好人,善于跟他们交朋友,关心孩子的快乐和悲伤,了解孩子的心灵,时刻都不要忘记自己也曾是个孩子。”[①]教师的爱并不是一般意义上的爱,它要求教师具有献身教育的理想,它要求教师具有热爱真理的精神。这种爱在园长身上表现得最为突出,也是园长工作艺术形成的重要前提。

(2)保教科研意识和能力。保教科研意识和能力是优秀园长素质的重要组成部分。科研意识和能力有助于园长更好地认识和理解党和国家学前教育方针政策,有助于园长更好地了解教师的保教状况和幼儿身心

---

① [苏]苏霍姆林斯基著,赵玮等译:《帕夫雷什中学》,第 21 页,北京:教育科学出版社,1983 年。

发展状况，也有助于园长形成自己的保教思想和理念。因此，园长应做科研型、学者型、专家型园长，这是园长工作艺术形成的重要基石。

(3)精深的专业知识和广博的学科知识。优秀的园长应具有扎实的专业知识，不仅要熟练掌握保教基本理论，做到知其然、知其所以然，还要不断获取新知，及时更新教育教学思想和观念，不断优化自己的知识结构。可见，园长应有扎实的专业知识和教育理论功底。这是园长工作艺术形成的重要保障。

(4)修炼自己的人格品性。人的品格涵养是人发展过程中的重要规定性，也是人自我社会层次定位的基本体现。一个人是否是高尚的，不是看他的出身门第，更不是看他的财富多少，而是看这个人的品格。园长作为幼儿园发展的引领者，作为幼儿园美好生活的建构者，必须具有高尚的品格。反之，如果园长的品格低下，那么他的行为也就不可能高尚；如果园长的品格卑鄙，那么他的行为也就不可能磊落。所以，园长人格品性的修炼是园长工作艺术形成的重要内涵。

2. 园长工作艺术的基本特征

园长工作艺术的本质是园长对工作的科学性和独特性的领悟的有机统一。园长工作艺术有以下几个基本特征。

(1)独特性。园长工作艺术是在长期的教育实践过程中，不断学习和探索的结果。它不仅受外部社会经济、政治环境及文化传统的影响，更受园长自身的理论素养、认知水平、能力及个人的兴趣、爱好、性格、气质等情况的影响。这就使得每位园长的工作艺术都呈现出独特的色彩。

(2)权变性。园长工作艺术的权变性指园长必须依据不同的时间、地点、对象，随机应变地处理问题。即使是处理同一类性质的事件，也应审时度势灵活处置。同样，对同一个教师或幼儿，在不同的时间、环境中，工作的方法、手段也可能不同。权变性综合反映了园长在长期工作实践中形成的机智敏捷的反应能力和高超有效的保教能力，它决定着园长工作的创造性和想象力，也是园长工作艺术的关键所在。

(3)情感性。幼儿园教职工团队大多是由女性组成的特殊群体，女性具有感情细腻、争强好胜及自尊等共性特点。如果园长不能合理运用情感的隐性感化力量，在工作中肯定会碰软钉子，也可能会使任务不能如期完成。所以，园长必须清楚地了解每个教师的心理需要，以情动人，以爱换心，用情感手段激励他们热爱幼儿教育事业和幼儿。孟子曾说：爱人者，人恒爱之；敬人者，人恒敬之。园长在管理过程中的情感投资是维系与教职工和谐关系的黏合剂。

3. 园长工作艺术提高的途径

园长要敢于向一切不适应时代发展的传统观念和做法发起挑战，使幼儿园各项工作与时俱进。这就需要园长提升工作的艺术性，既具有超前思索的意识，又具有洞察分析现状的能力，练就系统思维的良好品质。园长工作艺术的提高既需要园长提升自身的理论素养，也需要他们丰富自身的实践知识和提高实践技能。

（1）勤于学习思考，提升理论素养。园长要在工作之余多读书，做到真读、细想、勤记，并把书中的教育思想、教育方法与自身的管理实践联系起来，构建具有特色的幼儿园管理理念和模式，然后付诸保教实践，经过从理论到实践，又从实践到理论的反复操作，提升理论素养。当然，园长读书不能仅仅局限于读教育理论书籍，更不能只读探讨园长工作艺术的书籍，读书的范围要扩大。只有这样，才能提升自己的幼儿园管理理论的实践性。正如欧文斯所言："如果没有运用理论知识作指南，就像是在专业教育领导艺术的迷宫里盲目摸索，希望采取恰当的策略，然而却只能边做边猜。"①

（2）拜师学艺，丰富实践知识和提高实践技能。虚心拜有经验和学识的园长为师，潜心学习如何制定幼儿园发展规划，如何处理幼儿园内外部冲突和矛盾，如何协调公共关系，如何组织幼儿园保教过程中的各种活动，等等，不仅要仔细观察有经验教师表面的言行，而且要领会其精神实质，融会贯通，消化吸收。经过一段时间的观察和揣摩，内心就会有所体会，处理幼儿园各项事务的信心就会增强。只有找到工作方法的内在理

① ［美］罗伯特·G·欧文斯著，窦卫霖等译：《教育组织行为学》，第42页，上海：华东师范大学出版社，2001年。

论依据，才能真正把方法学到手，才能真正提高自己的工作艺术。

（二）幼儿园领导班子的优化

幼儿园领导班子的优化指幼儿园领导班子成员按一定类型的序列和比例进行合理的搭配，形成一个具有多种功能的综合体。组建一支结构合理的领导班子队伍是办好幼儿园的前提条件。幼儿园领导班子结构应合理，这样，幼儿园整体工作才能高效率运转。“革命化、知识化、专业化、年轻化”是对整个干部队伍的要求，作为领导，从总的方面来说必须是德才兼备的。但是，人很难成为全才，不会什么都精通，幼儿园领导班子成员个体条件存在不足是在所难免的。如果领导班子成员进行合理搭配，就可以做到互相弥补不足，使幼儿园领导班子整体成为“全才”。

幼儿园领导班子优化的主要内容包括如下五点。

1. 人员结构优化

人员结构包括两个方面。一是领导班子的职务结构。幼儿园领导班子成员一般由园长、党支部书记、保教主任、总务主任等人员组成，规模大的幼儿园可以增设副园长或园长助理、保教副主任、总务副主任等职务。二是领导班子的数量结构，这是由幼儿园规模大小决定的。班子成员数量过多或过少都是不适宜的。

2. 个性结构优化

个性结构指综合体中的个人具有不同性格、气质等。在幼儿园领导班子中有些人闯劲较大，有些人较为稳重；有些人感情丰富，偏外向，有些人善于思考，偏内向；有些人交往活动能力较强，有些人善于埋头苦干；有些人爱好文娱活动，有些人喜欢科技创作……这些不同个性的人如果组合适当，是可以互补的。如果只强调个性的一致，不仅不可能，而且效果也不一定理想，甚至会产生内耗。当然，要使不同个性的人和谐合作，关键是要有共同的思想基础，因此，思想政治教育非常重要。

3. 年龄结构优化

年龄结构优化指把不同年龄的人最佳地组合起来，即老中青比例合理。一般说应以中青年为主，不少于总数的一半；老年人、青年人兼有，青年人略多于老年人。不同年龄的人具有不同的经验、能力和心理状态。年长者阅历、经验丰富，能起到"传帮带"的作用；中年人年富力强，能起到中流砥柱的作用；青年人精力充沛，接受新知识快，勇于创新，能起到带头作用。

4. 专业结构优化

专业结构指按照领导班子成员专业与职能不同，形成一个合理的结构比例。例如在幼儿园领导人员中需要有长于思想政治工作的，有长于保教管理的，有长于后勤管理的。但是，领导要真正成为内行，光有专业技术还不够，还必须有管理学知识，并知道如何科学运用管理学的理论来开展管理工作。所以领导班子成员都必须有管理学知识和管理经验。

5. 智能结构优化

智能结构指具有各种专长或能力的人，按照一定的比例组合而成的动态整体。幼儿园领导成员必须具备组织控制能力、综合分析能力、思维判断能力、语言表达能力等。要想做好幼儿园管理工作，必须建立一支由具备不同能力的人组成的领导班子队伍，要有善于综观全局、运筹帷幄、深谋远虑、科学决策的战略家，有善于识才用才、分配资源、协调关系、全面组织的指挥员，有善于宣传鼓动、联系教职工、以身作则、巧妙引导的领导者，有训练有素、勤于指导、脚踏实地、冲锋陷阵的带头人。总之，幼儿园领导班子总体的智能结构一定要科学合理。

合理的幼儿园领导班子结构能产生内聚力、复合力，形成强大的领导力量，这种力量会大大超过个人力量的简单相加。合理的幼儿园领导班子结构还能使领导班子成员之间作用互补，减少片面性和失误，防止和克服领导班子和全体人员的涣散与不团结现象，增强团结。同时，领导班子集体研究和分析问题的过程，也是互相学习、互相影响的过程，能有效地提高领导班子成员的管理水平。

本章小结

幼儿园保教人员的水平影响着幼儿园保教质量，保教人员有自己的职责和任务。幼儿园管理者在保教人员的选聘和任用过程中应遵循科学用人的原则，要制定合理的绩效考核程序，采用多种方法对保教人员进行客观、公正、准确地考评，还要对处于不同发展阶段的保教人员采取不同的激励策略，帮助保教人员做好职业发展规划，加强教职工培训工作。

园长是一所幼儿园的思想政治领导、组织管理者、保育管理者、人力资源管理者，还是幼儿园的沟通协调者，所以园长都需要具备相应的人格素养、知识素养和能力素养，并且要具有领导艺术。园长要从人员结构、个性结构、年龄结构、专业结构、智能结构等方面对幼儿园领导班子进行优化，并发挥领导班子的集体作用。

▶文献链接◀

1. 张燕:《幼儿园管理》,北京:北京师范大学出版社,1997 年。

该书第八章介绍了幼儿园管理的核心，第九章“园长与幼儿园管理工作”则重点介绍了园长的角色、园长的素质与能力、园长的领导工作以及园长领导工作方式等内容。

2. 屈玉霞:《幼儿园经营与管理》,北京:科学出版社,2007 年。

该书第八章介绍了园长选聘与任用、教师的聘用、教师的专业发展及职后教育以及幼儿园其他岗位人员的聘用等内容。

▶思考与实践◀

1. 到一所幼儿园见习，剖析其教职工队伍整体状况。
2. 选聘保教人员应遵循什么原则？
3. 认真学习《幼儿园工作规程》，谈谈你对幼儿教师职责的认识。
4. 如何对保教人员进行客观、公正的考评？
5. 结合本章相关内容，为自己制订一份个人职业发展规划。
6. 你怎样理解幼儿园园长的领导工作和领导艺术？

第八章
幼儿园公共关系与危机管理

◇本章导读

某幼儿园因市政府规划需改造而搬迁，被临时安排在另一所幼儿园里。5个月后，老园改造完成，全体师生安全迁回。然而在幼儿迁回的第三天，出现了紧急情况：一位家长来幼儿园反映，孩子突然出现皮肤过敏症状，怀疑是幼儿园装修不达标，要求马上见园长。当时正是早晨幼儿入园时间，现场有不少家长围观，大家议论纷纷。当天傍晚，家长们成群结队地在幼儿园走廊议论此事，一时间人心惶惶，有的家长甚至提出要给孩子转园。园长为此焦急不已。

在幼儿园管理工作中，经常会碰到这类公共关系事件，幼儿园的公共关系是哪些关系？幼儿园进行公共关系管理有什么意义？幼儿园如何进行公共关系管理？本章将就相关内容进行探讨。

第一节 幼儿园公共关系管理概述

一、幼儿园公共关系的概念

(一)什么是公共关系

“公共关系”一词简称为“公关”,是由英文 Public Relations 翻译而来,英文缩写为 PR。艾维·李被尊为“现代公共关系之父”。艾维·李毕业于普林斯顿大学,曾就读于哈佛大学法学院,早期担任《纽约世界报》记者。1903 年,他创办了第一家正式的公共关系咨询事务所,专门为企业和其他社会组织提供传播、沟通服务,协助客户建立和维持与公众的联系,成为公共关系工作职业化的第一人。1906 年,艾维·李发表了公共关系活动的原则宣言,提出“讲真话”的基本原则。他主张要准确无误地向公众提供信息,如果真情的披露给组织带来不利影响,就应该根据公众的反应和评价来调整组织的政策和行为。

【拓展阅读】

爱德华·伯纳斯的贡献

伯纳斯 1912 年大学毕业后从事新闻工作,1913 年受聘于福特汽车公司,任经理,被称为“开企业承担社会责任之先河”。第一次世界大战期间,伯纳斯参加了威尔逊总统组织、乔治克里尔领导的公众信息委员会。战争结束后,伯纳斯与夫人创办了公共关系公司,为社会提供公共关系咨询服务。1923 年,他出版了第一本公共关系专著《舆论明鉴》,提出了“公共咨询”的含义,公关工作的原则、程序和职业道德等,该书被认为是公共关系理论发展史上的一个里程碑。他强调在公关活动中首先应了解公众的愿望,宣传应投公众之所好。1923 年,伯纳斯开始在纽约大学讲授“公共关系”课程,是在大学讲授“公共关系”课程的第一人。

此外，公共关系还有较多通俗的表达：公共关系是社会组织为了塑造组织形象，通过传播、沟通手段来影响公众的科学与艺术；公共关系是一个社会组织用传播的手段使自己与公众相互了解和相互适应的一种活动或职能；公共关系就是争取对你有用的朋友；公共关系是90%靠自己做得对，10%靠宣传；公共关系是通过良好的人际关系来辅助事业成功。[①]

综上所述，公共关系指某一组织为改善与公众的关系，加强公众对组织的认识、理解和支持，达到树立良好组织形象、实现组织目标的目的而开展的一系列公共管理活动。

（二）什么是幼儿园公共关系

幼儿园公共关系是幼儿园为实现教育目标，开展的有组织、有计划地运用各种传播手段与外部联系，与幼儿园外部的个体和群体之间建立、发展相互理解、支持与合作的关系，塑造幼儿园良好形象和创造最佳教育环境的社会实践活动。

幼儿园公共关系是社会关系的一种表现形态。幼儿园是社会系统中的一个子系统，成功的幼儿园管理离不开良好的内部环境和外部环境，幼儿园良好的公共关系是其得以生存和发展的保证。幼儿园只有主动加强与外部的沟通联系，了解各方面信息，积极宣传自己，与家长、幼儿、社区等建立起良好的关系，树立良好的形象，才能生存和发展。

【课堂讨论】

思考与分析

幼儿园每天都要处理大量繁杂事务，有必要花费时间和精力在公共关系管理上面吗？

---

① 张莅颖、刘海燕、佟秀莲：《幼儿园组织与管理》，第265页，北京：北京师范大学出版社，2018年。

二、幼儿园公共关系的目标、对象和内容

(一)幼儿园公共关系的目标

1. 塑造形象

良好的组织形象容易使组织得到公众的肯定和支持,使他们对组织产生依赖感,也能增强员工的归属感和成就感,便于吸引人才和留住人才,有利于组织的生存和发展。幼儿园公共关系的目标是在公众心中树立一个良好的服务者与教育者形象,具体包括教师形象、服务质量、保教质量、环境形象、园所风貌等各种有形和无形的形象。幼儿园既要重视园舍设施、绿化环境等有形形象,也要重视幼儿园的精神面貌与凝聚力、教师的服务意识与态度等无形形象。

【课堂讨论】

一个处在别墅区里的幼儿园因为位置比较偏僻,居住区人口不多,所以生源不足,他们努力提高服务质量,在为家长、幼儿服务方面做了大量工作。如为了方便家长接送,幼儿园购置了两台面包车,每天免费在家长指定地点接送幼儿;提供灵活多样的托管方式——寄宿制、全托制、半日制、周末周日制;对生病不能来园的幼儿,上门探望;逢幼儿生日,送上蛋糕和贺卡,等等。一年后,他们的生源增多了,社会影响力增强了。

思考与分析

这个幼儿园是如何进行公关的?这些做法体现了什么样的办园理念?

2. 协调关系

公共关系作为组织与公众沟通的桥梁,发挥着协调沟通的重要作用。幼儿园公共关系既要注重组织内部的协调,协调好管理层与教师之间、园内各个部门之间、教职工之间的关系,也要注重组织与外部的协调,协调

好园所与家长、上级领导部门、同行、社区等之间的关系。

(二)幼儿园公共关系的对象与内容

幼儿园公共关系的对象即公众，指那些与幼儿园发生直接或间接联系，并发挥重要影响的个人、群体或组织。依据公众与幼儿园有无归属关系可分为内部公众和外部公众两个方面。

幼儿园的内部公众指幼儿园内部人员，包括幼儿园的全体教职工，它是幼儿园公共关系的主体。幼儿园首先要处理好内部关系，加强内部公众之间的沟通与交流，创设良好的工作、生活和学习环境，形成团结协作、积极向上的集体氛围，树立良好的形象，扩大影响力。外部公众包括家长、幼儿园的上级领导、社区及附近居民等，它是幼儿园公共关系的客体。幼儿园要加强与外部公众的联系，加强对自身优势的宣传，扩大知名度，重视与外部公众的协调，争取获得社会各界的支持与帮助，增强竞争力。

【课堂讨论】

思考与分析

幼儿园内部公众都是“自家人”，需要刻意去开展内部公众公共关系管理工作吗？

三、幼儿园公共关系的原则

公共关系的原则指公共关系主体开展公共关系活动时，应当遵循的基本准则和基本要求。

(一)客观性原则

客观性原则指幼儿园在开展公共关系活动时，收集、传播的信息要做到客观、真实、全面、公正，这是幼儿园公共关系的基本原则，也是对公关人员的根本道德要求。幼儿园要以事实为基础开展公关活动，如实地向公众传达信息，取信于公众。

（二）互惠性原则

互惠性原则指幼儿园在开展公共关系活动时，要注意主客体双方的利益，既要考虑幼儿园的利益，又要考虑公众利益，开展平等互利的真诚合作，实现双赢。幼儿园要以公众需求为导向，要始终把公众利益放在首位，为公众提供有效服务，同时要认真听取公众意见，积极做好自身宣传，赢得良好的信誉，为自身的发展创造良好的条件。

（三）全员性原则

全员性原则指幼儿园的全体人员都要树立公共关系意识，能按照公关的要求，把日常工作与树立幼儿园良好形象联系起来。全员公关是幼儿园公关工作获得成功的保证。幼儿园要积极引导和激发全体教职工的公关意识，扎实做好本职工作，树立每个教职工的良好形象，共同维护幼儿园的利益。

【课堂讨论】

思考与分析

1. 如何看待“公关就是吹自己，客观还怎么吹呀”这样的说法？
2. 许多幼儿园要自负盈亏，如果把公众利益放在首位怎么生存呢？
3. 公关是领导们的事吗？它跟幼儿园保教人员有什么关系？

（四）开拓创新原则

公关活动要有创新。幼儿园要不断推出新形式、新内容、新方法、新手段，使得所策划和实施的所有公共关系活动都有新意，这样做能够增强幼儿园的吸引力。

【拓展阅读】

一家在广东中山的港资幼儿园，每年六月，都要在香港为毕业生举办隆重而活泼的毕业典礼。出席典礼的嘉宾有香港特区政府有关官员、幼儿园所在地政府官员、毕业生及家长等。在典礼上，毕业生们头戴浅紫色的小博士帽，身穿紫色的小博士服，轮流接过嘉宾给他们颁发的毕业证书，脸上露出自豪、激动的笑容，小班、中班的伙伴们表演节目向他们表示祝贺。每次活动时，幼儿园都会请电视台进行新闻报道。

良好的公共关系有利于树立幼儿园的良好形象，提高幼儿园的知名度，增强公众对幼儿园的信心，提高竞争能力。良好的公共关系有利于优化育人环境，与家长、社区加强信息交流和情感沟通，宣传幼儿园的教育思想、教育目标、教育措施，赢得家长、社区的理解、支持与配合，形成教育合力，促进幼儿健康成长，提高办园质量。良好的公共关系有利于引导和组织家长、社区公众参与幼儿园的教育与管理活动。

第二节　幼儿园与家长工作

家庭是人生活的最初环境，是人的第一所学校。家长是幼儿园的重要公众，也是幼儿的第一任老师，对幼儿的影响巨大。幼儿园应该取得家长的配合和支持，发挥家长在教育中的作用，增强教育效果。

一、幼儿园家长工作的意义

家长是幼儿园服务的对象，也是幼儿园进行沟通、传播的重要对象。建立良好的家园关系，可以使家长对幼儿园产生良好的印象，提高家长对幼儿园的认同度，促进幼儿园的发展。做好家长工作对做好幼儿园保教工作有非常重要的作用，主要表现在以下几个方面。

(一)家长是幼儿的第一任教师,也是幼儿园教育的重要协助力量

家庭是幼儿的重要活动场所,是幼儿出生的地方,从小养成的行为习惯,会对人的一生产生深刻而长远的影响。《幼儿园工作规程》中指出:“幼儿园应主动与家长配合,帮助家长创设良好的家庭环境,向家长宣传科学保育教育幼儿的知识,共同担负幼儿教育的任务。”因此,家长参与幼儿园教育,能够极大地促进幼儿全面发展。

(二)家庭教育优势的充分发挥,能促进幼儿园教育发展

家庭教育有其独特优势,它具有启蒙性、深刻性、长期性、针对性、示范性等特点,可以成为幼儿园教育的补充,促进幼儿园教育的发展。

(三)家园合作能充分发挥家长的积极性,促进幼儿园改进工作

幼儿的发展是幼儿园与家长的共同愿望,幼儿园教育同家庭教育的目标、方向、任务是一致的。因此,幼儿园要使家长了解幼儿园的培养目标、培养方法、规章制度等,取得他们的理解、支持和配合,形成以幼儿园教育为主体,以家庭教育为基础,以社会教育为依托的“三结合教育”格局,形成强大的教育合力。另外,家长的感受与评价会直接影响幼儿园的声誉和形象。因此,幼儿园应充分挖掘和发挥家长的资源优势,充分调动家长的积极性,改进幼儿园工作。

二、幼儿园家长工作的任务

(一)让家长了解幼儿园教育工作

家长是幼儿园的主要服务对象,幼儿园要增强服务意识,加强家庭与幼儿园的合作,为家长搭建参与教育的平台,吸引家长主动参与幼儿教育。如幼儿园可以召开家长会,向家长介绍幼儿园的基本情况、发展思路、规划与目标,了解幼儿园的教育工作,也可以印发一些资料,或在宣传栏中重点宣传,让家长对幼儿园有更多的了解,缩小家长与幼儿园之间的

距离，还可以请家长积极主动地为幼儿园的建设与发展出谋划策，争取家长的支持和配合。

（二）主动沟通，了解幼儿情况

幼儿园保教人员要与家长主动沟通幼儿在园情况，让家长了解自己的孩子在幼儿园的表现，让家长对自己的孩子有更多了解，同时要主动了解幼儿在家情况，了解家长的育儿观念，为制定有针对性的家长和幼儿教育方案提供依据。

（三）了解家长的需求，增强服务意识

幼儿园是服务组织，了解家长需求是为家长提供服务的前提。为做好幼儿园家长工作，需要采用多种方法了解家长需求，增强服务意识，提高服务质量，赢得良好声誉。

（四）争取家长支持，吸引家长参与幼儿园工作

家长既是幼儿园的服务对象，又是幼儿园的宣传大使，幼儿园引导家长支持并参与幼儿园工作，是宣传自身、获得社会关注的良好途径。幼儿园可以通过成立家长委员会、举办幼儿教育讨论会等吸引家长参与幼儿园工作。幼儿园的家长工作是幼儿园工作的重要组成部分。因此，幼儿园要有家长工作计划。

三、幼儿园开展家长工作的形式与管理

（一）幼儿园开展家长工作的形式

1. 家访

家庭访问简称“家访”。家访是幼儿园进行家长工作常用的、有效的方式，是一种以访问、谈话为主要方式的个别交流形式。这种形式比较灵活机动、方便，更有针对性。家访主要是了解幼儿家庭的经济、文化和家长思想等具体情况，了解幼儿的个性特征、行为习惯及其形成的原因，了

解幼儿在家里的表现;同时也让家长了解幼儿在园的表现,使教师与家长交流教育经验,加强沟通,共同促进幼儿发展。教师可分批、分类、分阶段,并有重点地进行家访。

家访要围绕事先确定的目的进行,事先要与家长约定时间,不做“不速之客”。教师在向家长汇报幼儿情况时,首先应充分肯定幼儿的优点和进步,切忌“告状式”家访,只谈幼儿的缺点和不足,而是要让家长更多地了解幼儿在幼儿园的表现,使家长能够更好地配合幼儿园的教育工作,以达到促进幼儿全面发展的目的。教师在谈话时,态度要诚恳、友好、自然,要注意讲话方式,要考虑家长的接受水平,不能损伤家长的自尊心,对于幼儿已经形成的不良行为或家庭教育中存在的问题,教师可以以建议的方式请求家长密切配合,帮助幼儿健康成长。

2. 召开家长会

家长会是教师根据幼儿的具体情况,向家长集体介绍或与家长一起讨论幼儿园和家庭教育的内容与方法,解决带有普遍性问题的一种方式。这是幼儿园家长工作常用的方式之一。家长会有班级或年级家长会和全园家长会两种形式。家长会的主题多种多样,主要有家庭教育专题讲座、教育经验交流、节日或期末联欢等。

家长会的效果和会议的准备、安排有直接关系。召开家长会前要制定详细计划,包括目标、主持人、时间与地点、内容、形式、具体步骤与过程等,会后还要对活动的效果进行评价,可以是教师的自我评价,也可以通过家长的意见反馈来评价。

3. 写便条或电话联系

写便条是教师和家长进行交流的一种有效手段,教师通过寥寥数语,就可以把幼儿在园情况告诉家长。便条可以密切教师与幼儿家长之间的交流。便条的内容要自然、真诚、有意义。

电话联系是借助于现代通讯工具进行交流的一种方式。它不仅可以把幼儿在园情况尤其是出现的问题及时反馈给家长,还可以及时与家长商讨解决方法,因此,电话联系比便条更方便快捷。

随着科技的发展，现在很多幼儿园都建立了家园互动信息化平台，利用微信群、微信公众号、抖音短视频、手机短信等方式与家长联系沟通。

4. 家长开放日

家长开放日可以在节假日举行也可以定期举行，它可以是一日或半日活动的参观与听课。家长开放日可以让家长从整体上了解幼儿在园表现以及幼儿园的教育内容与方法，进一步了解幼儿园工作，消除担忧。在家长开放日前，幼儿园应做好各种准备工作，事先向家长介绍一日活动的目的和完整的活动计划，指导家长在活动过程中进行观察。事后要广泛听取家长对活动的意见和建议，总结经验。

5. 家长园地

家长园地是幼儿园与家长沟通的一个重要窗口。幼儿园强调环境育人，幼儿园与家长沟通也可以通过环境进行，也就是环境沟通。家长园地的内容丰富多彩，家庭教育方面可有幼儿身体和心理的发展、家庭营养知识、家庭教育方法、新的教育观念等，幼儿园方面可有幼儿园近期的教育活动或重大活动、幼儿的作品等，也可以是家长的教育心得、体会等。

家长园地的内容要注意定期更换。有条件的幼儿园可以根据需要印发一些文字材料或办简报等，运用传播媒介，积极宣传，进行家庭教育指导。

6. 请家长参与幼儿园教育活动

家长是幼儿园的重要资源之一。幼儿园可以充分利用家长这一教育资源，弥补幼儿园教育资源的不足，通过邀请家长参与幼儿园教育活动，发挥家长参与幼儿园教育活动的积极性和主动性，使家长真正成为幼儿园的合作伙伴，共同促进幼儿的发展。

家长参与幼儿园的教育活动包括两种类型。一是请不同行业、有不同爱好特长的家长作为临时教师参与幼儿园教育活动。如聘请家长到幼儿园做临时教师，给幼儿上课；带幼儿到家长工作的单位参观；组织一些讨论会，请家长参加，发表意见等。二是幼儿园亲子同乐活动，如请家长携子女参加幼儿园组织的外出郊游活动；请家长和子女一起参加幼儿园组织的游戏活动、节庆活动等。这些活动既能让家长加深对幼儿园的了解、理解和支持,也能增进幼儿园与家长之间、家长和孩子之间的感情。

在请家长参与幼儿园的教育活动之前,教师必须先确定教育活动的类型,拟订教育活动方案。活动方案主要由活动名称、活动主持者、活动对象、活动时间、活动地点、活动目标、活动准备、活动过程、活动效果评价等几个方面组成。

(二)幼儿园开展家长工作的管理

1. 健全组织,成立家长委员会

《幼儿园工作规程》第五十条提出:“幼儿园应当成立家长委员会。”家长参与幼儿园管理最常见的形式是组织家长委员会。家长委员会是幼儿园家长工作的重要组织,它将幼儿园与家长紧密联系起来,是幼儿园与家长联系的桥梁。家长委员会是由园长、教师代表、家长代表等组成的。家长委员可由家长互相推荐,也可由教师推荐。所推选的家长委员要有一定的代表性,要愿意为家长服务,具有一定的教育工作能力、组织能力,思想正派,有威信,对幼儿园的工作热心。尤其要物色好家长委员会的主要负责人。

家长委员会可以有不同的层次,有园级的、年级的和班级的。不同层次的家长委员会委员参与相应的管理工作。

2. 规范要求,加强计划性

为了加强幼儿家长工作管理的规范性,幼儿园管理者应把家长工作列入议事日程,在每学期的园务计划和班级保教计划中,全面安排家长工作的内容。同时,幼儿园对教师的家长工作要提出明确的指标要求,如必须对每个幼儿进行家访、每学期应该组织数次家长活动等。定出的指标要符合实际,不可定得太高或太低。

3. 丰富途径,提高家长管理参与度

幼儿园可以通过向家长发放问卷、家园报,召开家长委员会和家长会等多种渠道,了解和搜集家长对幼儿园管理、保教、师德师风、幼儿膳食等

方面的意见和建议，参与幼儿园管理，以更好地为家长服务、为幼儿服务，不断提高办园质量。

4. 建立监督机制，提高工作成效

幼儿园家长工作关系到幼儿的发展，关系到幼儿园保教质量。因此，要建立家长工作长效监督机制，可以随时记录，随时抽查，奖优罚劣。

【课堂讨论】

幼儿园扩建经费的解决办法

某幼儿园园舍紧张，需要扩建，否则将影响幼儿园的发展。可是扩建园舍需要很大一笔经费，上级教育行政部门无法解决。在进退两难的情况下，该幼儿园李园长苦苦思索了好几天，然后在幼儿园领导班子会议上提出这样一个办法：周末邀请教育行政部门和财政部门、社区、家长委员会、教职工代表大会的有关人员召开一个会议，专门研究幼儿园应如何发展，请大家充分发表意见，出谋划策。

思考与分析

1. 李园长为什么要邀请诸方代表参加会议，共商幼儿园发展之事？
2. 你认为会议能否解决幼儿园扩建的经费问题？为什么？

第三节　幼儿园与社区工作

社区幼儿教育会为幼儿的社会化发展创造条件，有利于促进幼儿全面和谐发展。因此，幼儿园必须与社区紧密联系，充分利用和开发社区幼儿教育资源，促进幼儿全面发展。

一、社区教育的概念及意义

（一）社区教育的概念

社区指由居住在一定区域内的人们所结成的文化生活共同体。当前社区的功能越来越综合化，教育已成为社区重要的功能之一。社区教育是社区为儿童或全体居民提供的文化教育设施和开展的教育活动，是多层次、多内容、多种类型的社会教育，它在幼儿的教育和发展过程中发挥着越来越重要的作用。

(二)社区教育的意义

1. 优化幼儿的生活环境

社区拥有丰富的资源，幼儿园应合理利用。社区是幼儿走出家庭后直接接触的“社会”，因为生活在同一个区域里，所以同一社区的人常常面临共同的问题，受共同文化氛围的影响，社区成员易形成共同的观念与意识，会对幼儿产生潜移默化的影响。

2. 为幼儿提供更多的受教育机会

幼儿园可以充分利用社会资源，将幼儿教育延伸到社区，充分利用社区的设备和资源，广泛动员并组织协调各方面力量，使幼儿受到良好的保育与教育，为幼儿提供更多的受教育机会。

3. 幼儿园社区化是幼儿园发展的趋势

《幼儿园教育指导纲要(试行)》提出：“充分利用自然环境和社区的教育资源，扩展幼儿生活和学习的空间。幼儿园同时应为社区的早期教育提供服务。”可见，幼儿教育与社区教育密切联系，社区在幼儿教育中扮演着越来越重要的角色，依托社区、服务社区将是幼儿教育发展的必然趋势。

二、幼儿园与社区合作的形式

幼儿园应加强与社区的联系，主动寻求社区的支持，积极开展与社区的合作，促进幼儿园自身建设和社区建设，为幼儿的全面和谐发展创造条件。幼儿园与社区合作的方式和途径有如下几种。

(一)立足实际，为社区居民服务，消除社区居民的后顾之忧

为社区居民服务是幼儿园的本分。幼儿园应本着优先入园的原则，

及时了解社区居民的需要，不断改进幼儿园工作，让社区居民满意。幼儿园必须与社区建立紧密的联系，想社区居民之所想，急社区居民之所急，更好地为家长服务，办出特色。

（二）促进社区学前教育网络的形成

为了加强与社区的联系，幼儿园应主动向社区延伸，利用社区在幼儿教育方面的优势，带动社区幼儿教育的发展。通过与社区内各种机构建立密切的联系，增加相应的设施和场所（如宣传栏、活动场地、运动场等）、积极共同组织活动等，形成社区幼儿教育网络，共同服务幼儿的发展。

（三）通过家庭，推动幼儿园与社区合作

幼儿园与家庭的合作，也是幼儿园与社区合作的一种形式。幼儿园通过为家长提供各种服务和请家长参与教育活动，加强家长与家长之间的沟通交流，促进社区居民的相互了解与沟通，共同促进幼儿的全面发展。

三、建立幼儿园、家庭、社区三结合教育体系

开展和谐幼儿园创建，是构建和谐社会的重要内容和坚实基础，是坚持用习近平新时代中国特色社会主义思想统领学前教育改革发展、办好人民满意教育的必然要求。和谐幼儿园不仅表现为幼儿园内部组织机构及各要素之间的和谐，还表现为幼儿园与家庭、社区之间融合互动，和谐共建。

《幼儿园教育指导纲要（试行）》明确提出："幼儿园应与家庭、社区密切合作，与小学相互衔接，综合利用各种教育资源，共同为幼儿的发展创造良好的条件。"幼儿园与家庭教育、社区教育的融合互动不是幼儿园和家庭、社区的作用简单相加，其宗旨是把家庭、社区作为幼儿园教育过程中有效的社会教育资源，把家长、社区变为教师的积极合作者。它不仅意味着幼儿园教育资源的扩大，也意味着幼儿园办园理念和制度的重大变革。要坚持"以人为本"的原则，充分利用家庭与社区的丰富教育资源，重

组幼儿园教育资源，扩大教育的空间，拓展教育的途径，构建以幼儿园为主导，家庭、社区联动的教育合作共同体，形成幼儿园教育、家庭教育与社区教育共同促进幼儿健康成长与全面发展的合力。同时，幼儿园应积极地构建对家庭、社区教育的参与机制，主动参与家庭、社区文明创建活动，创造性地为家庭教育和社区幼儿教育服务，为家长服务，在服务中求生存、求支持、求发展。

【拓展阅读】

北京市东城区大地实验幼儿园是一所私立幼儿园，位于城市花园小区的中央，环境优美，绿树环绕，配套设施齐全，唯一的短板就是园所的户外活动场地偏小，只有门前的一处约50平方米的空地和楼顶的阳台，这成为很多家长不选择入园的主要原因。园长仔细考察社区周边后，发现了农贸市场、小学、超市、银行、社区活动中心等丰富的资源。于是园长找到社区相关负责人进行沟通，表达了合作意向。结果幼儿园借助社区资源开展了丰富的社会实践活动，如超市购物、参观银行、到社区活动中心举办跳蚤市场等，还逐步形成了园本特色课程，探究了幼儿的财商启蒙课程。不少家长在了解这所幼儿园丰富的活动、先进的教育理念后，选择将幼儿送到这所幼儿园。该园也因此收获了良好的社会效益和经济效益。

第四节 幼儿园危机管理

近年来，幼儿园安全事故频发，外来侵害、食物中毒、设施不良等原因造成的幼儿伤亡事故不断增多，给幼儿的生命安全和健康带来严重危害。幼儿园的安全问题越来越成为社会关注的焦点，幼儿园在安全管理工作中承担的责任也越来越大，越来越多的管理者和幼儿园教师意识到幼儿园在安全管理方面的不足，增强了危机管理意识，提高了危机管理水平，防患未然，杜绝各种安全隐患。

一、幼儿园危机与危机管理

(一)幼儿园危机

1. 危机

《现代汉语词典(第7版)》对危机的解释包括潜伏的危险和严重困难的关头两个方面。危机一方面表示存在危险,另一方面也表示存在规避危险的可能,即机遇的存在。在对危机进行解释的时候,研究者更侧重前者,即一定几率的危机发生的可能性及其产生的负面影响和严重后果。正如巴顿所言:"危机是一个会引起潜在负面影响的具有不确定性的大事件,这种事件和后果可能对组织及其员工、产品、服务、资产和声誉造成巨大的损害。"①刘刚则指出:危机是一种对组织基本目标的实现构成威胁,要求组织必须在最短时间内作出关键性决策和进行紧急回应的突发性事件。② 可见,危机具有威胁性、不确定性和突发性。

2. 幼儿园危机

幼儿园危机指发生在幼儿园内或者与幼儿园成员有关的,严重威胁幼儿园的正常教育秩序或者成员利益的突发事件、意外事故。③ 构成幼儿园危机事件必须满足三个条件:第一,危机事件或者事故必须发生在幼儿园内或者与幼儿园成员有关。这是限定危机出现或者发生的范围。第二,该事件或者事故一旦发生,会严重威胁幼儿园的正常保教秩序或者成员利益。幼儿园危机最终会造成什么样的影响,往往很难准确预计,但是一旦出现,就有可能威胁幼儿的生命和健康,进而给幼儿园造成负面影响,往往一名幼儿身体健康受损,就会影响一个班级的常规活动,甚至会影响整个幼儿园。第三,危机事件具有突发性和不可预期性。这是危机事件的性质,也是危机事件之所以具有极大危害性的原因。例如引起全

---

① [美]罗伯特·希斯著,王成等译:《危机管理》,第13页,北京:中信出版社,2001年。

② 周莹:《学校危机管理研究》,青岛大学硕士论文,2008年。

③ 陶金玲:《民办幼儿园管理概论》,第300页,天津:天津教育出版社,2010年。

国对危机管理重视的SARS事件、新型冠状肺炎病毒传染等。幼儿年龄小,即使管理者事事周详,还是难以预料所有。

此外,处理幼儿园危机还必须同时考虑到两种状况:危机事件可能已经在幼儿园内或者园外爆发,即"明显危机";危机事件潜伏但尚未爆发,即"隐蔽危机"。轻易排除其中任何一种,都不利于危机管理。

从幼儿园危机产生原因的角度进行划分,幼儿园危机主要包括以下几种。

(1)由不可抗拒的自然灾害所造成的危机,比如地震、洪水、台风、雷电等。

(2)由社会因素引起的危机,比如校园暴力事件、建筑事故、车祸、恐怖袭击、火灾等。

(3)由人的因素导致的危机,这类因素比较复杂,比如由于管理者管理不善,可能出现幼儿意外伤害事故、体罚现象等,由于幼儿自身原因可能出现摔伤、骨折等。

(4)幼儿园发展危机,主要包括财务、人事、形象等幼儿园发展的必要条件出现的危机。

如果按危机发生的时空因素划分,可将幼儿园常见危机分为以下三类。

(1)游戏及活动中的危机,如户外活动中幼儿受伤事件,出游过程中的交通事故,开放日活动中的拥挤混乱等。

(2)一日生活中的危机,即在晨检、就餐、午睡、来园、离园等环节出现的危机。

(3)意外伤害事故中的危机,如幼儿园行凶事件、校车事故、食物中毒等危机。

(二)幼儿园危机管理

1. 危机管理

世界著名的组织与危机管理的专职顾问罗伯特·希斯是最早从事危机管理研究的学者之一。希斯认为,从最广泛的意义上说,危机管理包含对危机事前、事中、事后所有方面的管理。[①] 董传仪认为，危机管理指组织在正常的生存和发展过程中针对可能面临的或正在面临的危机，为了预防和消除系统内的不平衡状态所进行的一系列管理活动的总称，目的在于消除或降低危机所带来的威胁和损失，变危险为机会。危机管理是危机管理者通过危机信息分析、危机应对计划、组织控制、领导等职能尽可能地降低组织和其各个利益相关者可能遭遇的各种损害，最终保障系统的整体安全、健康和持久运转的动态过程。[②]

可见，危机管理主要涉及以下几个方面。

第一，危机管理在过程上包括危机事前、事中以及事后所有方面的管理，每个阶段的管理侧重点不同。事前主要是充分意识到危机管理的重要性，提高组织成员的危机意识，制订处理危机的计划；事中主要是迅速应对危机，争取各方力量的配合，消除或者降低危机的危害性；事后主要是要及时进行善后处理，减轻危害，并注意及时总结经验教训，完善危机保障系统。

第二，危机管理过程的重中之重在于预防。有效的预防可以在危机发生之前就把危机的危害程度及危机发生的可能性降低，防患未然是危机管理最明确的目标。

第三，危机管理的成效基于对危机信息的分析和了解。不管是危机前、危机中的管理，还是危机后的管理，都是建立在对危机事件或者危机状态分析了解的基础之上的，如果不深入分析危机产生的根源和表现形式，分析可能在哪些方面造成危害，盲目进行管理，将难以取得预期的效果，还可能带来负面影响。

2. 幼儿园危机管理

幼儿园危机管理指幼儿园管理者通过分析危机信息，发挥管理职能，对危机事件和危机状态进行事前预防、事中控制、事后修复，为降低危机的危害性而采取的一系列行为。危机管理是幼儿园管理的一部分，各项

---

① [美]罗伯特·希斯著，王成等译：《危机管理》，第 29 页，北京：中信出版社，2001 年。

② 董传仪：《危机管理学》，第 17 页，北京：中国传媒大学出版社，2007 年。

管理职能要充分发挥其管理效用，注重计划、组织、协调、控制等，以尽量减轻危机的危害为目标，采取有效对策，积极面对。

可见，幼儿园危机管理与其他组织的危机管理一样，流程需要不断完善，无论是在危机爆发前、危机爆发过程中，还是在危机出现后，幼儿园都要有条不紊地进行危机管理，不能忽视任何一个阶段。但是，我们也要看到幼儿园危机管理的特殊性，因为幼儿年龄很小，自我保护能力以及应对危险的能力都很差，所以一旦危机爆发，往往后果很严重，故与其他组织的危机管理相比，幼儿园危机管理更加强调预防。

3. 我国幼儿园危机管理中存在的问题

(1)幼儿园危机管理意识淡薄。对很多幼儿园管理者和教职工来说，危机管理是一个新名词，他们对危机管理的任务、对象、方法和目标，以及幼儿园潜在哪些危机等“知之甚少”甚至是“无知”，危机管理意识不强，对危机的认识不足，缺乏对危机的判断能力。

(2)幼儿园危机管理组织体系缺失。危机管理应该由完善的组织机构专门负责。事实上，幼儿园的危机管理组织往往是在危机事件爆发或者危机状态出现后才组建的，是临时机构，它只能对危机发生过程中的事情进行处理或者对危机造成的后果进行一定的补救，其工作效率、协同配合程度远低于常规性组织，不仅不能做到事前预防，而且对于危机的处理也难以取得预期的效果。

(3)幼儿园危机管理重事后补救，轻事先预防。幼儿园危机管理长期以来都是担任“消防员”的角色。“亡羊补牢”固然具有积极的意义，但幼儿园安全事故一旦发生，就很可能威胁幼儿的生命，难以补救。当前，许多幼儿园都制定了危机处理的预案，但是这些预案多数可操作性不强。

(4)幼儿园危机管理反馈机制缺乏。幼儿园危机管理是在不断吸取经验教训的过程中循环往复，螺旋上升，逐步完善的，也就是说可以通过总结，提高幼儿园预防和处理危机的能力。但是幼儿园危机管理的现状是反馈机制很不健全、反馈不完善，甚至根本没有反馈。之前提到的危机预防能力不足也与反馈机制缺乏有密切的关系，只有后者建立起来，才能真正保证危机预案的可行性。

(5)幼儿园危机管理信息沟通不畅。这里的信息主要指危机发生之后的信息。SARS 事件、新型冠状肺炎病毒传染等让我们深切地意识到信息畅通对于降低灾难危害程度的重要性。但是,在危机面前,管理者往往因为怕承担责任或怕影响安全稳定等,而欺报、瞒报、缓报等。信息不能及时传递,往往会错失危机管理的有效时机,扩大损失,幼儿园和家长、幼儿、教职工之间的相互信任也会受到影响,最终会让幼儿园的声誉受损。

(6)幼儿园危机管理"孤立无援"。幼儿园危机管理应该是社会危机管理的一部分,因此,参与幼儿园危机管理的人员应不仅包括幼儿园管理者和幼儿园教职工,还包括社区、地方行政部门以及家长等其他力量。就目前情况来看,很多幼儿园并没有在危机管理上与各方面进行沟通,相互之间了解很少,缺乏协调配合,不能充分调动各方面的力量,组织力量微薄,自然也就不能很好地进行危机管理。

要把幼儿园危机管理与幼儿园安全管理区分开来。幼儿园危机管理是随着近年来幼儿园危机事件频发而出现在人们视野之中的,而幼儿园安全管理一词的使用由来已久。一般情况下,危机管理可视为安全管理的一部分,但危机管理侧重说明管理内容是危机事件或者危机状态,安全管理侧重说明管理的目标。长期以来,我们一直重视对传统意义上的幼儿园安全管理的探究,而对于真正可能威胁幼儿园以及幼儿的危机事件却没有给予足够的重视,这是不可取的。

【课堂讨论】

某幼儿园大班为了组织教学活动《烤饼》来到了幼儿园餐厅。餐厅在地下一层,光线不太好,带班的李老师误将紫外线灯开关当作日光灯开关打开了,直到活动结束时才发现,导致全班幼儿被紫外线灯照射了二十多分钟。第二天,距离紫外线灯较近的幼儿的脸和脖子出现脱皮现象,但并不严重,家长也没有在意。恰巧此时某报纸上的刊登了一篇报道,称长时间受紫外线灯照射会导致皮肤癌,这引起了家长恐慌,担心孩子也有出现皮肤癌的可能,纷纷来幼儿园交涉。园方迫于压力组织幼儿去医院检查,检查结果表明幼儿问题并不严重,但家长们仍然担心,对幼儿园表示不满。第二天,园长安排副园长带李老师去幼儿家里看望幼儿。第三天,仍有部分家长来园交涉,园长自己躲起来,派副园长去应对。家长们情绪激动,虽然副园长真诚道歉,但他们不接受,直接找到上级主管部门要求主持公道。最后,园长迫于各方压力,请卫生防疫站、疾控中心等专业人员及医院大夫组成专家团,召开说明会,详细介绍紫外线灯原理,消除家长担忧。

思考与分析

1. 你认为该幼儿园在危机处理过程中存在哪些问题?

2. 如果你是园长,你会如何应对?

二、幼儿园危机管理的原则与流程

幼儿园管理者要将危机管理作为幼儿园日常管理的一个重要组成部分,积极探索管理的方法,建立健全幼儿园安全保障机制和体系。

(一)幼儿园危机管理的原则

俗话说,不依规矩不成方圆,幼儿园危机管理必须遵循科学的原则,才能取得良好的效果。

1. 以人为本原则

以人为本是幼儿园危机管理的首要原则。幼儿园所有工作都要以保护人员安全尤其是幼儿的安全为第一要务。在幼儿园危机管理机制建立过程中,一定要贯彻以人为本原则。首要一点是保障生命,在危机管理的预防、处理以及修复等各个阶段,都要把生命安全放在首位。其次是保障生理、心理健康,在危机管理的各个阶段,都要对人的生理、心理健康问题给予充分的关注,及时进行沟通,提供帮助。

2. 预防为主原则

“凡事预则立,不预则废”,危机管理的核心就是迅速从正常情况转换到紧急情况,也就是从常态转换到非常态。这种转换得益于事先预防机制的健全。在幼儿园管理中要做好预案,以便在危机发生的时候能从容应对。

第一,幼儿园要完善预警机制。预警机制可以比较灵敏、准确地显示风险前兆,并能及时提供警示,可以让幼儿园提前做好准备,降低危机发生的可能性,并能按照不同的危机采用不同的应对方法,让危机的应对更加经济有效。

第二,幼儿园要进行日常防灾训练。幼儿园要有针对性地建立危机应对的日常训练机制,有组织、有计划、有步骤地将处理危机的程序和要求转化为教育的内容,提高大家的危机意识和处理危机的能力。

3. 统一指挥、分层负责原则

在危机管理机构建立之后,一定要确保该机构的领导、核心地位,发挥该机构的决策、指挥、协调作用,做好组织分工,明确责任和各自权限,责任到人,防止出现相互推诿及责任链条断裂的现象,确保在应对危机时有条不紊。

4. 有效沟通原则

有效沟通原则需要处理好以下四种关系。

第一,处理好和上级职能部门之间的关系。幼儿园要及时准确上报信息,同时要重视上级职能部门所传达的相关信息。

第二,协调好和其他幼儿园之间的关系。在危机面前,所有的幼儿园应该互通有无,同舟共济。

第三,处理好幼儿园和社会的关系。社会信息的及时反馈,有助于幼儿园预警机制的完善。

第四,幼儿园内部也要进行有效沟通。幼儿园要尊重家长、教职工以及幼儿的知情权,及时和他们交流信息,吸引家长、教职工甚至幼儿参与危机管理,大家相互配合,共同面对可能出现或已出现的危机。

5. 制度化、法制化原则

幼儿园危机管理要实现制度化、法制化。为了更好进行危机的预防和应对,幼儿园要建立健全危机管理制度。制度是从危机预防到应对到恢复的一整套管理规章体系,有助于科学、规范、有效地应对危机。幼儿园的任何决策和活动,都要遵循国家的相关法规政策,都要依法保障幼儿园及教职工的最大权益。尤其在面对危机和恢复危机的过程中,一定要理智判断,不能违背国家的法规,避免给危机的应对增加干扰因素,加深危害程度。

(二)幼儿园危机管理的流程

一般把幼儿园危机管理的流程划分为危机的预防和准备、危机的处理、危机的修复。

1. 危机的预防和准备

危机的预防是为了有效地预防和避免危机事件的发生和危机状态的出现。在预防的同时,要做好人、财、物等的准备工作,统筹协调各方资源,以应对危机事件,降低危机的危害性。在危机预防和准备阶段,需要完成如下任务。

第一,提高危机意识。目前我国幼儿园管理者及教职工甚至相关主管部门人员的危机意识缺乏,对危机不够重视。幼儿园管理者应该增强危机意识,充分认识到危机管理对幼儿园的发展及幼儿安全健康的重要性。这里说的危机,不仅指幼儿园小型危机或者由安全事故导致的危机,还包括一些由不可抗拒因素导致的危机等。

第二,幼儿园危机风险评估。幼儿园危机风险评估可以对危机出现的可能性,危机的规模以及危机对幼儿园、社会以及幼儿的影响做出预测,是预防和准备工作的起点。风险评估能降低危机的负面影响,能从小问题中发现大危机,有可能使大危机得到及时的控制。

幼儿园里任何危机的出现都不可能是没有任何征兆的,如果幼儿园内部出现异常,或者社会环境出现异常,比如说某种危机已经在社会机构中出现,又或者说幼儿园刚刚经历过某个危机,后面会不会重复出现或者以其他方式出现也是要考虑的,在这种情况下,就需要有专门的人员对幼儿园进行风险评估了。风险评估的第一步是确认何种危机会出现,即危机风险的确认。一般情况下,可以采用头脑风暴法、历史资料统计法、现场调查法等三种方法。

第三,成立幼儿园危机管理小组。幼儿园要在危机出现之前成立危机管理小组,而不能指望在危机发生之后成立临时指挥部,危机管理小组应该在风险评估过程中就参与相关工作。而且幼儿园危机管理小组成员的分工要明确,要各司其职,相互配合。

幼儿园危机管理小组由危机管理负责人、教职工联络人、园所保卫员、后勤保障员、家长联系人、媒体代言人、园外联络人、咨询员和其他协调工作的人员等组成。这些人员是危机管理的核心成员,但是并非所有的幼儿园都要进行这样的配备,可以根据具体情况灵活安排。小型幼儿园可以采用身兼数职的方式或者选择最紧要的几个职位进行设置。幼儿园危机管理小组成立后就要制订详细的危机管理计划和规章制度,并对相关人员进行训练,提高他们的危机意识和应对危机的能力,比如如何组织和协调相关人员和相关资源,如何应对危机,如何善后,等等。

第四,建立幼儿园危机预警系统。幼儿园危机预警系统主要有两种:一是电子预警系统,二是指标预警系统。电子预警系统是幼儿园进行信息采集和分析、决策并发布警报的电子自动预警系统。比如幼儿园的红外线报警装置、摄像头等。指标预警系统主要是针对一些突发事件设置的,它是通过专门的信息收集和整理工作,确定一些突发事件认定标准以及危害性的指标,对危机事件是否发生、危机状态是否存在以及究竟会造成多大的危害进行预测,以引起重视。

不管是电子预警系统还是指标预警系统,都不是随意建立的。危机预警系统的建立一般首先要进行信息的收集和加工,进而形成一定的信息指标,最终建立预警系统。具体来说主要包括以下几个步骤:一是明确因何而预警,对于预警系统究竟建成什么样,管理者要做到心中有数。二是明确预警监测内容与危机事件之间的关系。监测内容主要是危机事件的风险源和危机征兆,要能明确其与危机发生及危害性的对应关系。三是确定预警需要监测的内容和指标。四是确定和评估危机预警系统。要明确危机系统怎么建立,需要哪些技术手段、设施设备、操作程序等,然后聘请相关专家对预警系统进行评估,考察预警系统是否能灵敏、准确地预测危机，及时做出警示，哪些地方需要完善，等等。五是确定预警标准。幼儿园可以用不同的标准来表示危机的不同等级，采用不同的方法应对不同的情况。六是设置预警机构，配备人员并制定预警工作规章制度，使预警工作人员的责、权、利明确。七是宣传并使用预警系统。这里的宣传不仅仅是向预警工作人员做出说明，更是要就预警相关问题向其他教职工进行说明，以便他们及时接收到预警信息，并采取应对措施。

第五，培养危机事件应对能力。危机事件应对能力主要包括教职工和幼儿的自我防护和救护的知识和技能，以及面对危机及危机后果的心理承受能力。以往幼儿园危机之所以会造成极严重的后果，一个主要原因是幼儿园管理层的危机预防机制和应对机制不健全，另一个主要原因是幼儿园教职工以及幼儿、家长的危机应对能力都比较差。通过采取措施，提高幼儿园教职工和幼儿、家长的危机应对能力，能有效降低危机的危害性。

培训和演习是提高危机事件应对能力的主要措施。培训可以锻炼心理承受能力，提高危机意识，让教职工以及幼儿、家长了解危机的特征，从而具有防范危机和承受危机的心理准备。同时，对于教职工和家长可以采用讲座、研讨、自学等形式，而对于幼儿可以采用教学活动和日常渗透等方式，丰富他们危机的判断识别、防范、处理等知识。要注重危机管理小组和危机预警系统协调配合的培训，让幼儿园教职工、家长甚至幼儿知道该如何配合危机管理小组以及危机预警系统的工作。演习主要是针对幼儿园危机管理的预案进行事先演练，以检验预案的合理性、有效性，并且找出需要修正和完善的地方，其中最重要的是，在演习的过程中可以让教职工和家长、幼儿熟悉危机处理和善后的相关知识和技能，做到积极与相关人员配合，提升危机应对能力。

【课堂讨论】

思考与分析

危机真的可以预防吗?

2. 危机的处理

幼儿园的教育对象是年幼的孩子,他们的自我保护能力较弱、防范意识较差,所以在危机到来之时要积极应对,抓紧时间进行处理,将伤害程度降到最低。

(1)抓紧时间,启动危机预案。幼儿园管理者要在危机到来的第一时间启动危机预案,为应对危机争取时间。危机管理小组要全面负责和指挥,协调人力、物力、财力,各成员要按照预先分工和危机状态调整工作任务,立即投入危机管理行动。

(2)收集信息,制订危机处理计划。每一种危机都有不同的特点,在面对一些具体的情况时一定要具体问题具体分析,危机的类型、危机的来源、危机可能波及的范围、危机可能造成的危害程度等都是需要考虑的。在收集整理相关信息之后,需要第一时间召开危机管理小组会议,结合预案进行计划调整,制订针对性极强的危机管理计划和行动计划。

(3)全员参与,实施计划。在计划制订之后,相关人员要服从危机管理小组的指挥,各司其职,有条不紊地参与危机应对行动。在危机时刻,幼儿园里所有的教职工包括幼儿和家长都是可以利用的资源,危机程度不同,需要调动的人员也不同,危机管理小组要注意统筹安排。另外,在危机发生后,对幼儿的安抚也是非常重要的,要安排人员专门照顾幼儿,幼儿熟悉的教师是最佳人选。

(4)以人为本,依法管理。在危机处理过程中,人是最重要的因素,不管是危机的受害者,还是参与危机管理的工作人员的安全和救治问题,都要优先考虑。此外,管理者要头脑清晰,带领大家进行科学应对,顾大局,注重幼儿园的声誉和长远利益。

【课堂讨论】

某幼儿园园长接到一位家长投诉，称自己孩子带班教师用针扎自己孩子。园长表示一定会了解情况并给其说法。园长找来当事教师询问，得知只是吓唬吓唬孩子并没有真的把孩子扎伤，便稍微教导了这位教师一番，并让她晚上去孩子家里道歉。家长表示谅解。岂料第二天又有几位家长来投诉这位教师扎自己孩子的情况，并有家长把此事发布在网络上。园长一看慌了神，迅速报警，当事老师被带至派出所了解情况。

思考与分析

1. 你认为该园长的处理方式是否恰当？

2. 如果你是园长，你会如何处理这件事？

(5)灵活应变，注意沟通。尽管有周密的计划，面对具体问题时也需要具体问题具体分析和处理。在应对危机的过程中，危机有可能继续发展，也有可能被控制，危机管理的负责人要安排人员持续追踪，理性分析和判断，及时做出决策。有效的沟通在危机管理过程中是非常重要的。在应对危机过程中，需要与上级主管部门、政府部门、家长等进行沟通，取得他们的支持，避免散播谣言，造成恐慌；需要与媒体沟通，把危机对幼儿园的负面影响降到最低，并通过媒体获得更加广泛的支持；必要时要与幼儿园内部工作人员进行沟通，让大家了解真相，了解幼儿园的处境，凝心聚力，共同应对危机。

【课堂讨论】

思考与分析

危机处理跟个人的能力有关，反应不快、能力不强的幼儿教师面对危机时应该怎么办？

3. 危机的修复

当危机基本上得到控制时，幼儿园就需要将工作重心转移到危机的修复阶段。

(1)危机事件的评估和检讨。危机管理领导小组在完成应对危机工作之后,要成立危机修复管理小组。该小组要全面调查和掌握危机事件,对整个事件进行回顾和总结,并公布危机处理调查报告。调查报告主要内容包括危机发生的原因、应对的过程以及结果的详细记录,人员伤亡、财物损失状况的统计数据,对危机管理过程的全面反思以及对危机预案调整的举措等。

(2)对事件责任人的问责。对于危机应对过程中表现积极、做出杰出贡献的人进行肯定和褒扬,对于事件的责任人,要追究其责任,尤其是对制造危机、失职、渎职以及妨碍危机应对的人员,要依据法律规定,视情节轻重追究法律责任。

(3)预案修正。危机修复管理小组要结合危机应对过程中的新情况进行研讨,调整和完善危机预案。

(4)幼儿园重建和改进。危机事件之后,幼儿园要抓紧时间做善后处理,进行幼儿园的重建和改进,使幼儿园尽快恢复正常状态,尽快履行教育职能。此外,还要重点对相关人员进行心理安抚。幼儿年龄较小,心理承受能力较弱,更要重视对其进行心理健康教育,让他们尽快从危机的阴影中走出来。

【课堂讨论】

幼儿园手足口病暴发

5月4日,某幼儿园的小朋友假期之后正常入园。李老师在组织户外活动时给班里的幼儿脱外套,发现一个幼儿的手心上有几个红疹子,以为是被虫子咬的,摸了一下,没有太注意。第二天,该幼儿手上的红疹子数量增多,嘴里也长了水疱,李老师以为是因为上火,所以多给他喝了一点水。下午,该幼儿开始咳嗽,李老师便打电话让家长把他接回家。

5月8日,该班级又出现了两个有同样症状的幼儿,李老师这才意识到可能是手足口病,连忙向园长汇报。园长火速向区疾病预防控制中心报告,该中心立即安排人员赶赴幼儿园进行流行病学调查,结合临床表现及实验室检测,证实为由肠道病毒引起的一起手足口病的暴发。事后该班级就停课了,但是由于没有及时防控,该班陆续有十多个幼儿感染手足口病。

思考与分析

1. 以上案例反映我国幼儿园危机管理存在哪些问题?
2. 你认为案例中存在的幼儿园危机管理问题应如何解决?

本章小结

幼儿园公共关系的目标是塑造形象、协调关系,其对象包括内部公众和外部公众。开展公关活动应遵循客观性、互惠性、全员性和开拓创新等原则。

幼儿园家长工作意义重大,幼儿园要通过多种形式充分发挥家长在教育中的作用,通过对家长工作进行管理取得家长的配合和支持,增强教育效果。幼儿园可以通过多种方式和途径,建立幼儿园、家庭和社区三方结合的教育体系。

幼儿园危机管理包括事前预防、事中控制、事后修复。我国幼儿园危机管理还存在不少问题,要秉持以人为本,预防为主,统一指挥、分层负责,有效沟通,制度化、法制化五个原则进行危机管理工作。在危机管理的每一个环节,都要扎实做好相关工作,提高危机管理效果。

▶文献链接◀

1. 于渊莘、邹平:《沟通的力量——园长公共关系协调能力的提升》,北京:北京师范大学出版社,2017 年。

该书第四章和第五章介绍了大量幼儿园家长工作、幼儿园社区工作和幼儿园危机管理的案例以及分析,总结出很多优秀的幼儿园公共关系管理经验。

2. 程凤春:《幼儿园管理的 50 个典型案例》,上海:华东师范大学出版社,2011 年。

该书“安全与危机管理”和“家园关系”两个部分介绍了大量的幼儿园公共关系管理案例，着重分析了幼儿园与家长沟通过程中需要注意的问题，以及幼儿园危机管理过程中的重点和注意事项。

3. 张莅颖、刘海燕、佟秀莲：《幼儿园组织与管理》，北京：北京师范大学出版社，2018 年。

该书对幼儿园公共关系的含义、目标、对象等进行了分析，并介绍了幼儿园公共关系的过程以及媒介和应用方法，探讨如何提升幼儿园公共关系实务能力。

4. 晏红：《幼儿教师与家长沟通之道（第二版）》，北京：中国轻工业出版社，2018 年。

该书主要探讨了幼儿教师如何与家长进行沟通，从幼儿教师与家长沟通的意义、心理效应、途径以及与不同类型家长沟通的技巧等入手，帮助幼儿教师提高与家长沟通的能力，进而提高公共关系管理能力。

5. 陶应虎、顾晓燕：《公共关系原理与实务》，北京：清华大学出版社，2006 年。

该书详细介绍了公共关系的含义、公共关系的对象、公共关系传播、公共关系调查等内容，有助于读者理解公共关系管理基础知识。

▶思考与实践◀

1. 幼儿园公共关系和幼儿园危机管理的含义是什么？

2. 在市场经济条件下，幼儿园公共关系有何作用？

3. 简述幼儿园公共关系的原则。

4. 简述幼儿园家长工作的形式。

5. 试论幼儿园开展家长工作的意义和任务。

6. 试析幼儿园与社区合作的途径有哪些。

7. 你认为我国幼儿园当前危机管理工作存在哪些问题？应该如何改进？

8. 某幼儿园位于小区中心位置，时常会播放音乐。小区部分居民觉得音乐太吵，甚至有人投诉。请你为幼儿园设计一份公共关系计划书来解决这一问题。

9.运用所学知识,制订一个家园合作活动方案,并试行。

要求与建议:(1)家园合作活动可以是读书活动、节庆活动、参观活动、教学活动等,内容自选。(2)所撰写的家园合作活动方案需包括家园合作活动名称、活动主持者、活动对象、活动时间与地点、活动目标、活动准备、活动内容与形式、活动的具体步骤与过程、活动的评价等。

10.了解一所幼儿园的家园合作、与社区合作的经验和成功的实例,并进行小组交流。

第九章
幼儿园工作评价

◈本章导读

刘老师是某幼儿园一位年轻教师,她工作细心负责,连续带了两届幼儿,同事和家长都很信任她。今年是她第三次带小班,带幼儿外出活动时,她经常遭到园长批评:"你带班都这么长时间了,为什么每次带孩子外出都乱七八糟,一点儿都不整齐,别人看了会怎么说?"为此,刘老师每次外出都小心翼翼的,不停地给孩子们讲规则……你认为园长对刘老师的评价是否正确?请结合本章内容分析说明。

幼儿园工作评价是幼儿园管理工作的重要的组成部分,对于幼儿园管理至关重要。《幼儿园教育指导纲要(试行)》明确指出:"教育评价是幼儿园教育工作的重要组成部分,是了解教育的适宜性、有效性,调整和改进工作,促进每一个幼儿发展,提高教育质量的必要手段。"

第一节 幼儿园工作评价概述

一、幼儿园工作评价的概念

(一)教育价值与教育评价

价值存在于客体与主体需要之间的关系中,即通过主体和客体的关系而体现,这种关系涉及主体对客体的需要和客体的客观属性。只有当主体有某种需要,而同时客体也具有满足主体需要的客观属性时,才能体现出价值。如果缺少主体的需要,或客体不具有满足主体需要的客观属性,那么主体与客体就没有形成关系的可能性,也就无从谈论价值。

教育价值指教育能够满足人和社会需要的程度,即教育这一社会活动或社会现象中的客体及其属性与主体的需要相一致、相符合或相接近的程度。就教育价值结构而言,其基本要素与一般价值要素是相同的,即主体及其需要和客体及其属性两个方面,缺少任何一项都不能构成教育价值。

教育活动或教育现象的客体及其属性是教育价值关系存在的前提,而教育活动或现象的主体及其需要则是教育价值关系存在的基础。由此可见,教育价值主要体现在两个方面:教育对人发展的价值和对社会发展的价值。

教育评价是美国教育家泰勒在1929年首次提出的,他认为:"在本质上,教育评价过程乃是一种测量课程和教学方案在多大程度上达到了教育目标的过程。"[①]自泰勒之后,人们从不同的角度、方法对此进行了阐述,但至今还没有形成一个确切的、严谨的、被一致接受的科学定义,国内有代表性的观点有以下几个。

教育评价是对教育活动满足社会与个体需要的程度作出判断的活

① 王致和:《高等学校教育评估》,第18页,北京:北京师范大学出版社,1995年。

动，是对教育活动现实的（已经取得的）或潜在的（还未取得的，但有可能取得的）价值做出判断，以期实现教育价值增值的过程。①

教育评价是根据一定的教育价值观或者教育目标，运用可操作的科学手段，通过系统地收集信息、资料并进行分析、整理，对教育活动、教育过程和教育结果进行价值判断，从而为不断完善自我和教育决策提供可靠信息的过程。②

教育评价指在一定教育价值观的指导下，依据确立的教育目标，通过使用一定的技术和方法，对所实施的各种教育活动、教育过程和教育结果进行科学判定的过程。③

由此可见，教育评价至少具有三个特点。

一是教育评价是有目的、有计划的活动过程。教育评价是以教育目标为基础进行的有目的、有计划的价值判断活动，教育活动目标是教育评价的出发点。

二是教育评价活动的最终目的是为教育管理与教学活动提供决策依据，用于改进教育活动。教育评价的最终目标在于通过价值判断为教育决策提供信息，以期不断改进教育质量，早期教育评价的主要目的是选拔工作，尤其是选拔适合社会需求的儿童，现代教育评价的目的是不断改进和完善教育过程、提供高质量的教育。

三是教育评价涉及对教育价值的判断，而不仅仅是对教育情境或现象的描述。教育评价是以教育现象为对象，进行价值判断的一种活动。教育现象既包括教育活动的过程，也包括教育活动过程中的教育事件乃至事件的背景。从宏观角度看，它也是对一个地区，甚至国家的教育发展、教育改革等进行评价。但教育评价不仅仅是对教育现象进行描述，更为重要的是对其作出价值判断。教育评价会受到评价者的价值观影响，是客观性与主观性统一的活动。

---

① 陈玉琨：《教育评价学》，第7页，北京：人民教育出版社，1999年。

② 袁振国：《当代教育学》，第260页，北京：教育科学出版社，2004年。

③ 全国十二所重点师范大学：《教育学基础》，第264页，北京：教育科学出版社，2002年。

(二)幼儿园工作评价

幼儿园工作评价是依据幼儿园保教与管理目标,对幼儿园保教活动进行价值判断,并采取有效的举措提高幼儿园保教质量的过程。

幼儿园工作评价是幼儿园保教活动的有机组成部分,也是幼儿园管理的重要内容与手段。就幼儿园管理工作而言,评价需要依据一定的标准和程序,有目的、有计划、有组织地对幼儿园的保教活动及相关方面进行深入调查与研究,例如保教目标评价、课程评价、保教内容评价、保教质量与效果评价、保教人员工作质量评价、教师素质评价、幼儿园保教环境评价、幼儿园管理工作评价、幼儿发展评价等,这些都属于幼儿园工作评价的范畴。

二、幼儿园工作评价的功能与特点

(一)幼儿园工作评价的功能

幼儿园工作评价是学前教育评价的重要内容,因此,可以从学前教育评价的功能角度来理解幼儿园工作评价的功能,即把幼儿园工作评价的功能视为幼儿园工作评价所具有的效能。幼儿园工作评价具有鉴定功能、导向功能、激励功能、反馈与改进功能。

【拓展阅读】

一、教育评价是幼儿园教育工作的重要组成部分,是了解教育的适宜性、有效性,调整和改进工作,促进每一个幼儿发展,提高教育质量的必要手段。

二、管理人员、教师、幼儿及其家长均是幼儿园教育评价工作的参与者。评价过程是各方共同参与、相互支持与合作的过程。

三、评价的过程,是教师运用专业知识审视教育实践,发现、分析、研究、解决问题的过程,也是其自我成长的重要途径。

四、幼儿园教育工作评价实行以教师自评为主,园长以及有关管理人员、其他教师和家长等参与评价的制度。

五、评价应自然地伴随着整个教育过程进行。综合采用观察、谈话、作品分析等多种方法。

六、幼儿的行为表现和发展变化具有重要的评价意义,教师应视之为重要的评价信息和改进工作的依据。

(摘自《幼儿园教育指导纲要(试行)》)

1. 鉴定功能

鉴定功能指认定、判断评价对象合格与否、优劣程度、水平高低等实际价值的功效和能力。鉴定的对象可以是人,如幼儿、教师,也可以是保教活动方案或者是幼儿园相关部门的工作。鉴定是幼儿园工作评价的功能之一,但不是评价的终极目的,评价的根本目的在于改进和提高幼儿园保教工作的质量,而不是区分优劣高下。

2. 导向功能

导向功能指教育评价本身所具有的引导评价对象朝着理想目标前进的功效和能力。在幼儿园工作评价中,对任何被评价对象所做的价值判断,都是根据一定的评价目标、评价标准进行的。因此,有什么样的评价内容,被评价对象就会注重那个方面的工作;有什么样的评价标准,被评价对象就会向那个方向努力。也就是说,评什么、怎样评,将有效引导被评价者在工作中做什么、怎么做。《幼儿园教育指导纲要(试行)》的出台,为改革幼儿教育、树立正确的教育价值观和质量观提供了指导,它直接影响着幼儿教育工作者的教育思想和教育行为。因此,为了更好地发挥教育评价的导向功能,就必须依据幼儿教育目标确定恰当的评价内容和标准,对教育效果进行全面评价。

3. 激励功能

激励,即激发人的动机,调动人的积极性,使人有一股内在的动力,向所期望的目标前进的心理过程。对幼儿园管理者、保教人员与幼儿的评价是教育评价的重要内容。对幼儿园管理人员和保教人员的评价,可以激发他们的内在需要和动机,增强他们的工作热情和信心,促使他们采取积极的行动，使行为处于一种积极的状态，保证工作目标和学习目标的达成。通过评价可以总结经验与教训，可以激励上进并鞭策后进，不断调整个人和集体的工作方式，以实现提高保教质量这一目标。在对幼儿的评价中，积极的评价可以增强幼儿的自信心，提高他们的自我肯定度，激起他们进一步学习的兴趣。对人的评价有激励作用，对其他方面的评价如管理过程、保健、办园条件、管理水平等的评价对于改进相关部门工作也具有一定的激励作用。

4. 反馈与改进功能

反馈与改进功能指教育评价本身所具有的促进评价对象为实现理想目标不断改进行为的功效和能力。它主要运用“反馈原理”，通过评价及时获得保教过程、结果的信息，及时强化正确的、有利于保教目标实现的行为，及时调节和矫正不良的、不利于保教目标实现的行为，从而控制保教活动的过程，使其不断优化。幼儿园评价主要被用来判断组织职能发挥的程度，即幼儿园的人力、物力、财力等的使用、分配是否合理有效，管理过程是否正常，并对管理工作质量进行全面分析和判断。幼儿园管理过程是按照计划—实施—检查—总结的流程进行的。其中总结环节实际上就是阶段性的总结性评价。因此，评价是幼儿园管理的基本环节，评价的反馈作用特别体现在它能够推动幼儿园管理水平的不断提高。

（二）幼儿园工作评价的特点

1. 幼儿园工作评价的整体性

幼儿园工作是由许多要素组成的一个整体，组成整体的各个要素在幼儿园工作中的地位和作用是不同的。幼儿园工作评价需要对幼儿园工作的方方面面进行评价。因此，幼儿园工作评价目标的确定和分解、指标体系的构成，都需要从整体出发。[①]

① 秦明华、张欣：《幼儿园组织与管理》，第 185—189 页，上海：复旦大学出版社，2010 年。

2. 幼儿园工作评价的协同性

幼儿园工作评价涉及范围广、内容多，涉及的参与主体众多。它不仅仅是幼儿园管理者的事情，也需要广大教职员工的积极参与，甚至需要地方教育行政部门管理者、教育专家和幼儿家长共同参与。

3. 幼儿园工作评价主体的多元性

幼儿园工作评价关系到幼儿园保教管理、保教活动，为了避免评价主体的单一性，应将保教活动的重要当事人都作为评价的主体，充分发挥评价主体的积极性、主动性，更好地实现实施保教、促进幼儿发展的目的。正如《幼儿园教育指导纲要（试行）》指出的，管理人员、教师、幼儿及家长均是幼儿园保教评价工作的参与者，评价过程是各方共同参与、相互支持与合作的过程。评价主体多元化的本质是让保教过程的重要当事人都参与评价活动，增强他们的参与性，与此相联系的是被评价对象对自我评价的重视。所以《幼儿园教育指导纲要（试行）》指出："幼儿园工作评价实行以教师自评为主，园长以及有关管理人员、其他教师和家长等参与评价的制度。"

三、幼儿园工作评价的类型

幼儿园工作评价涉及的内容较多，依据不同的标准，幼儿园工作评价可以分为不同类型。

（一）依据评价的功能可以分为诊断性评价、形成性评价与终结性评价

1. 诊断性评价

诊断性评价指在幼儿园保教活动或某项工作开展之前，为使活动或工作更有效地实施而进行的预测性、测定性评价，或者是初步了解评价对象的基础、条件，目的是了解评价对象的基础情况，为解决问题搜集资料，找到解决问题的办法，以便指导。

2. 形成性评价

形成性评价又称"过程评价"，指在幼儿园保教活动或其他工作计划

实施过程中,对计划及计划执行情况进行的评价。其目的是了解动态过程的效果,及时反馈信息,使计划不断完善,以顺利实现预期目标。形成性评价是内部导向的,便于管理者和教职工参考。

3. 终结性评价

终结性评价指幼儿园在某一保教活动结束后进行的评价。其目的是了解相关保教活动达到预期目标的情况,是对保教活动的效果的判断。它与分等、鉴定相联系。终结性评价是外部导向的,主要是为制定决策提供依据。

诊断性评价与终结性评价主要发挥的是鉴定可行性和效果的功效;而形成性评价主要发挥的是改进的功能。三者之间的划分不是绝对的,在实际评价过程中是相互关联和渗透的。

(二)依据参照标准的不同可以分为相对评价、绝对评价与个体内差异评价

1. 相对评价

相对评价是以被评价对象集合内部的某一状态或标准样组的水平为参照标准来进行比较的评价。具体地讲就是在一组评价对象内部进行互相比较,通过比较来确定每一个评价对象在集合中的相对位置。因为这种评价标准来自被评价结象集合内部,本身具有较强的竞争性,所以它适用于以鉴别和选拔为目的的评价。

2. 绝对评价

绝对评价指在评价对象集合之外,根据一定目标和准则确定一个标准,在评价时,将每一个评价对象与确定的标准进行比较而做出的评价。在幼儿园评价中,常见的绝对评价有上级教育主管部门对幼儿园办园水平、保教质量等方面的评价,当下各地教育部门在幼儿园开展的分类分级验收也是一种绝对评价。

3. 个体内差异评价

个体内差异评价是将团体内被评价对象的过去与现在进行对比,或

以个体的某一方面为参考来评价个体的其他方面，这类评价的参照对象不是外在的标准或他人的水平，而是自身，例如幼儿园的自我评价、教职工的自我评价等。

（三）依据评价主体的不同可以分为自我评价与他人评价

1. 自我评价

自我评价是评价者根据一定的评价目的、标准，对自己的工作、学习等进行的评价。自我评价按照规模大小可以分为团体自我评价与个人自我评价。自我评价是幼儿园工作评价中经常采用的形式。组织有效的自我评价，有助于评价者进行自我认识、自我教育、自我提高和自我完善。

2. 他人评价

他人评价指被评价者以外的人对被评价者进行的评价，又称“外部评价”。这种评价包括各级教育行政部门所做的检查与督导评价、专家评价、同事同行评价、社会评价、教师对幼儿的评价等。在他人评价中，如果是上级对下级的评价，评价过程就是一个指导与被指导的过程；如果是同行间的评价，评价过程就是一个相互学习的过程。他人评价一般较严格、慎重，也比较客观，可信度较高，具有一定的权威性，但这种评价的组织工作较为复杂，耗费的人力和时间较多。

此外，依据评价的方法分类可以分为定性评价与定量评价，依据评价的内容可以分为单项评价与综合评价等。

第二节　幼儿园工作评价原则与内容

幼儿园工作评价原则是根据幼儿园工作评价目的，对评价组织者和评价者提出的统一评价工作的指导思想和行动准则，它是衡量评价工作是否沿着正确方向发展的主要标准。

一、幼儿园工作评价原则

(一)方向性原则

幼儿园工作评价作为一种价值判断活动,首先应当考虑把幼儿园工作引向何处,所以方向性充分体现了评价对教育的宏观指导作用,贯穿于评价过程始终。方向性原则指的是整个教育评价必须体现社会主义的办园方向。《中共中央国务院关于深化教育改革全面推进素质教育的决定》中提出:培养适应21世纪现代化建设需要的社会主义新人的目标,幼儿园评价要贯彻落实党和国家有关教育政策、法规,保障评价的正确导向,实现培养目标。

(二)科学性原则

科学性原则指开展幼儿园工作评价一定要按照客观规律办事。无论是制订评价方案、建立评价指标体系,还是实施评价,评价者都要本着实事求是的态度,利用科学的方法和手段,全面、正确地进行事实分析和价值判断。

幼儿园工作评价的科学性一方面指评价的内容、指标系统要建立在现代教育理论基础上,要符合教育学、儿童发展心理学、管理学等基本原理;另一方面指在获取信息和处理信息中要采用科学的方法,在建立指标系统和标准时要考虑评价对象的实际情况,要有层次性、区分性,评价标准要多元化。

(三)整体性原则

幼儿园工作本身就是由多种因素、多种层次构成的一个大系统,各个因素从不同的角度来看,既具有一定的相对独立性,如幼儿园的保教工作、教师的教、幼儿的学等,都可构成一个相对独立的系统,又有机协作,构成一个整体。在评价时要注意在对各层次进行单项评价基础上进行综合评价,同时要注意,评价不仅要评结果,还要评过程,要从评价对象工作的开始、发展变化、结果等全过程来考查。

整体性原则还包括在幼儿园工作评价过程中，要注意评价工作的整体性、综合性，做到自评与他评相结合，形成性评价与终结性评价相结合，定性评价与定量评价相结合，动态评价与静态评价相结合，使之互补达到整体上的最佳判断和效益，使教育评价的导向、鉴定、激励、改进功能得到更好的发挥。

(四)发展性原则

在幼儿园工作评价中，要坚持用发展的眼光来看待办园基础和条件差异比较大的被评价对象。只有用发展的眼光确定被评价幼儿园在同类幼儿园中的合理地位，才能调动各类幼儿园办园的积极性，也才能有针对性地促进各类幼儿园管理工作的开展。在评价幼儿和教师的过程中，也要有发展的眼光。

二、幼儿园工作评价内容与范围

幼儿园工作评价主要包括幼儿园管理评价、幼儿园人员评价、幼儿园保教质量评价等方面，这些方面的评价也是教育行政部门对幼儿园工作进行宏观指导和管理的重要手段。

(一)幼儿园管理评价

幼儿园管理评价包括幼儿园的办园水平、办园理念、办园条件、领导队伍、保教队伍、保教工作、总务后勤工作以及幼儿园制度建设等方面的评价。《幼儿园教育指导纲要(试行)》指出："教育评价是幼儿园教育工作的重要组成部分，是了解教育的适宜性、有效性，调整和改进工作，促进每一个幼儿发展，提高教育质量的必要手段。"教育评价要重点考察以下五个方面："教育计划和教育活动的目标是否建立在了解本班幼儿现状的基础上。教育的内容、方式、策略、环境条件是否能调动幼儿学习的积极性。教育过程是否能为幼儿提供有益的学习经验，并符合其发展需要。教育内容、要求能否兼顾群体需要和个体差异，使每个幼儿都能得到发展,都有成功感。教师的指导是否有利于幼儿主动、有效地学习。”

此外,幼儿园园务管理中的队伍建设、制度建设、保教工作与行政管理等方面的评价也尤为重要。幼儿园队伍评价建设包括园长素质和领导意识,领导班子职能的发挥,幼儿园教师队伍结构和梯队建设等;制度建设评价主要指幼儿园各项常规制度是否健全,各项制度执行的力度如何;保教工作评价主要指保教工作的常规工作开展情况、保教活动的组织与实施情况、幼儿园保教改革与科研情况、园本教研情况等;行政管理评价主要包括幼儿园管理过程的运作状态、民主制度建设、幼儿园发展目标制定情况等。

(二)幼儿园人员评价

幼儿园人员评价主要包括对人员的配置和相关人员的工作效能等的评价。

幼儿园人员包括园长、专任教师、保育员、卫生保健人员、行政人员、教辅人员、工勤人员等。不同类型幼儿园的人员配置情况不同,幼儿园应当按照服务类型、幼儿以及保教人员与幼儿的比例安排教职工,满足保教工作的基本需要。要全面了解幼儿园工作效能,就需要评价幼儿园中人的素质及其工作效果。

1.幼儿园园长评价

园长是幼儿园的领导核心,是决定幼儿园办园质量高低的关键,评价应注重考查园长及其领导的整个领导班子是如何发挥管理主体作用的。园长对于幼儿园发展的重要性毋庸置疑,但是如何对幼儿园园长进行评价呢?2015年教育部颁发的《幼儿园园长专业标准》指出:“园长是履行幼儿园领导与管理工作职责的专业人员。本标准是对幼儿园合格园长专业素质的基本要求,是引领幼儿园园长专业化发展的基本准则,是制定幼儿园园长任职资格标准、培训课程标准、考核评价标准的重要依据。”《幼儿园园长专业标准》不仅指出了评价园长的标准,同时也指出了园长评价的内容,即规划幼儿园发展、营造育人文化、领导保育教育、引领教师成长、优化内部管理以及调适外部环境等6个方面,共60条。

2.幼儿园教师评价

幼儿教师评价主要是依据相关法规与政策,对幼儿教师的素质与能力进行评价。《国务院关于加强教师队伍建设的意见》《幼儿园教师专业标准》等政策文件为开展幼儿园教师评价提供了政策依据。《国务院关于加强教师队伍建设的意见》指出要健全教师考核评价制度,完善重师德、重能力、重业绩、重贡献的教师考核评价标准,探索实行学校、学生、教师和社会等多方参与的评价办法,引导教师潜心教书育人。该文件指出了评价的方向。《幼儿园教师专业标准》是国家对合格幼儿园教师专业素质的基本要求,是幼儿园教师开展保教活动的基本规范,是引领幼儿园教师专业化发展的基本准则,是幼儿园教师培养、准入、培训、考核等工作的重要依据。《幼儿园教师专业标准》的基本内容构架包含专业理念与师德、专业知识和专业能力3个维度、14个领域、62条具体要求。《幼儿园教师专业标准》的颁布为幼儿园开展教师评价提供了可供参考的内容体系和标准。

《幼儿园教师专业标准》提供了幼儿园教师素质评价的内容和框架,在具体实践中,幼儿园需要结合工作需要进行灵活应用,除了要考虑相关文件内容,还要考虑一定地域、一定文化背景的幼儿园教师应该具备的其他素质,幼儿园也可以根据需要参考其他相关评价标准。

此外,幼儿教师评价还应注重考查幼儿园教师队伍的建设与发展情况,包括人员任用状况、教师梯队建设、教师专业化发展以及幼儿园文化建设等方面情况。

(三)幼儿园保教质量评价

保教工作是幼儿园工作的核心和主体部分,对幼儿园保教质量的评价包括幼儿发展评价与幼儿园课程评价两个方面。

幼儿园保教质量评价重在帮助教师建立质量意识,关注保教工作实施的过程与质量,目的是增强教师行为的自觉性。要鼓励和引导教师进行自评,同时,也可组织教师间、管理层与教师间,或邀请姐妹园教师、专业人士以诊断和改进工作为目的互评和他评。在研究和实践过程中，幼儿园应逐步建立起自我认识、自我监测、自我发展机制，使评价工作成为促进幼儿园保教质量不断提高的有效手段。

1. 幼儿发展评价

考查幼儿园保教质量必然涉及幼儿的发展，幼儿发展水平是衡量和评价幼儿园保教质量最直接和最重要的指标。促进幼儿和谐发展是幼儿教育的基本价值诉求，幼儿发展评价一方面是对作为个体的幼儿的各个方面发展情况的评价，例如对幼儿个体发展的某一方面或者是某些方面的分析与研究；另一方面是对幼儿群体发展状况的评价，例如对全园或者某些班级幼儿的发展状况进行评价。

幼儿的行为表现和发展变化具有重要的评价意义，教师应视之为重要的评价信息和改进工作的依据。在幼儿发展评价过程中，教师通过观察、分析作品、问卷调查、分析档案等方式记录并分析幼儿的发展，进而作出有意义的判断，这是现代幼儿教师应当具备的基本技能。《幼儿园教育指导纲要（试行）》指出教师在评估幼儿发展状况时要注意：明确评价的目的是了解幼儿的发展需要，以便提供更加适宜的帮助和指导；全面了解幼儿的发展状况，防止片面性，尤其是避免只重知识和技能，忽略情感、社会性和实际能力的倾向；在日常活动与教育教学过程中要采用自然的方法进行。平时观察所获得的具有典型意义的幼儿行为表现和所积累的各种作品等，是评价的重要依据；承认和关注幼儿的个体差异，避免用划一的标准评价不同的幼儿，在幼儿面前要慎用横向的比较；以发展的眼光看待幼儿，既要了解现有水平，更要关注其发展的速度、特点和倾向等。《上海市幼儿园保教质量评价指南（征求意见稿）》中关于“幼儿发展”评价指标包括体能、习惯、自我意识与自理、认知、语言能力、社会性、美感与表达等 7 个方面，每个方面又有若干个评价重点与标准。

2. 幼儿园课程评价

幼儿园课程评价涵盖幼儿园课程管理的各个环节，《上海市幼儿园保教质量评价指南(征求意见稿)》指出幼儿园课程评价指标包括课程实施方案、环境创设与利用、生活活动、运动、游戏活动、学习活动、保健和特殊照料、与社区家长的互动等8个方面。每个方面又有若干个评价重点,评价标准分为合格与优秀两档。合格标准是每一所幼儿园必须达到的基本要求,优秀标准是较高层次的要求,幼儿园要在合格的基础上再以优秀标准来衡量与评价。为了方便使用,《上海市幼儿园保教质量评价指南(征求意见稿)》还对信息采集的途径与方法给予了提示。

第三节　幼儿园工作评价方案的设计与实施

评价方案是依据一定的评价目的,根据保教活动的一般规律,对评价的内容、范围、方法、手段和程序等方面加以规范的文本。幼儿园工作评价方案的设计与实施主要包括明确评价目的、确定评价内容、建立评价指标体系、实施评价方案等四个部分。

一、明确评价目的

明确教育评价的目的,认清被评对象应该达到的目标,这是在制订教育评价方案初期必须首先解决的问题,即为什么评价。幼儿园工作评价的主要目的的确定的依据是我国颁发的相关教育法规、教育政策,同时评价不能脱离幼儿教育的规律和幼儿园发展实际。《幼儿园工作规程》指出:“幼儿园的任务是:贯彻国家的教育方针,按照保育与教育相结合的原则,遵循幼儿身心发展特点和规律,实施德、智、体、美等方面全面发展的教育,促进幼儿身心和谐发展。”

二、确定评价内容

在明确评价目的的基础上,要选择确定评价的内容和对象,即“评价什么”。幼儿园工作评价的内容很广,既包括幼儿园的保教活动,如正常的教学工作、游戏、保育工作、幼儿一日活动等,也包括幼儿园运作与管理的组织工作。确定评价内容前必须要明确评价所要达到的目标,这就需要认真研究评价对象的性质,明确评价工作的核心和关键。

评价具有导向性,尤其是在“评价什么”与“为什么评价”方面,需要结合评价的目的,对评价内容进行综合考虑。比如有的幼儿园比较注重教师教学设计的能力,教师就容易着重考虑教学设计方面,而对教学内容是否适合幼儿的发展水平就可能不够重视。

三、建立评价指标体系

评价指标体系的建立主要是要解决“怎么评价”的问题,设计评价方案主要就是建立评价指标体系。指标是一种具体的、可测量的、行为化的评价准则,是根据可测或可观察的要求而确定的评价内容。指标就是用行为等具体的东西来表示被评价对象的抽象属性的项目。指标作为一种评价的准则,它用外在的行为来反映内在的思想,用具体的项目来反映抽象的内容,它为人们的测量提供了一条便利的途径。

一个好的指标体系应具备三个特征:一是完整性,各项标准都各有所长,互相补充,共同构成一个完整的整体;二是协调性,各项标准都能相互衔接,协同一致,反映出标准的统一性与和谐性;三是比例性,标准之间应有一定的数量和权重关系,体现量的统一性和关联性。

建立评价指标体系时需要考虑以下三个方面内容。

(一)明确评价的目标与问题,形成评价的基本概念体系

在明确评价问题内涵与外延的基础上,对评价的问题进行细化和分解,明确评价谁、评价什么、要达到什么目的等。当明确了评价谁、评价什么以后,就可以确定评价工作的整体目标。明确目标一般分两步进行,一是确定目标项目,即明确评价什么;二是确定目标强度,即达到目标要求的程度。

(二)确定评价的项目要素并对其进行分解,将评价内容具体化,建立评价指标体系

把高度概括的总体目标分解成不同层次的子目标,即把整体目标具体化。可以用“头脑风暴法”组织学前教育领域的专家与有经验的教师,把构成整体目标和影响整体目标实现的所有因素都罗列出来。例如在评价幼儿园保教活动时,通常会涉及保教活动目标、环境创设、教学资源配置、教学内容与方法选择、保教活动组织设计以及教育活动效果等。

在确定评价项目要素及对其进行分解时应该注意三个方面:[①]指标要全面、客观地反映所要评价内容或对象的实质,保证必要的内容效度和完备性;各要素或类别应是可以相互区分的,要尽可能避免指标内涵的相互交叉、包含;要逐层分解,指标应尽可能具体化,以便观测和操作。

(三)选择评价方式

幼儿园工作评价的方法有很多,常用的有以下几种。

1. 程度表示法

程度表示法也称“等级评定法”,就是把各项指标按照评价指标的重要程度分为不同等级,如优、良、中、差或好、较好、一般、较差等,然后再进行评定。

2. 数量表示法

数量表示法是用百分制方式或者按照1—6分的量表对评定项目进行打分,或者是标示百分比。

3. 加权求和法

加权求和法是依据各项目的重要程度,赋予其不同的权重或系数,表明其占总体的百分比。例如,在评价办园品质时,幼儿园办园理念与园务

---

① 张燕:《学前教育管理学》,第316—317页,北京:北京师范大学出版社,1995年。

管理占总体的百分比为25%,卫生保健与安全防护占总体的百分比为20%,环境创设与教育教学占总体的百分比为20%,幼儿发展与办园效果占总体的百分比为35%。

四、实施评价方案

实施评价方案包括选择实施评价的手段、整理评价信息与撰写评价报告等。

(一)选择实施评价的手段

评价的手段与方法指获得评价信息的方式,收集评价信息是教育评价的基础,评价信息收集得越多,评价结果就越准确合理,就越具有客观性、科学性。收集评价信息时要注意评价信息的全面性、可靠性与有效性。

收集评价信息的方法多种多样,主要有文献法、观察法、调查访谈法、问卷法、个案研究等。

(二)整理评价信息

整理评价信息指对评价信息的全面性、准确性、适应性以及收集资料方法的可靠性反复加以核实,对收集到的全部评价信息进行检查、分类,以方便使用。常用的整理评价信息的方法有以下三种。

1. 归类

归类就是将收集到的信息资料汇集归类,然后进行分类。

2. 审核

审核是对归类的评价信息进行核实,开展去伪存真、去粗取精的鉴别和筛选工作,对缺少的、遗漏的信息,建档时要及时进行补充收集。

3. 建档

将审核后的评价信息,根据评价指标体系,分门别类地制成一定的表格或卡片,进行编号建档,为评价做好准备。

(三)撰写评价报告

评价报告是整个评价工作的阶段性成果,可以采用文字或者图表的形式表示。评价报告的撰写要求是内容完整、依据充分、逻辑清晰、格式规范,教育评价报告的撰写则要求撰写者对评价的过程、阶段性结论进行全面、客观的描述,并提出相关建议。相对而言,幼儿园工作评价报告就是对幼儿园评价过程与结论进行客观、全面的描述,提出合理化建议。一份完整的评价报告包括封面、前言或者序言、正文与结尾等部分。

【拓展阅读】

上海市幼儿园保教质量评价体系之幼儿发展部分

1. 体能

评价内容	评价标准(合格)	表现举例	信息采集
生长发育	• 身高、体重、血色素标准参照 2005 年《上海市儿童保健所条例》所规定的要求。		• 定期由幼儿园保健教师组织测试。

续表

评价内容	评价标准（合格）	表现举例	信息采集
运动兴趣	•喜欢参加体育活动； •乐于尝试不同的运动器械，充分活动身体。	•来到运动场地或看到运动器材时，能迅速投入体育活动而不是旁观；活动时投入，运动一会儿后会出汗、气喘，或会舍不得休息，或会说“好累，休息一会儿”，但看到同伴在运动，又会站起来马上投入活动；自由活动中愿意主动带来有运动因素的玩具并自发进行锻炼； •喜欢独自尝试或在成人的帮助下尝试玩不同的运动器材，能做出走、跑、跳、踢、攀、爬等动作；喜欢带有挑战性的运动项目。	•运动(包括室内和户外运动)； •户外活动、自由活动； •家长调查问卷，了解家庭运动情况。
•动作协调与平衡	•运动时，动作协调，平衡性好； •能做精细动作，手眼协调。	•能自然地两脚交替换步上下楼梯；向上攀爬时能手脚协调地进行；跳跃时能以双手配合；能根据音乐节奏走、跑、跳等；能拍球、抛接球、跳绳；左脚、右脚都能单脚跳；能在不平坦或不稳定的地面(软的垫子、沙子)上行走自如；能手拿水杯平衡行走； •能熟练地使用搓、团、压、捏、挤等动作进行造型；能使用筷子吃饭，自己穿衣、扣纽扣、系鞋带；能拼较复杂的图形；能剪出直线或简单图形，能沿边对折纸。	•运动、户外活动； •区角活动、自由活动的大肌肉活动和小肌肉操作活动； •家长调查问卷； •主题活动中的相关作品。

2. 习惯

评价内容	评价标准（合格）	表现举例	信息采集
生活习惯	·餐饮习惯卫生； ·作息睡眠有规律； ·爱清洁，有健康的盥洗与排泄习惯； ·保护五官，用眼卫生。	·嘴里有水、食物时不说笑；不吃不洁食物；不多吃糖果、冷饮；按照需要自主饮水； ·按时睡眠，睡觉时不蒙头； ·饭前便后洗手、外出回来之后洗手，洗手后认真擦手；用纸巾或手帕擦嘴或鼻涕，不拖鼻涕；不能吃的东西不碰嘴巴；早晚刷牙；不吃手指，不咬指甲，提醒成人帮助剪指甲；有规律大便，女孩小便后用便纸； ·不过分用力挖鼻孔、耳朵；看书时坐直，不把书本靠眼睛太近，看电视、电脑时眼睛不靠得太近。	·生活活动； ·家长调查问卷。 提示：需多渠道搜集信息，判断幼儿行为的"一贯性"，表明确实形成"习惯"
学习习惯	·对学习有兴趣，好问； ·认真观察和倾听，喜欢尝试，做事专注、坚持，对学习成果有满足感； ·爱惜玩具、文具、书籍等各种学习用具和材料。	·对不了解的事物愿意问个究竟，愿意尝试没做过的事，或主动地寻求帮助； ·有注意力集中的时段，针对一个目的做一件事，活动时眼神和身体姿势集中于要做的事（集体教学或个别游戏活动）；能在成人鼓励或帮助（提示）下，独立将事情做出一定结果，不是频繁更换活动、漫不经心、轻易放弃一件事；在做成一件事后，能从表情上看出对自己的成果很满意、高兴；在未取得自己想要的活动成果时，能再次重复或寻求帮助来满足自己的活动需要或好奇心； ·不故意损坏学习用具和材料（应与有目的地利用和拆装造成的无意损坏区分开来），并对自己或他人不小心损坏物品表现出惋惜，甚至尝试修补。	·学习活动、运动； ·游戏活动、生活活动中幼儿的探索行为。

续表

评价内容	评价标准（合格）	表现举例	信息采集
文明习惯	·行为举止文明； ·主动与人打招呼，懂得使用礼貌用语； ·理解幼儿园集体生活的常规，并能遵守； ·遵守公共卫生规范，爱护公物。	·经常保持良好的站姿和坐姿；咳嗽、打喷嚏时，能捂嘴；懂得谦让比自己幼小或弱小的孩子； ·能主动和教师、小朋友或其他熟悉的人打招呼或问好，态度大方；对别人的招呼能应答；犯错了经成人提醒能说对不起；请求别人帮助时会说“请”；得到别人帮助时会道谢； ·会用集体规则来约束自己的行为：不在走廊等公共区域不狂奔；按秩序喝水、如厕等； ·手上有污物时不随处乱抹、乱擦；不乱涂墙壁、桌椅、地板，不乱扔垃圾，不随地吐痰；不乱扔玩具，使用玩具时能轻拿轻放，并知道放回原处；爱护图书，不乱折，能有序摆放；搬桌椅时轻拿轻放；不采摘幼儿园或公园等公共场所的花草。	·游戏活动、自由活动、生活活动； ·集体教学活动，做操环节； ·外出活动； ·家长调查问卷、家长谈话法。

3. 自我意识与自理

评价内容	评价标准（合格）	表现举例	信息采集
自我概念	·认识自我，并接纳自我； ·能进行自我评价，有自信心； ·有规则意识，能自我约束，	·对自己的身体和性别有基本认识（包括接纳自己身体和相貌上的缺陷），不做可能伤害自己的事：“我戴眼镜是因为我的眼睛看不清楚，医生说如果坚持戴，就会矫正好，和别人一样看得清楚”；知道自己的喜好：	·幼儿在生活和各种活动的一般情绪与行为表现，如表现得坚持自己

续表

评价内容	评价标准（合格）	表现举例	信息采集
自我概念	会适当调整自己的需求和行为以适应所处的环境。	“我喜欢绿色的，不喜欢黑色的”“我喜欢听故事”，拿到自己喜欢的玩具、到喜欢的活动区、得到自己喜欢的装扮角色会表现得很高兴； ·在与他人的关系中觉得受重视、有安全感，或有信心地加入一个群体与人交往，认为自己会被接受，能说出自己好朋友的名字；知道自己有能力做什么：“我不会……你帮我一下”；对自己的作品和完成自己重视的任务感到自豪；主动发起活动，知道自己想要做什么并努力自己做，不需要教师过多指示安排；愿意挑战自我，尝试新的或有一定冒险性的活动（或请求协助）：“老师，我想试试爬得更高些，你能不能在下面接住我”；主动提出要求：“老师，我还没完成，你慢点讲”；不轻易接受同伴的观点，有自己的看法：“你怎么知道的？”“我觉得好像不是这样，我们去问问老师吧”；试图使自己变得更好、更强：“我得好好吃饭，才能长高”或“我得多跳几次，才能跳得更好”；在活动不顺利而寻求帮助的同时，还争着要自己做，在较长一段时间内还继续尝试； ·能适当地调整和控制自己的需求或愿意延迟满足：在轮流玩的规则下，即使很想玩，也能耐心排队等待；在集体教学中能控制自己不随意插嘴；即使很想玩新的材料时，也还是能控制自己，先把手头的材料收拾好。	的意愿、有主意，甚至适度的倔强，而不是依赖、等、靠、要； ·游戏的总结和评价环节； ·集体教学活动。 提示：以观察幼儿的行为为主，幼儿“我很能干”“我很棒”等话语只能作为评价的辅助。

续表

评价内容	评价标准（合格）	表现举例	信息采集
情感表达	·能向成人或同伴表达自己的需求、感受，在遇到表达困难时能寻求帮助； ·能学习用恰当的方式排解自己的消极情绪。	·能用语言或适当的行为表达自己的感受(而不是用过激的行为)："我想和你一起玩，好吗?""真是太好了!""真烦人!""我气死了!""我不想这样玩"；想要什么时不是直接抢，而是说"我想玩……"想跟别人一起玩时，会用对方能接受的方式表达自己的愿望； ·极少用大哭大闹或攻击性的方式表达自己的不愉快、不满，即使哭泣也能较快地平息并说出原因；难过、生气、不满时会抱怨，教师安慰过后，会逐渐平息，愿意将注意力转移到其他事上；遇到挫折和失败时，在教师说"还有明天，明天再试试看"后，能平静面对，而不是摔东西或发脾气。	·一日生活的各种自然情境。
自理与自立	·愿意自己的事情自己做，尝试不依赖他人照料自己； ·能整理和保管好自己的衣物和玩具等； ·知道自我保护的相关常识。	·自然而然地做自己能做的事，不依赖或要求别人替自己做；能自己吃饭喝水、穿脱衣裤鞋袜、如厕及清洁身体和手、擦鼻涕、擦汗、盖被子和整理被子等； ·注意把自己的衣物和暂时不玩的玩具放在自己的置物袋中，并能整理自己的置物袋； ·在上下楼梯或户外攀登等可能有危险的活动中，小心谨慎地行事或寻求成人协助；能安全使用物品、避开危险；若受伤会立即告诉成人。	·生活环节(餐点；午睡、如厕、洗手)； ·活动结束后的整理环节。

4. 认知

评价内容	评价标准（合格）	表现举例	信息采集
观察与探索	·对周围事物好奇，会用多种感官从多种角度观察、探索事物，把握事物的特征； ·能用自己的方式记录探索的过程，辅助持续探索； ·能联想旧有的经验，对已掌握的办法或工具加以调整或组合，尝试解决新问题； ·以独特的方式利用某些物品或寻找替代物； ·尝试利用多种途径和媒介获取信息。	·对新事物好奇，想去摸摸、看看，甚至用放大镜看；敲敲打打或拆开重新组装；喜欢问“为什么”； ·通过画画、列图表和写序列卡片等记录观察现象，并在交流展示时利用这些记录，或在进探索前回顾前面的记录； ·没有绿色时，知道用黄颜色和蓝颜料配； ·能把插塑积木插成长棍作为工具取出用手够不到的东西；能用积木、铅笔等作为测量工具来比较物体的长度或高度； ·能够在实地参观、访问和调查、查阅图书或报纸、观看电视和上网等多种方法中选择最恰当的搜寻自己需要的信息。	·来园活动； ·区角探索活动； ·自主游戏； ·项目（方案）活动； ·讨论新玩具和活动材料的使用； ·外出活动。
概念与关系	·能把握一个事物、现象的典型特征，并比较异同、分类、归类，逐步形成基本概念；	·能从比较写实的图片上认出一个事物；“基本概念”包括儿童生活中常接触的自然物及自然现象、社会事物（工具、设施）及职业等有关的概念（可以参照《上海市学前教育课	·一日活动的有关场景； ·探索活动；

续表

评价内容	评价标准（合格）	表现举例	信息采集
概念与关系	·在探索和发现的过程中，逐步形成数、量、形状及表示时间、空间关系的基本概念； ·按一定的标准对事物进行排序、配对对事物之间的表面联系和因果关系提出问题、假设，并运用已有经验进行分析和推理； ·能围绕目标、遵照一定程序解决问题。	程指南》中的“关键经验”），“形成基本概念”意味着能把握一类事物的共同特征，通过衡量是否符合关键特征对新事物进行归类； ·知道一些常用的概念，量的概念涉及轻重、面积、体积；时间概念涉及今天、明天、晚上、早晨、上午、下午、现在、钟点、星期等；空间概念涉及方位概念（里外、进出、上下、前后、左右、中间等）、距离概念（远、近）、速度概念（快、慢），在教师问“昨天星期天，你在家里做什么”时，能说出在家里做的事； ·能按特征（颜色、形状、大小、长短、轻重）、用途、习性等标准对事物排列顺序或进行组合，或变换标准重新对事物进行排序或组合； ·能有条理地（如间隔多少天、每天在哪个时间）观察和记录（设计记录表单）天气在一段时间内的变化，尝试预测或决定出游时间。	·与教师和同伴的日常交谈。 提示：除了要从幼儿的语言回答中搜集信息，还要注意幼儿无法用语言表达但在行动中表现出来的形成某一概念的情况，如别人说“快点”时，他就加快速度，数概念形成的评价也可看幼儿能否借助实物解决数量问题（10以内）。

5.语言能力

评价内容	评价标准（合格）	表现举例	信息采集
倾听	·注意倾听别人讲话并了解意思； ·喜欢听故事、散文等文学作品，能理解作品内容； ·能听清指令和要求，顺利完成任务。	·聆听时能保持安静，注意力较集中，能等别人把话讲完后再回应；当同伴吵闹时，能主动提醒；了解教师对全班所说的话，而不需再次问教师自己要做什么；在团体讨论中，能用肢体语言（如身体向前倾）或面部表情（如皱眉或微笑）来表达自己的理解； ·听故事等文学作品时安静，了解故事等所传达的信息； ·对他人提出的指令，能做出相应的动作反应或能用语言回答："我知道""我来说""我来做，是这样的"；对听不懂的或没听清的地方，能主动提问。	·集体教学活动； ·区角活动的语言角； ·日常生活中的谈话活动。
表达	·乐意与成人和同伴交谈，清楚表达自己的需求和想法； ·能围绕一个话题有条理地叙述一件事，或描述物体特征，以及表述自己的体会。	·与成人或同伴谈话时能回应或接话："是的，那你呢？"；能主动发起与同伴的交谈："你看，我做的是什么？""你昨天看电视了吗？"；能用语言清晰描述自己的需要和想法："我要……""我想……"；针对其他儿童所报告的事件能提出相关的问题："你为什么喜欢……"； ·能较有顺序地围绕中心叙述自己的想法或经历过的事："我觉得我们的城市很美……""我早晨看见了……""我昨天去了XX地方，那儿可真好玩，有……"	·日常生活中的谈话活动； ·语言教学活动； ·生活中与幼儿随机交流； ·家长调查问卷； 提示：观察了解幼儿的自然情境语言是评价的重要方法。

续表

评价内容	评价标准（合格）	表现举例	信息采集
前阅读与前书写	·喜欢阅读，能自发选择图书，自行或与朋友一起阅读； ·关注书中的图像和文字，能边指边读；掌握阅读的基本方法； ·关注生活中常见的符号、标志和文字，并能用自己理解的符号表达。	·会在自由游戏时间看书；能较长时间独自安静地阅读，或与朋友一起合作阅读；听故事磁带时能同步翻阅故事书；喜欢图书，会向教师要书看或让家长购买图书："我让妈妈买这本书的""我喜欢看这本书"；看到自己读过、看过的书会兴奋："这本书我家有""这本书我看过"； ·关注书中的图像或文字，能边指边读："这个字我认识，读……"； ·阅读时，能一页一页从前往后翻着读；能视线由上至下、从左到右按顺序阅读；看到同伴不正确的阅读习惯，会提醒别人："书多翻了一页""先从这里看"；看图片猜测故事的下一步，看一本书的封面，猜测书的内容是什么； ·能从教室的名单中找到自己的名字，也可以认出朋友的名字；开始认得最喜欢的书中的字；主动询问教室内所使用符号的意义；对周围的符号、标志和文字等敏感，发现后会留心观察和议论；写一些像字的符号来尝试书写或表达一种想法；会在作品上写上自己的名字，表示是自己做的。	·区角阅读活动或自由活动、来园活动、午睡休息前； ·外出活动中自然观察幼儿对沿途符号、标志和文字的反应情况； ·幼儿的绘画、书写作品； ·与家长谈话、家长调查问卷。

6. 社会性

评价内容	评价标准（合格）	表现举例	信息采集
交往合作	·愿意与同伴一起玩，愿意分享玩具和材料，能与同伴友好相处； ·能与同伴商量合作做事，与同伴发生矛盾时尝试协商解决。	·能请求朋友一起活动，能主动加入同伴群体，一起游戏，不游离；同伴提出请求时愿意将玩具借出或交换；能与同伴一起共用幼儿园的玩具和材料； ·与同伴有冲突时，会尝试用大人建议的方法解决冲突；以协商、说出自己的权利及考虑另一位儿童的需求等方式来解决与同伴的争议；具有维持良好同伴关系的简单技能；能与同伴一起搬桌子或一起为集体做事；能顺从同伴的建议进行游戏；能与同伴一起合作搭积木或完成一项任务。	·游戏活动、自由活动、小组活动； ·教学活动、区角活动及其他生活环节； ·家长调查问卷。

续表

评价内容	评价标准（合格）	表现举例	信息采集
责任感	·有初步的任务意识，能完成教师交代的任务； ·犯错时不推卸责任或指责他人； ·乐意为集体做事，做值日生时态度积极。	·牢记教师的任务，回家能告诉父母教师布置的任务，提醒父母共同完成；当天未完成的建构或绘画作品等，第二天会继续完成； ·犯错误时不推卸责任或指责别人； ·知道自己值日的时间，做值日生时态度积极；能尽力做好值日生工作，如搬桌椅、分发碗筷、整理玩具等。	·生活活动，特别是值日生环节； ·自由活动； ·集体教学活动、游戏活动等； ·与家长谈话、家长调查问卷。
同情与关爱	·爱家人和教师，关心、帮助同伴； ·关心和同情弱小的动物、同伴及残疾人等； ·能接纳来自不同地区、民族的人。	·尊敬父母、教师，听大人的话；别人不高兴时，能意识到，并会关心，当同伴跌倒受伤时，会很关心且想去帮助他；愿意帮助正在解决某问题的同伴，如帮同伴拉外套的拉链或系鞋带，协助同伴寻找不见了的玩具； ·不戏弄和伤害动物；不嘲笑他人的缺陷；不学别人口吃、跛腿走路等的样子，当别人犯错误或小便在身时，不取笑起哄； ·不歧视外来儿童，能与来自不同地区和民族的儿童友好相处。	·游戏活动，来园离园活动； ·区角活动、自由活动、运动及其他日常活动； ·收集幼儿的作品，偶发事件； ·与家长谈话、家长调查问卷。

7. 美感与表达

评价内容	评价标准（合格）	表现举例	信息采集
感受与体验	·对生活中美好的事物表现出兴趣和喜爱； ·愿意参与美术、音乐、故事表演等艺术欣赏活动，能感受到自然物、建筑物的美，能知道美术作品、音乐作品、戏剧作品或角色游戏中表现的内容。	·对艺术作品注意聆听或观赏，会说“真漂亮”“真好听”，或者用惊叹、欣喜等表情表达自己的感受； ·对艺术欣赏活动表现出兴趣；跟随欢快的音乐做欢快的动作；能理解道具刻画的场景以及别人的象征行为，并在角色游戏中作出回应。	·语言、艺术欣赏或创作活动； ·散步、郊游等其他在大自然中的活动； ·在城市中的观光活动； ·看图画书； ·与家长谈话。
表达表现	·尝试用多种方式、用多种工具和材料进行创作活动，表达自己对事物的认识和情感； ·借用一定的技能表达自己的想象与创造。	·能用不同工具和材料创作作品，表达自己的想象或者制作物品，如用橡皮泥等做各种饼干； ·能用不同的语气、语调和动作表现不同的故事角色；能在角色游戏中绘声绘色地扮演爸爸、妈妈或警察等角色。	·角色游戏、语言和艺术创作活动（不是临摹性的绘画或手工制作活动）； ·音乐或戏剧表演； ·作品分析。

◇本章小结

幼儿园工作评价具有鉴定功能、导向功能、激励功能、反馈与改进功能，它有整体性、协同性和主体多元性等特点。

根据不同的标准，可以对幼儿园工作评价进行不同的分类：诊断性评价、形成性评价与终结性评价；相对评价、绝对评价与个体内差异评价；自我评价与他人评价；定性评价与定量评价；单项评价与综合评价等。

幼儿园工作评价应遵循其基本原则，评价内容主要包括幼儿园管理评价、幼儿园人员评价、幼儿园保教质量评价等方面。幼儿园工作评价方案的设计与实施主要包括明确评价目的、确定评价内容、建立评价指标体系、实施评价方案等四个部分。

▶文献链接◀

鄢超云：《学前教育评价》，北京：高等教育出版社，2010 年。

该书第三章、第四章、第五章分别对学前儿童的学习与发展评价、学前教师及教育工作评价、学前教育质量评价等内容进行了介绍。其中第三章主要介绍了学前儿童学习与发展评价的指导思想、学前儿童的学习品质评价以及儿童身体健康与动作、语言、社会性与情绪发展等方面的发展和评价。第四章主要对幼儿园教师的基本素质、学前教师教育教学工作计划评价、学前教师活动组织与实施的评价等方面进行了阐述与分析。第五章则对国内外关于学前教育质量评价的相关内容进行了阐述。

▶思考与实践◀

1. 如何认识幼儿园工作评价的功能与意义？
2. 幼儿园工作评价有哪些类型？
3. 幼儿园工作评价应遵循哪些原则？你是如何认识和理解这些原则的？
4. 幼儿园工作评价包括哪些内容？
5. 某区教育部门要求幼儿园开展保教质量自我评价，如果你是该区的一位幼儿园园长，请你设计一份幼儿园保教质量评价方案，并撰写一份自我评价报告。

第十章
幼儿园创建与发展战略

◇本章导读

《关于学前教育深化改革规范发展的若干意见》指出:“学前教育是终身学习的开端,是国民教育体系的重要组成部分,是重要的社会公益事业。办好学前教育、实现幼有所育,是党的十九大作出的重大决策部署,是党和政府为老百姓办实事的重大民生工程,关系亿万儿童健康成长,关系社会和谐稳定,关系党和国家事业未来。”办好学前教育不仅是党和国家的号召,也是广大人民群众的呼声。在社会需求量剧增、公办资源有限的大背景下,民办学前教育、蓬勃发展起来,成为国家整体学前教育的重要组成部分,从体量上甚至成为“主体”。十八大以来,民办幼儿园及教育机构在解决“入园难”问题中充当了“主角”,为国家大力发展学前教育奠定了坚实基础。《关于开展城镇小区配套幼儿园治理工作的通知》《中华人民共和国民办教育促进法》等文件,为学前教育尤其是民办学前教育的实践提供了有力的制度遵循。本章将就如何进行幼儿园定位、选址与命名,幼儿园如何审批和筹备,幼儿园应有什么样的发展战略与品牌等内容进行探讨。

第一节 幼儿园创建

一、幼儿园的基本类型与等级

（一）幼儿园的基本类型

幼儿园根据办园主体、经费来源等因素，主要划分为两大类，公办幼儿园与民办幼儿园。公办幼儿园指由政府部门、事业单位等利用国家财政性教育经费创办的幼儿园。民办幼儿园指除国家机构外的组织机构或个人，利用非国家财政经费创办的幼儿园。

《国家中长期教育改革和发展规划纲要（2010－2020 年）》指出，“建立政府主导、社会参与、公办民办并举的办园体制。大力发展公办幼儿园，积极扶持民办幼儿园。”“坚持教育公益性原则，健全政府主导、社会参与、办学主体多元、办学形式多样、充满生机活力的办学体制，形成以政府办学为主体、全社会积极参与、公办教育和民办教育共同发展的格局。调动全社会参与的积极性，进一步激发教育活力，满足人民群众多层次、多样化的教育需求。”在国家一系列政策的引导和支持下，以往单一化、整齐化的办园模式日益呈现多元化的特点，形成了国家、企业、公民个人、外资共同创办幼儿园的新格局。

民办学前教育机构的类型多种多样，从形式上看，有幼儿园、托儿所、各类早教机构和培训中心等。随着投资模式、投资主体的的多元化，民办幼儿园的模式也日益多样化，出现了公办民助、民办公助、公办转制、协议承包、企业办园、公民个人办园、集团化办园、中外合作办园等多种形式。目前民办幼儿园主办者有以下几种情况：

第一，主办者为公民个人，即集主办者与经营者为一身的情况。

第二，管委会制或董事会下的园长负责制。董事会有行政权，并有权聘任园长和业务园长。根据董事会下放权限程度的不同，分为四种情况：一是公司为主办者。这类公司多为民营企业或外资企业，由公司作为主办者，聘请园长等。二是社会民间团体为主办者。三是合作办园，即由政府机构如教委或教研中心、托幼办与外资或民营企业公司合办，或是民间团体与外资或民营企业合办。这是混合股份，在幼儿园资产中有私有的，有集体的，也有国家的，或者有这三者中的两者，这同企业的有限责任公司制大同小异，可称为“教育混合股份制”。四是教育集团，教育集团的运作方式是园长只管保教，对集团负责，资金投入、基本建设和幼儿园发展等问题都由教育集团解决。一个教育集团可跨区投资办园。

第三，公办转制园。实行以园长负责制为核心的新办园体制，即园所国有，园长承办，自主经营，自我发展。

第四，国有民办园。国有民办幼儿园指由国家和政府提供一定的土地和固定的基础设施，设立并依照法律程序交由具有法人地位的社会团体或公民个人承办的教育机构。承办者必须遵守社会力量办园的政策，享有办园自主权。国有民办是介于纯政府办园与纯民间办园之间的一种形式。

第五，公办民助。公办民助指由社会组织与个人参与公办幼儿园的投资、新建和扩建等，改善办园条件。办园形式主要有两种：一种是社区联办，即一些部门、单位主动投资，参与建园或投资改善办园条件，幼儿园接受其子女入学；另一种是政企联办，政府与社会团体、企业等联合办园。

相对来说，民办幼儿园办园形式更加灵活，在服务的时间上各有不同，有全托制、半托制、全托与半托混合制等类型。它们比较注重特色，一些民办幼儿园采取延长幼儿在园时间、允许幼儿临时在园留宿等形式，大大方便了家长，满足了部分家长的需求，受到了家长的欢迎。

（二）幼儿园的等级

根据《中国教师新百科·幼儿教育卷》给出的定义，幼儿园分级分类验收标准是中国各级政府对托幼机构教育质量进行评价的重要工具。《关于幼儿教育改革与发展指导意见》强调指出：“省级教育部门要根据国家有关规定制定示范性幼儿园的标准，并定期对示范性幼儿园进行指导、评估和审验，确保其发挥示范作用，带动本地区幼儿教育事业的整体发展和教育质量的提高。"从 20 世纪 80 年代末开始，我国一些地方政府制定颁布了幼儿园分级分类验收标准，自上而下、有组织、有计划地对当地幼儿园开始了分等定级的验收工作[①]。因为中国幼儿教育事业主要采取统一领导、地方负责、分级管理的办法，而且各地的文化经济发展水平不同，所以各地都有自己的幼儿园分级分类验收标准，由此产生的幼儿园等级结构也不同。

1. 幼儿园的级别

幼儿园的级别反映的是园所的环境、硬件设施设备以及保教人员的专业素质条件等客观因素，主要包括幼儿园的环境、场地规模、大型器械、教学设备、保教人员学历水平、从业年限等。

【拓展阅读】

以浙江省为例，通过等级评定的幼儿园分为三个等级，由高到低依次为一级、二级、三级。一级幼儿园代表优质、示范。这类幼儿园办园水平高，保教质量优秀，并能充分发挥示范、辐射作用。二级幼儿园代表标准、规范。这类幼儿园办园水平较高，管理较为规范，保教质量良好。三级幼儿园代表健康、有序。这类幼儿园具备基本的办园条件。管理和保教工作基本有序，能够促进幼儿身心健康成长。

（摘编自李克建《科学发展观视野下的幼儿园等级评定制度——来自浙江的经验》）

2. 幼儿园的类别

幼儿园的类别反映的是幼儿园的管理水平、保教质量等主观因素，主要包括办园的方向与目标、师资队伍建设、保育教育质量、卫生保健和幼儿发展等。

---

① 薛建男:《幼儿园教育质量评价指标体系研究——以上海市为例》,上海师范大学硕士论文,2012 年。

二、幼儿园定位、选址与命名

在调研的基础上对幼儿园进行准确定位、适宜选址以及规范命名，是保证幼儿园正常开办的前提条件。

（一）幼儿园的定位

幼儿园必须考虑到社会需求。只有准确定位，充分利用自身优势，形成特色，才能取得好的办园效果。在给幼儿园定位时要考虑以下要素。

1. 服务对象的定位

服务对象定位，也就是为哪些人服务，要考虑到幼儿园周边环境、所在小区情况、居住人口数量及类型等情况。

2. 办园理念的定位

办园理念是幼儿园办园思想的集中体现，是幼儿园对一定教育价值的确认，对幼儿园的办学目标和发展方向有着引导和规范的作用。[①] 办园理念要立足于幼儿园实际，明确教育目标，面向教育实践活动，为幼儿园各项工作提供明确的指导。

3. 特色定位

注重创新性、可持续性，在分析现状、准确定位的基础上，制定符合本园实际的办园目标，强化品牌意识，在课程设置、活动设计、服务方式、服务时间上充分发挥优势。孩子喜欢，家长满意，社会认可，是幼儿园最好的办园效果。

（二）幼儿园的选址

选择园址不仅要充分了解城市规划布局、人口分布以及不同类型社区情况，还要考虑周边环境、基础设施、交通状况等。根据国家相关规定，应选择环境优美、空气清新、日照充足、场地平整、基础设施完善、排水通

---

① 丁翎：《办园理念与幼儿园的发展》，载《学前教育研究》，2011(4)。

畅、交通便利的地段,幼儿园选址要符合卫生、安全和环保等要求。

1. 环境卫生要求

幼儿园选址要避开各类污染源,充分考虑到园址附近空气质量、噪音、采光等因素,应远离可能对空气、环境造成污染的场所。远离垃圾中转站,污水处理厂,生产、经营、贮藏有毒有害物品的工厂等;不应与集贸市场、娱乐场所、建筑工地等嘈杂地区毗邻;高层建筑物影响采光,应注意避免在高层建筑物密布之地建幼儿园。

2. 地理安全要求

幼儿园应建造在地理环境安全的地区。选址时应结合本地的地质特点,避开地震危险地段、可能发生地质灾害和洪水灾害等的不安全地带;远离机场、铁路、公路及主要交通干道;远离通信发射塔(台),生产、贮藏易燃易爆物品的场所;幼儿园内不得有高压输电线、燃气、输油管道等穿过。

3. 其他要求

幼儿园选址时还应考虑到周边人口密度,交通是否便利,治安状况等因素。一般来说,选择在居住人口密度较大的小区及周边建幼儿园,生源相对较好。幼儿园周边交通状况也是选址时需要考虑因素之一,交通便利,道路通畅,周边有停车空间的比较好。另外,建园选址时要选择幼儿园周边治安状况好的地段,确保师生安全。

(三)幼儿园的命名

幼儿园命名应符合一定规范,要在简洁易懂的基础上,能够反映幼儿园的形象、特色或者所处的环境与地理位置。

2017 年,工商总局、教育部下发的《关于营利性民办学校名称登记管理有关工作的通知》,对幼儿园的命名提出具体规定。一是名称应当符合公司登记管理和教育相关法律法规的规定;二是应当与学校办学所在地、类别、层次等相符合;三是应当符合教育规律和儿童身心发展规律。

在给幼儿园命名时应注意以下问题:一是不得含有片面强调办学特

色等误导家长或者有歧义的内容和文字；二是不得使用已登记的学校名称及其简称、特定称谓等；三是不得以个人姓名命名，法律、法规和国务院决定另有规定的从其规定；四是不得冠以“中国”“中华”“全国”“国际”“世界”“全球”等字样。

另外，各省市对幼儿园命名还有其他要求，如辽宁省教育厅2019年发布的《关于进一步规范幼儿园办园行为的通知》，对幼儿园名称提出要求：名称要简洁、易懂、规范，不得使用与实际不符或容易产生误导作用的“国际”“中华”“中国”“双语”“艺术”“示范”等字样。

当前，比较常见的幼儿园命名方式有以下几种：一是以社区名字命名，二是以知名单位命名，三是以教育特色命名，四是以字母或数字命名，五是以突显童真童趣方式命名。总之，幼儿园命名应符合规范，体现特色。

三、幼儿园审批

根据《中华人民共和国教育法》《中华人民共和国民办教育促进法》《幼儿园管理条例》和《国务院办公厅转发教育部等部门（单位）关于幼儿教育改革与发展指导意见的通知》等文件精神，各地纷纷制定了幼儿园申办审批制度。如浙江省规定在其区域范围内举办的各类幼儿园均应进行申办和审批，审批机关为各县（市、区）人民政府教育行政部门。

（一）举办幼儿园应具备的条件

第一，单位举办的，举办单位必须具有法人资格；个人举办者必须是享有政治权利、具有完全民事行为能力的中华人民共和国公民。

第二，各类合作办园需符合国家有关规定。

第三，有稳定、可靠、合法的经费来源。

第四，具备幼儿园设置的基本条件。

第五，机构名称应当符合有关法律法规的规定，不得损害社会公共利益，不得冠以“全国”“中国”“中华”“国际”等字样。

(二)申请筹办幼儿园,申办者应当向所在县(市、区)教育局提交下列材料

第一,办园申请报告,举办者的签字、印鉴,以及所在乡镇(街道)政府签署意见、盖章。

第二,举办者的资质证明。

第三,经费来源、资金数额的有效证明文件。

第四,园产来源证明材料。

第五,合作办园的需提供合作办园意向书。

(三)申请正式设立幼儿园时,申办者应当向所在县(市、区)教育局提交下列材料

第一,筹设批复意见书。

第二,筹设情况报告,由所在乡镇(街道)政府签署意见并盖章。

第三,符合法规的拟办幼儿园的章程。

第四,拟任园长或主要行政负责人、拟聘教师以及其他工作人员的身份证、专业资格证、健康证明、工资待遇材料、聘任合同等复印件。

第五,拟办幼儿园的资产及经费来源的证明材料。

第六,提供房产证或租赁合同、建筑质量检测合格证、消防验收合格意见书、食堂卫生许可证和卫生保健合格意见。

第七,合作办园的需提供正式合作办园协议书。

第八,幼儿园设施设备清单。

第九,审批部门按法律法规要求提供的其他材料。

(四)审批程序

1. 申请筹设幼儿园的审批程序

(1)筹设申请。

(2)筹设受理。

(3)同意筹设的,向申办者发放《幼儿园准办标准》;筹设期不得超过3年,筹设期间不得招生和刊登广告;超过筹设期的,应当重新申办。

2. 申请正式设立幼儿园的审批程序

(1)正式申请。

(2)正式受理。

(3)颁发办学许可证。

(4)公告。

四、幼儿园筹备

幼儿园是幼儿生活、学习、游戏的重要场所。举办幼儿园必须具有与保育、教育要求相适应的园舍、设施以及人员配备。

(一)园舍用房筹备

幼儿园应当按照国家的相关规定设活动室、寝室、卫生间、保健室、综合活动室、厨房和办公用房等。幼儿园应具备满足保教需要的基本园舍用房,园舍用房的建设与筹备应符合《托儿所、幼儿园建筑设计规范》和《幼儿园建设标准》的规定。

幼儿园建筑设计应满足下列原则:一是满足使用功能要求,有益于幼儿健康成长;二是保证幼儿、教师及工作人员的环境安全,并具备防灾能力;三是符合节约土地、能源、环境保护的基本方针。

幼儿园园舍用房一般应建在多层建筑内的一至三层,主要由生活用房、服务管理用房、供应用房等组成。

1. 生活用房

生活用房指供幼儿参加班级活动及幼儿园公共活动的空间。包括幼儿生活场所、公共活动空间、多功能活动室等。幼儿生活场所应设置活动室、寝室、卫生间等基本空间。

2. 服务管理用房

服务管理用房主要指幼儿园保教、管理工作用房。包括晨检室、保健室、警卫室、园长室、财务室、办公室、会议室、教玩具制作室等房间。

3. 供应用房

供应用房包括厨房、消毒室、洗衣间、开水房、更衣休息室等。

服务管理用房和供应用房可根据幼儿园的规模、实际情况，合理规划安排。园舍用房筹备应遵循安全、适用、经济、环保、美观的原则，并要达到相应的建筑标准。

（二）户外活动场地筹备

幼儿园应创建与其规模相适应的户外活动场地，创造条件开辟沙地、水池、种植园地、饲养区域等，并根据幼儿活动的需要绿化、美化这些场地。

（三）室内设施筹备

1. 班级活动场所基础设备

幼儿园应当配备符合幼儿特点的桌椅、玩具架、盥洗卫生用具，以及必要的玩教具、图书和乐器等。玩教具应当具有教育意义并符合安全、卫生要求。班级活动场所应能满足幼儿活动、生活等需求。

（1）活动室。教学区要配备符合儿童身高的桌椅，教学用钢琴、黑板、电视机、空调等。活动区要按不同区角划分，配备各类操作材料、图书等，并根据儿童身心发展特点和保教活动需求及时更换。

（2）寝室。要配备单层或双层固定床，床的高度、摆放等均应确保安全。

（3）卫生间。建议男女卫生间分开。要配备便池、洗手池、水龙头、毛巾等。洗手池、厕位的高度、间距等应能够满足幼儿使用需求。清洁及消毒用品应专门存放在幼儿触摸不到的地方。

（4）玩教具。幼儿园需配备体育类、构造类、角色表演类、科学启蒙类、音乐类、美工类、劳动工具类等不同类型的玩教具。

2. 保健室与隔离室

幼儿园保健室内应配备体检设备、消毒设备及基本医疗器械，包括儿童观察床、桌椅、药品柜、资料柜等。隔离室内应配置桌椅、儿童床、隔离衣、清洁用具等专用物品。

3. 厨房及消毒室

厨房应配备专门的餐厨用具。开水间、消毒间内要配有消毒柜、开水器等。

(四)人员筹备

幼儿园应按照国家相关规定配足配齐教职工。根据《幼儿园教职工配备标准》(暂行)要求,幼儿园教职工包括专任教师、保育员、卫生保健人员、行政人员、教辅人员、工勤人员。幼儿园应当按照服务类型、教职工与幼儿以及保教人员与幼儿的比例配备教职工,满足保教工作的基本需要。

表 10-1　不同服务类型幼儿园教职工与幼儿的配备比例

服务类型	全园教职工与幼儿比	全园保教人员与幼儿比
全日制	1∶5—1∶7	1∶7—1∶9
半日制	1∶8—1∶10	1∶11—1∶13

1. 幼儿园保教人员

幼儿园应根据服务类型、幼儿年龄和班级规模配备数量适宜的专任教师和保育员。幼儿园专任教师必须具有国家规定的幼儿园教师资格。保育员应当具有高中毕业以上学历,且受过幼儿保育职业培训。全日制幼儿园每班配备 2 名专任教师和 1 名保育员,或配备 3 名专任教师;半日制幼儿园每班配备 2 名专任教师,有条件的可配备 1 名保育员;寄宿制幼儿园至少应在全日制幼儿园基础上每班增配 1 名专任教师和 1 名保育员。幼儿园应根据当地学前教育发展的实际情况,确定教师岗位类别和数量,满足本园发展和保教工作的需要,并确保在教师进修、支教、病产假等情况下有可以临时顶岗的保教人员。

2. 卫生保健人员

幼儿园应按照《托儿所幼儿园卫生保健工作规范》要求,根据预招收幼儿的数量配备符合相关资质的卫生保健人员,按照 150 名幼儿至少设 1

名专职卫生保健人员的比例配备卫生保健人员，150 名以下幼儿的幼儿园应配备兼职卫生保健人员。卫生保健人员包括医师、护士、保健员。医师应当取得《医师执业证书》，护士应当取得《护士执业证书》，保健员应经过当地妇幼保健机构组织的卫生保健专业知识培训并通过考核。

3. 园长

有 6 个以下班级的幼儿园，设园长 1 名，有 6—9 个班的幼儿园，园长数量不超过 2 名，有 10 个班及以上的幼儿园，可设 3 名园长。

4. 其他人员

为满足幼儿园发展需求，还应配备财会人员、后勤人员，如厨师、保安、保洁等工作人员。

幼儿园进行人员配备时，应结合岗位实际选聘身心健康，具有良好职业道德，具备相应文化知识、专业知识与技能的人员。配备工作人员数量要以幼儿园实际需要为依据，鼓励一岗多责，优化人员结构，提高用人效益。

【拓展阅读】

浙江省幼儿园准办标准(试行)(节选)

4. 每班有活动室和午睡室。若活动室与午睡室合用，两者使用面积之和不得少于生均 2 平方米；若活动室与午睡室分设，则活动室使用面积不得少于生均 1.5 平方米；有适合幼儿并符合卫生要求的午睡床铺设备，一人一床或一人一位；每班配备幼儿盥洗室，面积 10 平方米以上，流水洗手龙头 4 个以上，幼儿厕所大便器 4 个，小便器 4 个或便槽 2 米，卫生设施基本完备，符合幼儿年龄特点；有防暑降温和防寒保暖设备。

5. 活动室内有适合幼儿身高的桌椅、玩具橱、茶杯箱等，有一定数量的幼儿游戏和学习活动需要的玩具和图书，有必备的教育教学设备和用具(黑板、钢琴或风琴、电子琴等)，以及幼儿学习和生活所必需的其他设备和用品。

6.有与幼儿园规模相适应的室外活动场地，其中活动场地面积不少于生均2平方米，有一定的绿化面积，同时应配备必要的、符合安全卫生要求的体育活动设施。

7.有3个班以上的幼儿园应适当设置值班室、保健室、教职工办公室等服务用房；有规模适宜、符合卫生要求的厨房，并与幼儿生活、活动区域隔开，设备基本齐全。寄宿制幼儿园必须有专用寝室和独立的幼儿床位，有疾病隔离室、浴室、洗衣房等。（幼儿班可根据需要和实际情况，配置具有相应功能的设施设备。）

第二节　幼儿园发展战略与品牌建设

一、幼儿园发展战略

国家倡导的多元化办园模式极大地促进了学前教育的发展。2018年，《关于学前教育深化改革规范发展的若干意见》的出台，进一步推动了我国学前教育事业的改革与发展步伐。截止到2018年，我国幼儿园数量已经达到26.7万所，在园幼儿4656.4万人。政府主导，社会参与，办园主体多元，办园形式多样，公益普惠、公办与民办共同发展，成为目前我国学前教育发展的基本格局。

在全面落实立德树人根本任务，遵循学前教育规律，牢牢把握学前教育正确的发展方向，落实国家普及普惠政策，满足人民群众对“幼有所育”的美好期盼背景下，办好每一所幼儿园，是所有从业者必须面对的现实。总结过去，认清现状，放眼未来，总览学前教育发展全局，树立强烈的战略意识，是立于不败之地的关键。

（一）幼儿园发展战略内涵

由于学前教育目前还处在非义务教育阶段，其“市场属性”决定了它的竞争性。从体制上考量，公办和民办两大阵营存在阵地竞争、荣誉竞争和利益竞争。采用由美国人韦里克教授在20世纪80年代初提出的企业战略分析方法(SWOT)进行分析,幼儿园的教育理念、发展方向、发展定位、发展特色、发展策略等就会比较明确,可以避免在实现目标过程中的无效作为,少走弯路,增强幼儿园的竞争力。

"战略"一词本属军事术语,后来被借用到其他领域。它的本意是基于对国内外形势的估量及敌对双方军事、政治、经济、地理、科学技术等因素的分析,进行综合评估、比较、判断敌对双方的资源基础,并做出预测。

幼儿园发展战略是在对单体幼儿园或集团园、连锁园等的分析综合基础上,根据其影响因子,做出幼儿园发展的中长期目标和行动路线在宏观上的预见性构想,帮助幼儿园找到最适合自己的发展方向。抢占先机是制定幼儿园发展战略最重要的意义之一。

(二)科学制定幼儿园发展战略

发展战略是幼儿园教育实践的发展组合,引领幼儿园前进方向。幼儿园发展除了与教育发展状况密切相关,还与社会经济、文化艺术、科学技术、民生需求等相互关联,所以不能只是埋头拉车,还要抬头看路。

办一所什么样的幼儿园,这是园长必须思考的问题,也是幼儿园发展实践中的"硬核"环节。从社会事业角度看,幼儿教育具有福利属性,即为家长提供规范的学前教育服务,满足社会对学前教育的消费需求,具有积极意义。从市场角度看,学前教育的市场性决定了幼儿园的服务性,幼儿教育是一种"消费",家长送孩子到幼儿园上学应当支付一定的费用。

《关于当前发展学前教育的若干意见》《3—6 岁儿童学习与发展指南》《关于开展幼儿园"小学化"专项治理工作的通知》《关于学前教育深化改革规范发展的若干意见》《关于开展城镇小区配套幼儿园治理工作的通知》等一系列文件,对幼儿园发展的影响很大,没有战略意识、缺少战略规划的幼儿园,可能是手忙脚乱。因此,制定幼儿园发展战略,不是"选择性动作",而是"规定性动作"。幼儿园发展战略主要涵盖以下几个方面内容。

1. 先进的办园理念

办园理念是幼儿园对理想教育的追求,体现为对某种教育价值的确认，引导和规范着幼儿园办园目标和发展方向，引领教师的专业成长。办园理念是教育思想的核心，有什么样的办园理念，就有什么样的办园行为。

办园理念要符合本地区的社会经济发展水平、教育发展状况和幼儿园实际。先进的办园理念的确定一定要以幼儿园实践为基础，要符合教育发展实际、经济发展实际、人才发展实际和社会需求实际，要为广大家长、全体教职工和社会所接受，不能为了猎奇而标新立异、凭空臆想。

先进的办园理念是符合实际的理念。先进的办园理念对幼儿身心健康有益，体现立德树人的思想，有一定的文化内涵，有鲜明的时代精神，满足家长的需求品位。先进的理念具有现实性、超前性、可操作性，能统领发展、鼓舞士气、凝聚人心。

理念不是口号，也不是写在墙上的空话，它是幼儿园战略规划的灵魂和核心，贯穿整个战略规划的始末。幼儿园整个教育教学活动、课程建设、环境创设等都要从既定的办园理念出发，幼儿园开展的所有工作或活动，都是办园理念的具全化。

【拓展阅读】

安徽省淮北市凤凰幼儿园是一所高端园，基础设施好，办园条件优，师资队伍棒，一直保持有四位以上的外籍教师，本科学历教师占到90%，最低学历是专科，其办园理念是“中国灵魂，世界眼光”。这一办园理念体现了社会对未来人才的发展需要。中国人才不管走到哪里，灵魂一定要是中华民族的，根一定要扎在中国，中国情怀是永恒的；走不出国门的，必须具有世界眼光，能够站在世界范围的高度看中国，世界情怀是必备的。这一办园理念的文化内涵十分丰富。中国灵魂靠中华文化去养润；世界眼光靠专项课程去培育。中国与世界相通，世界与中国相融。该理念涵盖了多个层面、多个层次，既辩证，又统一，东西兼容，具有很强的可操作性。

2. 科学的办园定位

国家规范幼儿园发展，明确了幼儿园的公益普惠方向，公办、民办体制依然延续,但明确规定了比例。学前教育由"补充不足"到"共同发展"的历史使命已经完成了,进入了分类发展的时代。科学定位,也就是准确定位,是幼儿园发展战略的重点之一。

教育是奉献的事业,幼儿教育也要秉承社会效益优先的原则,把幼儿发展放在首位,避免单纯追求经济利益。普惠与非普惠、盈利与非盈利、小区配套园与非小区配套园、单体园与连锁园、集体园与公办园等交叉与非交叉的概念太多,无论是公办或民办的,还是单体或连锁的,都不能以逐利为目标。幼儿园要担负教育的责任,其回报的主渠道是政府的奖补,而不能从幼儿和家长身上获取利润。

幼儿园要遵循幼儿身心发展规律和幼儿教育规律,要秉承"为了一切幼儿,一切为了幼儿,为了幼儿一切"的理念,坚持依法办园,避免幼儿教育"小学化"倾向,拒绝家长不合理要求。坚持"幼儿园以游戏为基本活动",以幼儿为中心,敬畏幼儿、尊重幼儿。

幼儿园要从本园实际出发,综合考虑幼儿园历史、文化、物力、人力、政策、环境等方面的因素,一切为幼儿发展着想,科学定位。

科学定位要强化精神文化、制度文化、行为文化等幼儿园文化特色在办园定位中的渗透,绘本阅读、礼仪风范、诗词吟诵、茶艺文化等均可作为科学定位的选项。在幼儿园门厅、廊道、区域环境及幼儿园大环境的主题区,展示强化科学定位的文化内涵,形成特色鲜明的育人环境,对幼儿身心健康产生积极影响,也是完全有必要的。

文化具有多层次、多角度、多途径、多形式等特点,要突出科学定位准确性,赋予定位的文化内涵,在教工之间、幼儿之间、师幼之间、家园之间,构建和谐的文化纽带,推动教育文化发展,丰富幼儿园教育实践,创新幼儿园教育理论,圆满实现幼儿园发展战略目标,也是科学定位的文化意义所在。

【课堂讨论】

某商业局创办的商业幼儿园,在企业改制后,被私人承包。这所原本只可以容纳 300 多个幼儿的幼儿园,五年后发展到可以容纳

2000多个幼儿，主园拥有三所分园，成为主城区的幼儿园主体。商业幼儿园快速扩展的最突出原因是他们的办园定位准确，紧贴社会需求，为广大市民提供精准服务。比如，为了满足上班族的实际需要，“一餐改两餐”；缩短寒暑假假期时间。在解决主城区幼儿“入园难”问题上，这所幼儿园发挥了重要作用。服务定位精准，受到政府和社会各界的欢迎，幼儿园发展势如破竹。

思考与分析

1. 这所商业幼儿园成功的秘诀是什么？
2. 制定幼儿园发展战略时应如何对接社会需求？

二、幼儿园品牌建设

（一）幼儿园品牌内涵

品牌的力量是巨大的，很多我们耳熟能详的商业品牌，为大家所接受、认可，这就是品牌的力量。

一所幼儿园如果形成了较大的影响力，办园质量得到广大家长和社会的认可，有着鲜明的办园特色、优美的育人环境、正确的办园理念，久而久之也就会沉淀出自己的“品牌”，成为教育文化标识，被家长和社会接受。

幼儿园品牌是幼儿园在长期发展过程中形成的一种文化特色，涵盖幼儿园的形象标识、办园水平、质量价值、社会影响力等，是区别于一般幼儿园的重要标志。

创建幼儿园品牌对幼儿园发展具有极其重要的意义。现阶段的幼儿园竞争越来越激烈，尤其是民办园，强者发展，弱者被淘汰。创建品牌可能是幼儿园提高竞争力，保持良好发展势头的有效途径。成功的幼儿园品牌，其内涵是丰富的，主要体现在以下几个方面。

1. 鲜明的特色

在参观考察中，经常可以听到有人评价：“这个幼儿园跟别的幼儿园不一样。”这种“不一样”就是特色。课程特色、环创特色、活动特色等，共同构成幼儿园特色，成为幼儿园的亮点。

2. 正确的理念

一所有影响力的幼儿园，它的办园理念肯定是正确的。在办园实践中提炼出符合幼儿园发展实际的理念，准确定位幼儿园发展基调，融合幼儿园全体教职工的价值取向，成为幼儿园发展的指针和精神支柱，这在品牌形成中是至关重要的。

理念是幼儿园文化的核心，不同的理念折射出不同的文化和追求，彰显不同的形象与特色。幼儿园的不同从本质上来说就是其办园理念的不同。办园理念一旦确定，幼儿园的文化基调也就形成了。每个幼儿园都有必要提炼自己的办园理念，并使之成为幼儿园办园的指南针与精神支柱。

3. 优良的环境

品牌幼儿园的环境必须是优良的，不管是总体环境，还是区域环境、局部环境，都应该统一在优良水平上，要能潜移默化地熏染幼儿。《幼儿园教育指导纲要（试行）》指出：“幼儿园应为幼儿提供健康、丰富的生活和活动环境，满足他们多方面发展的需要，使他们在快乐的童年生活中获得有益于身心发展的经验。”

4. 完善的课程

课程资源是实施教育的依据，幼儿园的保教质量是由课程来保证的。有经验的家长在给孩子选择幼儿园时，总是要看看幼儿园有哪些课程，咨询相关的活动。课程就是品牌的“名片”，是让家长看得见的具体内容，也是让社会认可的依据之一。

（二）幼儿园品牌创建的原则

创建幼儿园品牌绝非一朝一夕之事，不可能一蹴而就，它是幼儿园班子团队和全体教职工在较长的办园实践中沉淀而成。教育思想、办园理念、价值取向、课程资源、师资队伍等，都是形成品牌的元素。从研讨起步到广泛筛选，从确定选择到展开实施，这是一个漫长而艰难的过程。品牌越有特色，其竞争力就越强。创建幼儿园品牌，应该考虑以下几个原则。

1. 基于背景的实际原则

幼儿园创建自己的品牌，首先要根据幼儿园的实际，底牌有多大、财力有多强、平台有多宽、资源有多少等都是幼儿园的背景，背景分析还包括幼儿园的社区环境、周边的人文资源、家长的需求等，幼儿园要结合自身实际认真评估自身的创建能力，不能盲目复制他人特色。符合办园实际、需求实际、发展实际，是品牌创建的基本原则。

2. 意义深远的内涵原则

幼儿园品牌其实就是个性，是品质、品位和自信的集合体，具有不可复制性，它的内涵必须具有深远的意义。

我国教育发达地区有很多特色名园。创建的时候，就应该考虑到品牌具有“唯一性”。深远的意义，也包含品牌特色的文化性，区域文化、广域文化、传统文化、民俗文化等都是品牌产生的土壤，深植于文化土壤的幼儿园品牌，才更具影响力、更具耐久性。

3. 师资队伍的特色原则

师资队伍是创建幼儿园品牌的重要支撑，如果缺少有特色的师资队伍，那么创建品牌幼儿园是不可能成功的。创品牌不是短期的临时行为，而是幼儿园有始有终的长期行为，引进和培养大批有个性和特长的教师是创建的前提。幼儿园应该根据实际需求，制定特色教师培养计划，为特色教师成长创造条件，提供必要的帮助，挖掘中青年教师的学习潜力。这些都是加强特色师资队伍建设的有效方法。

品牌幼儿园与特色教师是一种动态的相互依存关系。特色教师是创建品牌的骨干力量，品牌幼儿园是特色教师的成长摇篮，两者相互依存，相互促进，和谐共生。

4. 预留发展空间原则

随着经济及教育本身的发展变化，社会需求会打上很强的时代烙印，品牌有时也需要历练。一段时间以来，很多幼儿园在园名上冠以“国际”

二字，也有幼儿园喜欢用外国的城市、街区命名，强调是舶来品，还有幼儿园直接用外国幼儿教育专家命名，表明园所身份不凡，另外，“双语热”也时尚了一段时间。这些都是品牌创建的误区。从发展的角度看，这种现象是难以避免的。因此，在品牌创建之初，应该考虑留出一定的发展空间，“红线”意识要贯穿品牌创建的全过程。

（三）幼儿园品牌视觉形象设计

幼儿园品牌的视觉形象指幼儿园品牌的外观视觉效果，是办园理念和教育思想、价值观的外化。人们据此可以感知幼儿园风格、教师的精神面貌、幼儿的基本素质等。幼儿园视觉形象一方面是具体的，如空间布局、主体建筑风格、环境创设、景观标志、绿植美化、幼儿和教职工的服饰举止等；另一方面又是主观、抽象的，如幼儿园的信誉度、整体品质，师幼的精神面貌、责任意识等。

良好的幼儿园视觉形象可以让人感受到它的独特感染力，从而产生凝聚力和震撼力。这种无形资源，就是幼儿园的影响力和信誉，也是社会信任的坚实基础。

品牌形象需要一定的艺术设计才能有艺术美，才具有观赏性、审美性。譬如 Logo 就是一种图形语言，它的品牌的识别性强，视觉冲击力大，又有一定的文化元素，可以为人们提供具体、清晰、有效的视觉形象，令人们感受到幼儿园的文化魅力。

幼儿园品牌视觉形象一般包括以下几个方面。

1. 总体环境设计

总体环境设计就是幼儿园的园容、园貌设计。幼儿园的主体建筑造型、幼儿园总体格调、基础设置与环境创设衔接、区域布局与功能、大型立体标志等，都应该成为品牌的标签，除了给人美感，更重要的是彰显品牌特色，符合幼儿的年龄特点，融生动性、趣味性、教育性为一体，构成独特的品牌震撼力。

2. 园徽、园旗、园服、园训

幼儿园视觉形象由多方面的具体实物组成，主要包括园徽、园旗、园服、园训等。

(1)园徽。园徽是代表幼儿园的徽章,是幼儿园的图形标志、象征性标志,集中体现幼儿园办园理念、办园特色、人文精神,是幼儿园的文化载体。园徽设计的要点是通过一定的图案、色调、文字和式样,体现幼儿园办园方向、教育目标、教育理念和办园特色。园徽可以佩戴,可以体现在纸质文稿或电子文稿上,还可以出现在幼儿园的宣传材料上。

(2)园旗。园旗是幼儿园的一种代表和象征。通过一定的式样、色彩和图案的结合,反映一所幼儿园的特色和文化传统。园旗分为桌旗、串旗、持旗和挂旗四种。桌旗主要是幼儿园各部门在办公室摆放;串旗旗面一般可有不同的颜色,主要是在有重大活动时悬挂;持旗和挂旗主要在重要场所悬挂或在外出活动时使用。桌旗、串旗、持旗和挂旗应有不同的旗号标准。

(3)园服。园服是幼儿园统一样式的服装,包括幼儿园服和教职工服装。教职工服装要大气、活泼,符合幼儿园品牌气质,体现幼儿教师的气质;幼儿园服应符合幼儿特点,可以考虑性别差异、年龄差异,体现不同年龄幼儿的心理和生理特征,保证面料舒服、无毒,能展现幼儿良好的精神风貌。

(4)园训。园训是幼儿园的灵魂。集中体现幼儿园的办园理念和传统,是幼儿园的文化象征,是高度凝练的人文精神,是幼儿园历史和文化的积淀,是面向社会的精神标志。好的园训是幼儿园品牌的亮点,能起到画龙点睛的作用,可以广为传播,扩大幼儿园的社会影响力。

园徽、园旗、园服、园训是幼儿园品牌内涵的外化,展现幼儿园的办园理念,让受众对幼儿园有更加直观而清晰的认知。幼儿园要有自己独特的 logo,将幼儿园的办园理念、管理风格等通过 VI 视觉识别系统呈现出来。一套完整优秀的 VI 视觉识别系统,可以彰显幼儿园品牌的特色、提高幼儿园品牌知名度。

3. 加强抽象的视觉形象提炼

精神面貌不能设计,但它可以通过直观的视觉形象展示。幼儿们快乐地游戏、教职工们心情舒畅地工作的场景,都构成幼儿园积极向上的视觉形象。幼儿的气质，教职工的风貌，或活泼，或典雅，或天真，或稳重等，其精神层面的视觉形象非常丰富，将这些提炼为品牌元素，便成为幼儿园的品牌文化符号。

4. 幼儿园空间形象的构成

一般幼儿园都有自己的主体建筑，也往往会有一座大型雕塑，活动区会布置一个大型组合玩具，绿植空间里也会有一两棵甚至多棵参天大树，还有的幼儿园可能依山傍水，这些人文景观形象或自然景观形象，都是幼儿园品牌创建的珍贵资源，有利于美化环境、课程建设、活动开展，甚至成为远近闻名的园中景观。

幼儿园品牌创建是一项综合的复杂工程，需要发挥园长、领导班子团队、全体教职工、幼儿、家长以及社区、社会的合力。一所特色突出的幼儿园，可以惠及周边市民，带动一定区域内的多所幼儿园共同前进。学前教育已经进入全新时代，创建具有特色的品牌幼儿园，是时代赋予学前教育的一项艰巨任务。

（四）幼儿园品牌的宣传与推广

幼儿园品牌需要宣传与推广。根据传播学原理，幼儿园品牌的宣传与推广有内部品牌传播和外部品牌传播两种途径。幼儿园要广泛运用多种传播媒介，将相关信息及时、准确、有效地传播出去，形成幼儿园良好的形象，扩大幼儿园的社会影响力。

【拓展阅读】

某市区有两所公办园，即市一幼和市二幼。市一幼是老园，建园近60年，幼儿园年龄和城市年龄几乎相同。但是幼儿园规模较小。2010年后，老园焕发青春，连续多次进行改造，完善了园所设施。尤其是在“和美”办园理念引导下，千方百计保持师资队伍的先进性，沉淀出社会公认的质量特色，享有较高的社会信任度，“科学保教”是他们的质量亮点。品牌在于沉淀，几代人的共同努力，让市一幼这样的

"老园"成为当代的"热点园"。他们吃的是"成熟饭"品牌。

市二幼相对建园晚一点，基础条件更加优越。他们在"文化立园，快乐成长"理念引领下，从环创入手，在文化内涵上寻求突破，着重打造幼儿园育人环境，把园所空间、廊道、区域美化得恰到好处。赋予环境极强的教育性，无处不在的可操作性，特点突出的观赏性，园所品位的文化性，每一处都既是诗，又是画，文化元素成为园所品牌特色。与市一幼相比，市二幼是"新园"。市二幼吃的是"青春饭"，现代元素多，课程意识强，同样享有较高的社会认可度，也是主城区的"热点园"之一。

可见，品牌创建没有新老之分，也不存在早晚之别，只要形成特色影响，就能成为公认品牌。

第三节　民办幼儿园发展

一、民办幼儿园发展的背景与意义

（一）学前教育发展的总目标

《国家中长期教育改革和发展规划纲要（2010－2020年）》指出："到2020年，全面普及学前一年教育，基本普及学前两年教育，有条件的地区普及学前三年教育。重视0－3岁婴幼儿教育。"《关于学前教育深化改革规范发展的若干意见》指出："到2020年，全国学前三年毛入园率达到85％，普惠性幼儿园覆盖率（公办园和普惠性民办园在园幼儿占比）达到80％。广覆盖、保基本、有质量的学前教育公共服务体系基本建成。""鼓励社会力量办园。政府加大扶持力度，引导社会力量更多举办普惠性幼儿园。""支持普惠性民办园发展，并将提供普惠性学位数量和办园质量作为奖补和支持的重要依据。""到2035年，全面普及学前三年教育，建成覆盖城乡、布局合理的学前教育公共服务体系，形成完善的学前教育管理体制、办园体制和政策保障体系，为幼儿提供更加充裕、更加普惠、更加优质的学前教育。”国家连续出台了发展学前教育的多项政策，规范发展学前教育，坚持普惠方向。民办园向公益、普惠方向发展，抑制高收费幼儿园，已成为这个大背景下的主旋律。《关于促进3岁以下婴幼儿照护服务发展的指导意见》指出要“充分调动社会力量的积极性，多种形式开展婴幼儿照护服务”，为民办幼儿园拓展了新的发展空间。

(二)民办幼儿园的作用

几十年来，由于党和国家对幼儿教育高度重视，并做出正确决策，加上一大批民办幼教工作者的积极探索和奉献，民办幼儿园取得了突出的办园成就，积累了丰富的办园经验，这对落实“幼有所育”、人才强国战略，培养社会主义核心价值观、建设和谐社会做出了重要贡献。

1. 民办幼儿园是我国学前教育的主体

《2018年全国教育事业发展统计公报》显示，截止到2018年，全国共有幼儿园26.67万所，其中公办幼儿园10.09万所，民办幼儿园16.58万所；学前教育(包括幼儿园和附设幼儿班)在园幼儿有4656.42万人，民办园在园幼儿有2639.78万人(占比57%)。民办幼儿园是学前教育的主体。

2. 民办幼儿园丰富了学前教育发展的教育特色

《国务院关于当前发展学前教育的若干意见》催生了一大批特色幼儿园。人无我有，人有我优，人优我精，成为民办幼儿园发展的价值和目标追求。如以武术、足球、篮球为运动项目的体能特色，以本土文化资源为范本的民俗特色等。特色成为民办幼儿园的生命线，竞争不仅促进民办幼儿园快速发展，也促进民办幼儿园的质量不断提升。

3. 民办幼儿园成为政府学前教育资源的补充

民办幼儿园吸引了大量的民间资本，促进了学前教育的整体发展。

2017年和2018年，学前教育投入占教育经费总投入的比例约为7.6%，共3200多亿。但对于“欠账”太多的学前教育来说，实在杯水车薪，学前教育发展已成为整体教育中的“短板”。从2012年起，教育经费达到并持续保持占GDP的4%以上，超过3万亿水平。我国的学前教育属于非义务教育，它兼有公益、福利、普惠、服务、产业等多重属性。因此，民间资本进入学前教育是一个重要的补充。

截止到2018年，民办幼儿园在园幼儿为2639.78万，全国每个幼儿平均收取保教费1600元，总金额约为420亿，加上资产投入，至少在600亿以上，约占国家当年学前教育投入的18%。同时，民办幼儿园为国家创造了大量的就业机会。民办幼儿园每年都要聘用大批的大中专毕业生。按照2018年民办园16.58万所，每园接收2名毕业生计算，为社会提供了超过30万个就业岗位。

4.民办幼儿园满足了小康社会民众对多样性教育的需求

民办幼儿园在推进教育公平、均衡发展中起到了积极作用，提供了更多的选择性教育机会。市场需要的多样性决定了教育的多样性。

二、我国民办幼儿园的发展历程

1951年8月，政务院颁布的《关于改革学制的决定》提出，“幼儿园应当在有条件的城市中首先设立，然后逐步推广”。同年8月，第一次全国初等教育会议鼓励私人开办幼儿园并加强领导，做到公私兼顾办园。从1952年开始，教育部门把接办的一部分私立幼稚园改为公立，对办得较好的私立幼稚园，采取“保护维持、加强领导、逐步改造”的方针。学前教育负有教育幼儿和便利母亲工作学习与生产劳动的双重任务，带有福利和教育的双重性质，而且民办幼儿园一直存在。在农村，有的地方采取了亲邻相帮、换工看娃、个别寄托等多种形式，这是民办学前教育的雏形。“托幼服务”具有明显的福利性质，企事业单位是当时创办托幼园所的重要主体。

自20世纪70年代末80年代初民办学前教育出现以来，中国民办学前教育大体上经历了三个发展阶段①。

① 李辉：《民办学前教育四十年发展：概览与特点》，载《学前教育》，2018(12)。

1. 恢复发展与公办补充阶段(1978—1992年)

《中华人民共和国宪法》(1982年)指出,“国家鼓励集体经济组织、国家企业事业组织和其他社会力量依照法律规定举办各种教育事业”,这条法律条款为发展民办教育提供了法律依据。《关于社会力量办学的若干暂行规定》(1987年)指出:“社会力量办学是我国教育事业的组成部分,是国家办学的补充。各级人民政府及教育行政部门应鼓励和支持社会力量举办各种教育事业,维护学校正当权益,保护办学积极性,在条件允许的情况下,尽力帮助解决办学中存在的困难,对办学成绩卓著者给予表彰和奖励。”《幼儿园管理条例》(1989年)明确指出:“地方各级人民政府可以依据本条例举办幼儿园,并鼓励和支持企业事业单位、社会团体、居民委员会、村民委员会和公民举办幼儿园或捐资助园。”从此,民办学前教育迅速发展,截至1991年底,全国民办幼儿园的数量超过一万两千所。在这个阶段,民办园以非营利性为主。

2. 共同发展与快速增长阶段(1993—2002年)

《中国教育改革和发展纲要》(1993年)规定:“改变政府包揽办学的格局,逐步建立以政府办学为主体、社会各界共同办学的体制”,并进一步明确“国家对社会团体和公民个人依法办学,采取积极鼓励、大力支持、正确引导、加强管理的方针”。《社会力量办学条例》(1997年)是我国第一个关于民办教育的行政法规,又重申了“积极鼓励、大力支持、正确引导、加强管理”的十六字方针。《关于深化教育体制改革,全面推进素质教育的决定》(1999年)提出“形成以政府办学为主体、公办学校和民办学校共同发展的格局”。这是对前一阶段民办教育作为“国家办学的补充”的充分肯定,民办教育的地位从此也有了一个较大提升。民办学前教育也在其中撑起了一片蓝天。截止到1996年底,全国民办幼儿园有两万四千多所。这一时期,民办园多数是营利性质的。

3. 激励规范与主体发展阶段(2003—2009年)

《中华人民共和国民办教育促进法》(2003年)进一步明确民办教育的性质与地位,指出“民办教育事业属于公益性事业”,极大地规范了民办幼儿教育的发展，其中关于“出资人可以从办学结余中取得合理回报”的规定，极大地激发了私人办园的积极性。

《关于幼儿教育改革与发展的指导意见》(2003年)关于“形成以公办幼儿园为骨干和示范，以社会力量兴办幼儿园为主体，公办与民办、正规与非正规教育相结合的发展格局”精神，则直接促进了民办幼儿教育稳定、快速发展。

4. 大力扶持与分类指导阶段(2010年至今)

《国家中长期教育改革和发展规划纲要(2010—2020年)》提出“民办教育是教育事业发展的重要增长点和促进教育改革的重要力量”，这是国家对民办教育价值的进一步肯定，并提出要“积极探索营利性和非营利性民办学校分类管理”。《国务院关于当前发展学前教育的若干意见》(2010年)指出，要“积极扶持民办幼儿园特别是面向大众、收费较低的普惠性民办幼儿园发展”，通过对民办园的分类支持与引导民办学前教育规范发展，扩大公益、普惠学前教育资源受益范围。2016年，《民办教育促进法》修订完成，为民办教育实施非营利性和营利性分类管理提供了国家层面的法律依据。《关于学前教育深化改革规范发展的若干意见》(2018年)指出：“鼓励社会力量办园。政府加大扶持力度，引导社会力量更多举办普惠性幼儿园。2019年6月底前，各省(自治区、直辖市)要进一步完善普惠性民办园认定标准、补助标准及扶持政策。通过购买服务、综合奖补、减免租金、派驻公办教师、培训教师、教研指导等方式，支持普惠性民办园发展，并将提供普惠性学位数量和办园质量作为奖补和支持的重要依据。”大力扶持、分类指导，方向是公益性、普惠性，民办学前教育进入规范发展阶段。

2010—2016年，民办园多是营利性的，在民间资本尚不发达、公益性捐赠行为相对不足的情况下，我国民办教育主要依靠市场化资本运作获得初始投入，多数办园主体期望通过投资获得回报。2017年后，民办学前教育逐步走向分类发展。尤其是在新修订的《民促法》实施后，民办学前教育要在营利性和非营利性之间做出选择，强化公益、普惠属性，实现新时期的分类发展。

三、民办幼儿园创办者的素质要求

(一)民办幼儿园园长需要具备的基本素质

园长是办好一所幼儿园的核心要素，良好的素质是必需的。

素质有广义和狭义之分，狭义的素质是生理学上讲的人的神经系统和感觉器官上的特点。广义的素质包括人的性格、毅力、兴趣、气质、气度等心理品质和文化修养水平等。我们讨论的是广义的素质。园长的基本素质一般可概括为四个方面：一是思想政治道德素质(具有新时期社会主义核心价值观、立德树人的初心、培育社会主义事业接班人的责任心、人民教师的光荣使命感)；二是岗位专业知识(具备园长岗位需要的教育理论、文化基础、热爱幼儿的情怀，及相关业务知识)；三是管理能力(制定规划、组织协调、善于用人、应对各种突发事件等能力)；四是身心素质(身体健康、心理健康、精神饱满、情绪稳定等)。

(二)民办幼儿园创办者的创业素质

民办幼儿园园长除了要具有上述基本素质，还要具有一定的创业素质。

创业素质是包括知识、技能、能力、经验与人格在内的一种综合性的主体因素。只有具备创业素质的人才适合创业，而且容易取得成功。

创业能力是个体具备的创业素质的中心要素，它会直接影响个体创业实践活动的效能。创业能力的内容分为创业专业能力和创业社会能力。创业专业能力指从事某一领域的创业活动所需要的专业知识的应用能力，主要包括相关的管理、财务、文化知识，自主学习能力、操作能力、经营管理能力、信息收集和处理能力、推理概括能力、反省创新能力等。创业社会能力指在社会中充当某一创业角色时所应具备的活动能力，包括观察能力、表达能力、协调能力、决策能力、适应能力、心理承受力、新能力等。调查发现，“中国企业家九大成功素质”的排行榜为：(1)紧紧抓住市场机遇的能力；(2)敏锐的政治头脑；(3)超常的勇气与魄力；(4)思维缜密，分析能力极强；(5)应变能力强；(6)高水平的管理才能；(7)用人有道；(8)极端重视信息；(9)个人能力与个人形象。

创业意识在创业实践活动中对个体起促进作用，主要包括创业的需要、动机、兴趣、理想、信念和世界观等心理成分。它在相当程度上决定一个人是否敢于投身于创业实践活动，支配着人们对创业实践活动的态度和行为，决定着态度和行为的方向、强度，而这些又直接影响创业能力的形成。

一个人的成才取决于其行为中的两种心理机能系统的相互作用。一是认知机能系统，如感知、记忆、想象和思维；二是非认知机能系统，起始动、维持、强化、定向、引导和调节作用，创业心理品质主要属于此类。独立性、敢为性、克制性、合作性、缜密性、外向性、适应性、坚韧性、道德感、义务感等10种心理品质对创业者来说是很重要的。

创业能力以创业知识为基础。创业能力是一种高层次的综合能力，创业能力的发挥，是以整合各种创业知识为前提的。创业知识系统主要包括三个方面：专业知识、经营与管理知识、综合知识，其中与社会发生关系、处理实际问题的技能技巧的综合知识，对创业能力的作用巨大。

四、民办幼儿园管理策略

(一)落实"地方负责，分级管理和有关部门分工负责"的教育管理体制

1.加强制度建设，不断健全政策法规

制定保障和促进学前教育发展政策已成为国际趋势。我国于1998年把学前教育列入《面向21世纪教育振兴行动计划》；1999年《关于深化教育改革，全面推进素质教育的决定》肯定了学前教育在素质教育中第一环的基础地位。《教育法》《民办教育促进法》的出台，使民办学前教育的发展有了法律依据。2016年颁布的《幼儿园工作规程》指出："幼儿园教育是基础教育的重要组成部分，是学校教育制度的基础阶段。"2010年"国十条"指出："学前教育是终身学习的开端，是国民教育体系的重要组成部分，是重要的社会公益事业。"2018年颁布的《关于学前教育深化改

革规范发展的若干意见》指出："学前教育是终身学习的开端，是国民教育体系的重要组成部分，是重要的社会公益事业。"这些法规、政策的出台有力地保障了学前教育的健康发展，促进了学前教育质量的不断提高。但从总体上来看，我国有关学前教育的法规偏少，学前教育立法还在酝酿阶段。健全学前教育法规是一个长期、持续的过程，需要多个法规与之配套。

2. 依法行政，建立合理有序的民办学前教育管理新体系

通过对民办学前教育进行规范管理，努力达到管好、管活的目的。各级政府要依法有效地对民办学前教育进行统筹规划、综合协调、宏观管理以及指导、监督，切实维护民办学前教育的法定自主权和广大师生的合法权益。《中国教育改革和发展纲要》对社会力量办学确定了十六字方针：积极鼓励、大力支持、正确引导、加强管理。教育行政部门要将民办学前教育机构纳入统一管理体制，并引导方向，努力创造条件，转变作风，既依法管理，又主动服务。

大力加强民办学前教育行业协会建设，根据民办学前教育存在的问题以及国家和地方民办学前教育中心工作任务，以委托、授权、购买等多种方式，充分发挥行业协会促进民办学前教育规范发展和落实民办学前教育机构自律行为的重要作用，努力形成以政府为主导实施监管和提供有效服务，社会组织全面协助监管和推进行业自律，民办幼儿园依法自主管理、规范有序的民办学前教育管理新体系。

3. 实行园长负责制，依法规范办园

目前，民办幼儿园基本为独立办园实体，但其法人地位不明确（法人与私人的区别与联系不清楚）。部分幼儿园主办者即投资的公司，实施董事会管理体制，其董事会的构成、成员资格及章程等均不清楚，公司或董事会行使行政权，决定园所教育模式，园长只管业务，难以做到负责。幼儿园缺乏办园自主权，无法依教育规律施教。因此，民办园投资者与经营管理者要明确关系，真正实施园长负责制并确立民办园法人地位。

依法设立由园内外利益相关方代表参加、结构合理的理事会（或董事会）、监事会，保障民办幼儿园享有办园自主权，确保民主决策、科学决策；落实教职工和社会有关方面参与民主管理、公共监督的权利；建设高素质的幼儿园领导班子；自觉执行国家法律和政策、法规，全面贯彻党和国家教育方针，坚持社会主义办园方向和教育公益性、普惠性原则，维护广大师生权益，尊重教育规律和市场规律，注重办园质量，提高管理水平，建设科学保教、以幼儿为中心的幼儿园，走科学、内涵、持续发展道路。

（二）建设稳定、高素质的民办幼儿园师资队伍

民办园教师流动性大，专任教师不稳定。数量不足、素质一般、待遇偏低，是我国当前普惠性幼儿园教师行业的基本现状。提高民办幼儿园师资队伍的整体素质，稳定师资队伍，提高幼儿教师的薪酬待遇，要注意以下几个方面。

1. 构建民办园教师公共 服务平台，统筹师资配置，确保教师合理有序流动

建立县、区级以上民办幼儿园教师人事代理机构。为符合条件的民办幼儿园教师实行人事代理，统一管理其档案；合格教师按事业身份对待，落实其教师资格认定、职称评定等事项；建立教师人才库，使教师依法享受与公办幼儿园教师同样的社保政策，所需费用由政府、幼儿园和教师个人合理分担，政府争取承担其中一半左右；允许公办幼儿园教师停薪留职进入民办幼儿园，连续计算工龄，支持教师在公办幼儿园和民办幼儿园间的合理流动，促进教育系统内部人力资源的合理配置。

2. 促进幼儿园师资队伍素质全面提高

第一，要提升园长队伍素质。进一步完善民办幼儿园园长任职资格培训和持证上岗制度，提升民办幼儿园园长学历层次，逐步实现园长专业化、职业化。继续推进园长提高培训，启动专家型园长培养机制，大幅度提高园长队伍整体水平，国培、省培计划向民办幼儿园倾斜。

第二，要加强保教队伍建设。加强教师、保育员、保健员三支队伍建设，切实落实保教并重、科学保教的原则。引导并支持民办园教师培训，对培训在时间和标准上提出基本要求。

第三，要重视骨干梯队建设，启动"名师培养工程"，加大骨干教师培养培训力度，明确培养对象，制订培养计划，落实培养措施，为青年教师成才发展提供支撑性服务，培养一批优秀园长、骨干教师、优秀教师，形成梯队，发挥带头和辐射作用。

第四，要逐步完善激励机制，引进和留住高素质教师，稳定民办幼儿园教师队伍。

(三)经费保障

1. 拓宽民办园经费筹措渠道

民办园广泛吸收社会民间资金筹措开办及启动经费，主要有以下几种途径：一是外资投入；二是境外捐助；三是贷款；四是个人投资集资；五是向家长征收赞助费等。有的民办园可以通过综合利用上述多种途径获得开办经费。民办园的日常运转经费多来自于家长交的保育费，这是幼儿园经费获得的主渠道，幼儿园保育费标准，各地、各类型幼儿园不同，个别园有可能获得赞助费。赞助费是一个特殊方式，额度没有标准，每生百元至数万元不等。

2. 规范民办幼儿园收费和使用行为

多数民办园不核算教育成本，以"收支平衡略有余"为原则确定收费名目及标准，存在收费失控现象。费用的使用、分配也不透明，缺乏监督。民办园收费如保育费、托补费等很复杂，幼儿园类型不一样，收费标准就不一样；幼儿园级别不一样，收费标准也不一样。

幼儿园收费涉及教育、财政、发改委等多个行政部门，幼儿园定位、幼儿园类型、幼儿园投入成本等，本身就充满着变数。盈利的、非盈利的，普惠的、非普惠的，高投入的、低投入的，差别较大，监督比较困难。

因此，教育主管部门要根据"按质定价，按成本合理收费"原则，制定各类幼儿园收费标准与细则，由物价部门审批，合理确定民办园收费标准，规范并监督其收费行为。

(四)民办园的科学定位与合理规划

民办幼儿园首先要利用自身优势,科学定位,寻求特色支撑。其次要在分析现状、准确定位的基础上,做好中长期发展规划。规划要体现园长的办园思想、教育理念、办园特色、投资额度、发展目标等。主要内容如下。

(1)发展背景分析:包括外部环境和内部情况分析。

(2)发展思路:包括幼儿园发展的理性思考、幼儿园发展的基本定位和幼儿园发展的主攻方向。

(3)发展总目标:包括幼儿园发展总目标、幼儿园发展基本目标(管理、师资、环境、保教)和幼儿园发展的创建目标。

(4)重点发展项目:一是园务管理,二是保教工作成效,三是园本课程建设,四是师资队伍建设,五是幼儿园文化建设,六是社区、家园共育,以上项目均包括发展目标、具体措施、预期效果。

(5)中长期规划主要工作责任表。

(6)监控与评价,包括组织保障、责任保障和评价保障。

(五)注重内涵发展

我国民办幼儿教育从初创、扩张,到成为绝对主体,目前进入转型分类发展时期,民办幼儿园都将面临从传统的依靠广告、宣传、造势竞争,向依靠实力竞争转变;从急于进行规模扩张,向稳定规模、打造质量和特色品牌、注重内涵发展转变;从摸着石头过河探索,向注重"两大规律"(保教规律和市场规律)、确保持续发展转变;从补充教育资源不足的"卖方市场",向提供选择性、多样性、差异性教育资源(当前主要体现在民办基础教育领域)的"买方市场"转变;从"家族式"或"合伙人"体制,向建立法人治理结构和现代幼儿园制度转变。主动适应和正确把握这个大趋势,是民办幼儿园在当前落实十九大提出的"办好学前教育"、坚持公益普惠性的重要切入点,也是把幼儿园做优、做实、做强、做大的前提条件。

(六)重点突破,构建托幼一体化

2019 年国务院办公厅出台的《关于促进 3 岁以下婴幼儿照护服务发展的指导意见》指出:“建立完善促进婴幼儿照护服务发展的政策法规体系、标准规范体系和服务供给体系,充分调动社会力量的积极性,多种形式开展婴幼儿照护服务,逐步满足人民群众对婴幼儿照护服务的需求,促进婴幼儿健康成长、广大家庭和谐幸福、经济社会持续发展。”其发展目标是“到 2025 年,婴幼儿照护服务的政策法规体系和标准规范体系基本健全,多元化、多样化、覆盖城乡的婴幼儿照护服务体系基本形成,婴幼儿照护服务水平明显提升,人民群众的婴幼儿照护服务需求得到进一步满足”。

目前,“托幼一体化”格局正在形成。3—6 岁尚没有完全覆盖,0－3 岁婴幼儿的教育力量薄弱,资源有限,远不能满足社会多层面的需求。许多 3 岁以下婴幼儿散居在家,享受托幼照护服务的只是小部分。家庭教育、社区早期教育质量参差不齐。

“托幼一体化”是学前教育整体发展的终极目标,为实现这一目标,要重点做好三件事:

第一,构建以社区为依托,以学前教育机构为中心,向家庭辐射的 0—3 岁婴幼儿早期教育体系,形成多样化的早期教育服务模式,满足社会对 0—3 岁婴幼儿早期教育的不同需求。

第二,加强对家庭教育的指导。让 3—6 岁幼儿家长接受科学育儿知识和家庭教育知识方面的培训,让 0—3 岁婴幼儿家长接受育儿知识指导,掌握科学育儿方法。

第三,建立 0—3 岁教养业务及教研科研的管理网络,加强对“托幼一体化教育模式”“托幼园所、社区、家庭教育相结合”的研究,组织开发 2—3 岁幼儿教学方面的课程。

民办幼儿园管理涉及一系列的复杂关系,要认真研究并妥善处理。如园所与政府主管部门的关系、管理者与投资者的关系、园所与社区及家长的关系、园所与教职工的关系、园所与周边环境的关系等,要制定适宜的管理措施、协调办法,使各方合法权益均得到保障。

◇本章小结

我国幼儿园的类型主要分为公办幼儿园与民办幼儿园,民办园办园模式日益多元化。幼儿园的级别与类别是衡量幼儿园办园质量的重要依据。幼儿园首先要进行准确定位、适宜选址以及规范命名,然后根据各地制定的幼儿园申办审批制度进行申请审批,并按照国家相关规定做好筹备。

制定幼儿园发展战略要有先进的办园理念和科学的办园定位。幼儿园品牌的创建应该遵循相应原则。幼儿园既要积极做好幼儿园品牌视觉形象设计,也要重视品牌的宣传与推广。

国家出台的有关发展学前教育的多项政策,促进并规范了幼儿园的发展,民办幼儿园对满足民众“幼有所育”的需求方面也做出了重要贡献。自20世纪70年代末80年代初以来,我国的民办学前教育事业大体上经历了三个发展阶段。园长的基本素质包括思想政治道德素质、岗位专业知识、管理能力、身心素质四个方面,民办幼儿园园长除了要具备上述基本素质,还要具有一定的创业素质,要多措并举地发动全社会力量共同关心和支持民办幼儿园的发展。

▶文献链接◀

1. 时松:《幼儿园管理》,北京:北京师范大学出版社,2015年。

该书第二章介绍了幼儿园的基本类型和等级划分,幼儿园合理定位的重要性,幼儿园起名的常见方法,幼儿园选址与平面设计的要点,幼儿园建筑、设备等的具体特点,以及幼儿园人员配备的原则与要求。

2. 张莅颖、刘海燕、佟秀莲:《幼儿园组织与管理》,北京:北京师范大学出版社,2018年。

该书第二章介绍了幼儿园选址和定位的具体要求,幼儿园筹建和创办的审批程序,幼儿园设备的标准、采购管理制度以及人员招聘和配备的标准。

▶思考与探索◀

1. 公办幼儿园、民办幼儿园、幼儿园发展战略、幼儿园品牌的定义各是什么?

2. 幼儿园有哪些类型与等级?

3. 创办幼儿园需要具备哪些基本条件?

4. 创办幼儿园要经过哪些审批程序?

5. 到一所幼儿园调研,从办园理念、办园定位方面分析该幼儿园的发展战略。

6. 成功的幼儿园品牌的内涵主要体现在哪些方面?

7. 幼儿园品牌创建应遵循哪些原则?

8. 幼儿园品牌视觉形象设计包括哪些内容?

9. 幼儿园品牌视觉形象主要由哪些具体实物构成?

10. 到2—3所民办幼儿园调研,思考分析如何加强民办幼儿园管理。

参考文献

1.[苏]苏霍姆林斯基著.和青年校长的谈话[M].赵玮译.上海:上海教育出版社,1983.

2.张济正.学校管理学导论(修订本)[M].上海:华东师范大学出版社,1990.

3.陈国钧,陆军.管理学[M].南京:南京师范大学出版社,1997.

4.冯东升.管理概论[M].北京:中央广播电视大学出版社,1999.

5.张燕,邢利娅.幼儿园组织与管理[M].北京:北京师范大学出版社,2002.

6.[美]罗伯特·G·欧文斯.教育组织行为学[M].窦卫霖,等译.上海:华中师范大学出版社,2001.

7.吴志宏.学校管理理论与实践[M].北京:北京师范大学出版社,2002.

8.杨颖秀.学校管理学[M].北京:人民教育出版社,2004.

9.丛中笑,王海升.幼儿园管理[M].沈阳:辽宁大学出版社,2012.

10.陶应虎,顾晓燕.公共关系原理与实务[M].北京:清华大学出版社,2006.

11. 李生兰. 学前儿童家庭教育(修订版)[M]. 上海:华东师范大学出版社,2006.

12. 霍力岩. 学前教育评价[M]. 北京:北京师范大学出版社,2000.

13. 王荣德. 学校管理新策略[M]. 北京:科学出版社,2007.

14. 傅建明,胡志奎. 班级管理案例[M]. 广州:广东教育出版社,2009.

15. 黄焯. 学校管理专题十三讲[M]. 北京:中国轻工业出版社,2008.

16. 张燕. 学前教育管理学[M]. 北京:北京师范大学出版社,1995.

17. 陶金玲. 民办幼儿园管理概论[M]. 天津:天津教育出版社,2010.

18. 周成平. 给校长一生的建议[M]. 南京:南京大学出版社,2010.

19. 朱家雄,张亚军. 给幼儿园园长的建议[M]. 上海:华东师范大学出版社,2010.

20. 邢利娅. 幼儿园管理[M]. 北京:高等教育出版社,2010.

21. 鄢超云. 学前教育评价[M]. 北京:高等教育出版社,2010.

22. 唐淑,虞永平. 幼儿园班级管理[M]. 南京:南京师范大学出版社,1997.

23. 线亚威. 幼儿园文化建设指导策略[M]. 北京:高等教育出版社,2011.

24. 程凤春. 幼儿园管理的50个典型案例(第2版)[M]. 上海:华东师范大学出版社,2018.

25. 晏红. 幼儿教师与家长沟通之道(第二版)[M]. 北京:中国轻工业出版社,2018.

26. 张富洪. 幼儿园班级管理[M]. 上海:复旦大学出版社,2012.

27. 张慧敏. 幼儿园组织与管理[M]. 北京:人民邮电出版社,2014.

28. 罗长国,胡玉智. 幼儿园管理(第二版)[M]. 北京:高等教育出版社,2014.

29. 时松. 幼儿园管理[M]. 北京:北京师范大学出版社,2015.

30. 傅建明,虞伟庚. 学前教育原理[M]. 上海:复旦大学出版社,2013.

31. 潘跃勇. 两个百年梦想与幼儿园园长[M]. 北京：现代教育出版社，2015.

32. 谷瑞勉. 幼儿园班级管理——反思性教师的思考与行动[M]. 北京：北京师范大学出版社，2016.

33. 郑丽圆. 幼儿园班级管理问题与处理[M]. 北京：中国轻工业出版社，2017.

34. 王雯. 幼儿园班级管理[M]. 武汉：武汉大学出版社，2017.

35. 张莅颖，刘海燕，佟秀莲. 幼儿园组织与管理[M]. 北京：北京师范大学出版社，2018.

36. 于渊莘，邹平. 沟通的力量——园长公共关系协调能力的提升[M]. 北京：北京师范大学出版社，2017.